TRADERS GUNS AND MONEY

| 3rd EDITION |

KNOWNS AND UNKNOWNS
IN THE DAZZLING WORLD
OF DERIVATIVES

交易员、枪炮与金钱

原书第3版

[澳] 萨蒂亚吉特·达斯（Satyajit Das） 著

张振华 译

机械工业出版社
CHINA MACHINE PRESS

现代金融产品往往以其复杂的设计、层层的嵌套,令投资者、避险者乃至政府监管部门一头雾水,却为金融行业带来了大把的钞票。本书作者是世界知名银行家和投资顾问,被彭博社誉为"当代五十位最杰出的金融思想家"。作者结合其在全球金融衍生品行业三十多年的从业经历,将行业内幕、亲身经历和盘托出。本书以内部人士的视角、幽默辛辣的文笔及准确的预见而成为国际畅销书。本书的内容妙趣横生,令读者一边收获丰富的金融知识,一边享受畅快淋漓的阅读体验。不论您是金融行业中的卖方,还是买方,抑或是普通读者,都能在阅读中发出"难得好书"的感慨。

Authorized translation from the English language edition, entitled Traders, Guns and Money, Revised Edition, ISBN 978-0-273-77676-5 by Satyajit Das, Copyright © 2012 by Satyajit Das 2006, 2010, 2012.

This Licensed Edition Traders, Guns and Money, Revised Edition is published by arrangement with Pearson Education Limited.

All rights reserved. No part of this book may be reproduced or transmitted in any form or by any means, electronic or mechanical, including photocopying, recording or by any information storage retrieval system, without permission from Pearson Education Limited.

Chinese simplified language edition published by China Machine Press, Copyright © 2021.

本书中文简体字版由 Pearson Education Limited(培生教育出版集团)授权机械工业出版社在中华人民共和国境内(不包括香港、澳门特别行政区及台湾地区)独家出版发行。未经出版者书面许可,不得以任何方式抄袭、复制或节录本书中的任何部分。

本书封底贴有 Pearson Education(培生教育出版集团)激光防伪标签,无标签者不得销售。

北京市版权局著作权合同登记 图字:01-2019-4325 号。

图书在版编目(CIP)数据

交易员、枪炮与金钱:原书第3版/(澳)萨蒂亚吉特·达斯(Satyajit Das)著;张振华译. —北京:机械工业出版社,2021.9

书名原文:Traders, Guns and Money

ISBN 978-7-111-69052-8

Ⅰ.①交… Ⅱ.①萨…②张… Ⅲ.①金融产品-通俗读物 Ⅳ.①F830.95-49

中国版本图书馆 CIP 数据核字(2021)第 183491 号

机械工业出版社(北京市百万庄大街22号 邮政编码100037)
策划编辑:侯春鹏　责任编辑:侯春鹏
责任校对:黄兴伟　责任印制:邰　敏
盛通(廊坊)出版物印刷有限公司印刷

2021年10月第1版·第1次印刷
169mm×239mm·22印张·3插页·339千字
标准书号:ISBN 978-7-111-69052-8
定价:89.80元

电话服务　　　　　　　　网络服务
客服电话:010-88361066　　机　工　官　网:www.cmpbook.com
　　　　　010-88379833　　机　工　官　博:weibo.com/cmp1952
　　　　　010-68326294　　金　书　网:www.golden-book.com
封底无防伪标均为盗版　机工教育服务网:www.cmpedu.com

据我们所知，有"已知的已知"，有些事，我们知道我们知道；我们也知道，有"已知的未知"，也就是说，有些事，我们现在知道我们不知道。但是，同样存在"未知的未知"——有些事，我们不知道我们不知道。

——唐纳德·拉姆斯菲尔德
美国国防部长，于 2002 年 2 月 12 日在国防部新闻发布会

前　言
Preface

2003—2005年，我用了两年的时间写完了《交易员、枪炮与金钱》（Traders，Guns & Money）。这本书于2006年年初首次出版，之后又进行了再版。我在再版时添加了结语，专门阐述世界金融危机、衍生产品及相关产品在这场危机中所扮演的角色。

这本书本来是记录我在衍生品行业中的经历，同时也反映了我对金融市场前景的担忧：衍生工具和金融产品的急剧增长；复杂的交易日益增多，而人们通常不明白这些交易的实质；而且最要命的是债务和杠杆效应的积重难返。我的担心不幸成了现实。

世界金融危机还没有结束，几十年后我们仍然会受它的影响，目前世界经济已经进入了低增长、高风险的阶段，而金融体系需要慢慢消化这次冒险所产生的后果。

各国政府和监管机构对金融这头野兽和它最狰狞的后代——衍生工具监管和治理不力。监管活动就像歌德所说的那样：最可怕的莫过于眼睁睁地看着无知肆虐横行。光有行动，不见实效已经成了常态。大多数问题依然没有得到解决，为未来的危机埋下了伏笔。

2009年，我写文章说金融依然是交易员、武器和律师的天下。现状依然没有改变。黑格尔曾经说过：历史告诉我们人类从来不会从历史中吸取教训。黑格尔是对的。

萨蒂亚吉特·达斯（Satyajit Das）

澳大利亚　悉尼

目 录
Contents

前言
序幕 /001

第1章 金融的大规模杀伤性武器：衍生品的鼓吹者 /019

学生时代 /022

面对一群中国人 /023

衍生工具的产生 /024

投注点 /026

隐秘的潜台词 /027

杠杆下的投机 /029

暗度陈仓 /033

如火如荼的互换交易 /034

黄金时代，比伦敦银行同业拆借利率少50个基点 /037

仓库 /039

连环杀戮 /042

禁果 /044

推理逻辑 /049

第2章 美丽的谎言：卖方的故事 /051

微笑，然后拨号 /053

市场行情 /055

粗劣的交易 /058

分析一下 /060

阶级斗争 /063

越权行为 / 065

封建王国 / 066

野蛮战争 / 067

黄金法则 / 068

业务模式 / 069

媒介即信息 / 073

枷锁 / 074

小报文化 / 075

招摇的高薪 / 076

种族清洗 / 077

海外业务 / 078

西方不亮，东方亮 / 079

翻，不如不翻 / 080

生命中的一天 / 081

第3章 真实的谎言：买方的故事 / 085

酒足饭饱 / 086

高危行业 / 088

神奇的国度 / 089

带状套期保值还是叠状套期保值 / 093

我也一样 / 095

"财术"或被剥光的新娘 / 096

宝洁公司里的赌博 / 099

图巴斯，宝贝 / 103

策马特的守护神和比利时的牙医 / 105

死亡互换 / 106

投资风格 / 108

阿尔法、贝塔、泽塔 / 110

关注相对表现 / 113

一切都是代理　/ 114

独特的销售主张　/ 116

第 4 章　有钱都好谈，贪婪失复来　/ 119

金钱测不准理论　/ 120

收费站　/ 121

占座　/ 123

有效市场　/ 124

在平台上　/ 126

赌马风波　/ 127

黑天鹅和黑绵羊　/ 128

交易大厅　/ 129

秘密情报　/ 131

操纵市场　/ 133

德尔菲的先知　/ 133

空手套白狼　/ 135

金钱本色　/ 137

备用金　/ 138

错中错　/ 140

黑洞　/ 141

数字到底是什么　/ 145

永远也不嫌多　/ 146

如果你能得到，这自然是好工作　/ 147

危险公爵　/ 149

第 5 章　完美风暴：数字的风险管理　/ 151

休克疗法　/ 152

风险啊！　/ 153

从各个角度看风险　/ 154

风险关天　/ 156

安慰剂效应 / 158

那些怀疑者 / 161

风险崇拜 / 163

从长期来看 / 165

运作方式 / 167

秘密交易员的生意 / 168

让好时光继续 / 169

完美风暴 / 170

天气预报 / 171

曲终人散 / 173

中位数风险 / 173

极限运动 / 175

第 6 章 超级模型：衍生算法 / 177

下海 / 179

尖端科技 / 180

文化斗争 / 182

传送带 / 183

杂活 / 184

大剧院 / 186

探寻 / 187

创世纪 / 189

福音 / 192

希腊字母的悲剧 / 194

模型失灵 / 195

犯罪现场见证 1：1987 年，"噢，老弟！" / 198

犯罪现场见证 2：1992 年，欧洲汇率机制 / 199

犯罪现场见证 3：1998 年，英国论磅买 / 200

犯罪现场见证 4：1998 年，亚洲狂热 / 202

模型攀比 / 204

遗漏的变量偏差 / 205

第 7 章　无国界的游戏：结构化产品的反转世界 / 207

乐观的投资者 / 209

最好的时代……最差的时代 / 210

驱鬼人 / 212

不是我的错，先生 / 213

冰火两重天 / 214

人格分裂 / 216

高尔夫假期 / 219

洪水 / 221

权力属于人民 / 222

回收垃圾债券 / 226

六个一包 / 228

不留一个活口 / 230

普通嫌疑犯 / 232

第 8 章　股票和股票等价物：衍生产品的不平等 / 237

十亿美元宝贝 / 239

自我套利 / 241

和他人对赌 / 243

收购 / 244

股票回购 / 245

谁在愚弄谁 / 246

剥离可转债 / 249

智慧之言 / 251

乌龙球 / 254

课税时间 / 256

基金时代 / 258

第 9 章　该赞美的时候就赞美：信用违约互换和债务
　　　　抵押证券的乐趣　/ 263
　　　信用战争　/ 264
　　　信用顿悟　/ 266
　　　第一个信用衍生产品　/ 267
　　　远程信用　/ 270
　　　张冠李戴　/ 272
　　　小道消息　/ 274
　　　保证交付　/ 275
　　　重重重重组：CDS 结巴了　/ 277
　　　你拉我推之外　/ 279
　　　模仿和奉承　/ 280
　　　份额战争　/ 284
　　　这个牛！　/ 285
　　　绝好的想法　/ 287
　　　套利时代　/ 288
　　　宿醉　/ 289
　　　不明基金债券　/ 290
　　　带希腊字母的极客　/ 291
　　　千万不要相信自己的谎言　/ 294
　　　俄罗斯套娃　/ 295
　　　黑洞　/ 297

尾声　/ 300

结语　/ 317

注释　/ 338

译后记　/ 342

序　幕

　　我被领进了会议室。会议室的装修古朴：深色的木质墙板，书架上码着一溜陈旧的法律报告，上面有一层薄薄的灰尘。律师自豪地抵制着和现代相关的事物，尤其是英国的律师。在投资银行和交易商的概念里，和现代相关的事物就是那些天才设计出来的时髦建筑物。这些建筑外面通常用大块大块的玻璃、钢筋和大理石堆起来，里面安了些硬邦邦的椅子。掳客·鲁克事务所（Lucre & Lucre）对这些潮流并不感兴趣。厚皮靠背椅才叫舒服。我担心这次会议又要开很久。

　　客户已经到了，来的是两个华裔印度尼西亚人。他们来自由东南亚华人构建起来的盘根错节的商业网络。我们交换了名片。为了表示恭敬，我身体稍稍前倾，用双手小心翼翼地接过名片。

　　按照礼节，我仔细地看了一下名片。爱德维科（Adewiko），50 岁左右的样子，是执行董事。他身材矮小，穿着不太合身的西服，不苟言笑。另外一位叫布迪·蒂特拉（Budi Titra），年纪较轻，应该不超过 30 岁。布迪是首席财务官。名片上印着他有 MBA 学位。年轻人轻快的神情和整件事的严重性有些格格不入。

　　在场的另外两个人来自四大会计师事务所的其中一家四大会计师事务所指普华永道、毕马威、安永和德勤）。年纪稍大的安德鲁斯（Andrews）是合伙人，他说话声音刺耳，长着一对小眼睛。另一位是普通职员，一副少不更事的样子。他并没介绍自己，在开会时也一直没说话。

　　律师事务所的律师也到了。"阿尔伯特，叫我阿尔比就行，大家都别见外。"合伙人姗姗来迟。莫里森·鲁克（Morrison Lucre）拖着矮胖的身材缓缓地走进会议室。又一轮介绍和寒暄之后，我们就开始进入正题，且慢！莫里森掏出四支铅笔，将它们仔细地削好。然后，他将这四支铅笔放在厚厚的拍纸簿旁。这个过程大约花了五六分钟。按照在场专业人士的时薪计算，削这几支铅笔得用了 2 000 美元，每支差不多 500 美元。这真是一刻值千金啊。

　　"我们开始吧。"莫里森庄重地说。"我觉得可以先梳理一下交易的来龙去脉。"我发话道。莫里森面带微笑地说："好!"在场的每一位应该对交易很熟悉了,但我们不是按小时收费吗?

"OCM是做面条的?"我问道。"没错。"这次轮到布迪说话了,他接着就把公司历史详细地介绍了一遍。其间,爱德维科会插进来做些补充。这些都与交易无关,甚至说不上有趣。我打断道:"说些和交易有关的吧。""好。说些有关的。"说话的是莫里森。

"OCM在印度尼西亚做生意?它的收入是以印尼卢比记账?"我问道。布迪报以肯定的回答。"1995年,你们决定将你们的贷款兑换成美元?"我赶紧追问,免得布迪又开始东拉西扯。"是的。"布迪回答说。"为什么?"我继续问道。布迪说:"便宜啊,非常便宜。"爱德维科在那儿默默地点头。

"外汇风险怎么办?你借入了美元贷款,但没有美元的收入。如果美元兑卢比走强,那么美元贷款就会出现损失。你们当时考虑过外汇风险吗?"我步步紧逼。"没有风险,没有。"布迪回应道。"为什么呢?""卢比是和美元挂钩的,所以没有。"布迪接着回答。爱德维科点了点头。"因此你就认为没有风险了?""没有风险,没有。"布迪有点恼火了。我这个专家证人在这种基础问题上似乎缺乏专业素养,这让他感到不屑。

"银行告诉我们,这样做没有风险,"爱德维科插进来说,"银行告诉我们这样可以降低融资成本,没有外汇风险。"我一脸疑惑。莫里森、阿尔伯特和那个普通职员都在仔细地做着笔记。

"银行告诉他们,**没有风险**。"莫里森用他的铅笔写道。

奇迹和泡影

20世纪90年代,美国人和欧洲人"发现"了南亚和远东的发展中国家。在几十年前的金融探险中,他们在拉丁美洲也有同样的经历。随着这些发现,大量的外国投资和贷款也相继涌入。亚洲成了"最佳新兴市场",至少是继上一个之后最新的新兴市场。

> 随着这些发现,大量的外国投资和贷款也相继涌入。亚洲成了"最佳新兴市场"。

这场资本大潮毫无例外地以失败收尾。许多贷款收不回来。这场"发现"

并非当初想象的那么成功。于是开始有了指责的声音，通常来自投资者和股东。高级经理感到很冤："我们为了实现利益相关者利益最大化才去追赶这个诱人的增长机会。"文化层次稍微高一点的经理人还经常引用莎士比亚笔下勃鲁托斯在腓立比说的话："世事如潮，起起落落。潮涌而动，功成名就；错过时机，一生蹉跎。"但不幸的是，大多数时候，这股潮流并没有让大家功成名就。勃鲁托斯在腓立比战败了。

人们继续前进。重整旗鼓之后，这个循环又开始重演。在我 28 年的从业经历中，我目睹了拉丁美洲危机不下六七次。20 世纪 90 年代，亚洲成了"热土"：评论家们看到亚洲的"奇迹"惊呆了。但他们却不知道奇迹背后的原因。

亚洲经济在 20 世纪 90 年代高速增长，但这种增长没有可持续性。高储蓄率让分析师感到惊讶。政治动荡和社会福利体系的缺失迫使人们将钱存起来（尤其是存到瑞士银行里）。分析师敏锐地发现了增长前景和投资者未来的高收益。在亚洲部分国家，劳动力价格低，而且相关法律也有所欠缺。丰富的自然资源任人随意开采，而且没有任何环境保护措施。亟待开发的国内市场让外国企业兴奋不已。

当然，麻烦也同样存在：增速和需求的突然增长推动价格快速上升（孟买纳瑞曼商业区成了世界上租金最高的地段之一，这成了该国的骄傲）；市场效率低下；电话和自来水管道总是出问题，交通拥堵就更不用说了。

一些专家甚至说他们知道游戏的规则。我记得一次宣讲会。宣讲的是一位对金融事务愤世嫉俗的专业人士，他剃着光头，身穿黑色皮夹克，斜靠在香港湾仔一家昏暗的酒吧吧台前。周围有好多着装时髦、随意的"女招待"。这里就是大师的"工作室"。我就在旁边听他论道。

"在新兴市场上，投资狂潮可以分为几个不同的阶段。第一个阶段是增长。大量的外国资本涌进来。主要是生产要素的重新分配。廉价的亚洲劳动力干着又脏又累的工作，却赚不到什么钱。你继续挖掘潜力，降低一切成本。当地政府放开管制，因为世界银行告诉它们这样才能吸引外资。国有企业被低价卖给了政府官员和他们在外国的裙带。政府的管控逐步放开，因为外国人告诉当地人这样才能创造就业和财富。"说到这儿，大师喝了一口饮料。

"到了第二阶段,有钱人的生活水平提高了。当然,大多数人的生活还是没有起色。中产阶级开始兴起,他们经常出入麦当劳和沃尔玛。房地产的价格和股价像疯了一样地往上涨。越来越多的资金涌入。本地银行毫无顾虑地放贷。外国银行也毫不犹豫地将钱借给本地银行。外国银行认为当地银行有政府的支持,不可能倒闭。投资者也跟进了,开口'增长率',闭口'分散投资'。人们兴奋不已。一波一波的资金涌入,推动价格螺旋上升。

"第三阶段,成本上涨到一定程度,经济变得缺乏竞争力。什么都不像以前那么便宜了。可是,资本家的大篷车不能停下来。通货膨胀严重。政治家大胆地宣称要'提升价值链'。他们实施了雄心勃勃的计划:世界上最高的建筑,世界上最长的隧道,在没有出海口的国家建立新的码头,在两座甚至还不存在的城市之间架起桥梁或者造一座新城!当地人对任何批评都很敏感。所有人都想摘掉'新兴市场国家'这顶耻辱的帽子。新时代的词语开始流行起来,如'亚洲世纪'和'亚洲价值观'等。

"价格毫无理性可言。你买只是因为你觉得明天可以把它以更高的价格卖给别人。你总是在'更高的价格'这条没有尽头的道路上狂奔。恐惧和贪婪控制了金融市场。你害怕会错过机会。你贪得无厌。外国投资者变得极其傲慢,认为自己刀枪不入。在这个世界里,价值的基本面已无关紧要。"大师停下来,看大家是否还在认真听讲。他又把身体靠了回去,熟练地苦笑一下,动作夸张。"接着,轰隆一声。一切都崩溃了。"这是在 1995 年。1997 年,亚洲作为最热的新兴市场的角色突然结束了。

其他评论家给出了更多放之四海而皆准的投资名言:"当你来到一个国家,发现豪华轿车排着队接外国投资者和投资银行家去五星级酒店,一般情况下你就应该抛了。还有另外一个屡试不爽的方法:如果吃一顿丰盛的晚餐,然后和一个年轻漂亮的小姐共度一晚要花 100 美元以上,那么是时候撤退了。"

银行家和交易商一直是亚洲经济繁荣的啦啦队员。这些银行家都是凯恩斯主义者。凯恩斯认为在选美比赛中,你认为谁会赢不重要,重要的是评委决定谁会赢。在金融行业,你只要买那些别人会从你手里以更高的价格收购的东西即可。银行家和交易商看好一切和亚洲有关的行业。它们向那些看好亚洲的投资者发行新股和债券,为经济繁荣推波助澜。他们替热切的外国投资者买卖证券,从中收取佣金。

亚洲的兴衰史有了新的特点。这次,由债务和贪婪调成的鸡尾酒中加入了金融产品。衍生产品在发达国家已经出现有些年头了。20世纪90年代,交易商把这些产品带到了亚洲。不精明的亚洲企业和投资者参与到这些他们不懂的复杂交易当中。这些让人眼花缭乱的金融产品吸引了印度尼西亚人和其他国家的投资者。现在,经过几年的时间,律师和会计师(我也紧随其后)开始为这场注定到来的灾难收拾残局。在这种赌注甚高的抢椅子游戏中,你永远要想办法在音乐停止之前抢到一个位子。

> 这些让人眼花缭乱的金融产品吸引了印度尼西亚人和其他国家的投资者。

连环犯罪

会议还在进行。"你做了第一笔外汇互换,将卢比贷款换成了美元?"我问道。布迪点了点头。

"啊,互换?也许我们的专家能给我们在场的这些外行解释一下这种复杂的金融交易?"莫里森开口道。于是,我就用我自认为详细、琐碎但能够让人明白的方式向他们做了一番讲解。所有人都目光呆滞。我发现印度尼西亚人也同样目光呆滞,难道他们不知道互换是什么?他们已经做了好多次互换交易了。

"我觉得最简单的方法就是把它看成是一种交换。OCM有卢比贷款。通常,他们会用卢比向印度尼西亚的银行支付利息,偿还本金。在互换交易中,交易商承担了用卢比支付这些款项的义务。作为交换,OCM同意向交易商支付等额的美元利息和本金。这就是说,OCM再也没有义务支付卢比了,这就等于OCM借入了美元贷款。"我用恳切的眼光看着大家。

"太棒了,非常清楚。能有个专家给我们讲解非常有帮助。"莫里森似乎并没有完全理解互换。"那么为什么要用互换?"他问。布迪回答道:"便宜,便宜。比我们直接以美元贷款便宜。"他周围坐的都是些金融白痴。"银行是这样告诉我们的。"爱德维科插嘴道。莫里森叹了一口气。

"这是OCM参与的第一笔衍生品交易?"我继续问。"没错,"布迪回答道,"我们了解衍生产品。我们考察了市场。""银行是这样告诉我们的。"爱德维科纠正道。

"接着你们就调整了外汇互换,也就是延期重置互换。"我继续梳理整个灾难的发生过程。"在印度尼西亚完成的第一个延期重置互换。银行这样告诉我们的。"布迪很高兴自己是第一个吃螃蟹的人。莫里森清了清嗓子。我相信他马上要问我对延期重置互换的看法了。

"按照原来的互换,OCM以伦敦银行同业拆借利率(LIBOR)向交易商支付美元利息,利率是提前设定的,每6个月调整一次,和普通的借款一样。按照延期重置互换,OCM仍然以伦敦银行同业拆借利率向交易商支付美元利息,但利率是每6个月的月末设定。事实上,也就是在利息到期日的前两天才确定。按照协议,OCM的利率是在美元伦敦同业银行拆借利率的基础上减去40个基点(即每年0.4%)。"我解释道。"对,对。融资成本更低。我们取得了更便宜的资金。省下来40个基点。便宜。"布迪一脸兴奋。"这是银行告诉我们的。"爱德维科马上补充道。

"银行给我们做了一个详细的讲解。他们说美元的收益曲线十分陡峭。用延期重置互换就能从陡峭的曲线中获利。"爱德维科突然有了活力。"银行的人认识格林斯潘,他们还一起打过网球呢。"我一脸惊讶。"银行告诉我们的。"爱德维科幽幽地说,补上了那句台词。

我翻了一下我的笔记。"接着你们就终止了延期重置互换。""获利,为了获利。"布迪打断道。"美元收益曲线变平缓了。我们就获利了。"

> 我能猜到发生了什么事。交易商把他们当猴耍了。

我能猜到发生了什么事。交易商把他们当猴耍了。OCM签订了延期重置互换协议。美元利率变了,交易商就找上门来,告诉他们如果立刻结算,他们就能获利。OCM很快就答应了,钱来得太容易了。

谁也搞不懂这和生产面条有什么关系。我曾经看过OCM的财务报表。这家公司不像过去那样能赚到钱了。用来实施雄心勃勃的扩展计划而借入的贷款将公司的利润蚕食殆尽。抛开廉价借款的影响（卢比的利率为12%，而美元的利率为6%），OCM是亏损的。互换产生的这笔奇怪收益让公司的报表好看了一些。

交易商非常乐意帮助布迪和OCM的年轻人。在与OCM的交易中，他们赚到不少收入。派对才刚刚开始。

我和尼禄（Nero）一起工作过一段时间，他是意大利裔，但他的真名并不叫尼禄⊖。这个绰号活脱脱地体现了他那君王般的做派和暴戾的管理风格。尼禄主管销售，有一次将销售的精髓传授给了我。"小朋友，"他端起架子，教诲我道，"先让对方尝到甜头，不用多，就那么一点，他就会上钩。然后你就收线，动作要慢。这样你才能钓到大鱼。"

他的话真是鞭辟入里啊。我经手的客户每次都逃不出这个圈套。他们过来交易，他们赚到了钱，接着他们还会回来，希望赚到更多的钱。即使他们赔了钱，他们也继续回来交易。尼禄看透了人性。

布迪和OCM也毫无疑问地中了圈套。他们开始把"复杂的金融交易"（用莫里森的话说）当作了摇钱树；至少钱来得比搓面条容易，或者当时看起来是这样。

我已经将整个交易过程梳理完毕。接着，OCM签订了另一个互换协议，锁定上一个互换中美元付款的成本。交易商告诉OCM他觉得美国的利率将会上涨。OCM又通过交易锁定了他们的利率。他们这样一进一出，又赚到了一些钱。布迪和爱德维科无疑成了OCM的英雄人物。然后，形势开始发生变化。

OCM决定参与一项复杂的互换，双倍扩充互换。OCM需要在5年内以固定的利率用美元支付利息。问题是收益曲线非常陡峭，5年期的利率比半年期的利率高得多。这意味着OCM的借款成本会更高。虽然比卢比低，但比他们继续以半年期的美元利率借款的成本高。为了降低成本，OCM赌了一把大的。如果美元利率上涨，那么原本固定的利率就会变成浮动利率。如果美元利率下行，那么，他们的头寸就会是原来的两倍。简单地说，OCM的交易规模将不再是3亿

⊖ 尼禄·克劳狄乌斯·恺撒，罗马帝国克劳狄乌斯王朝最后一个皇帝，罗马史上出名的暴君。——译者注

美元（原互换的规模），而是 6 亿美元了。

我一遍遍地阅读这笔交易的合同。我简直不能相信，这家在美国以创造性产品闻名的投资银行的员工们一定沉浸在狂欢当中。这笔交易让他们赚翻了。

OCM 由于原来的互换而借入了美元贷款。新的互换下，他们将原来的美元贷款的利率给固定了。但如果美元利率上升，他们还得以浮动利率借入美元。换句话说，在他们最需要固定利率的时候，他们却得不到保护。反过来，如果美元利率下跌，OCM 的互换标的就将是原来的两倍。到时候就会采取较高的利率，因为利率下降了。当利率上升时，OCM 得不到保障，而当利率下降时，OCM 得不到好处。这真有意思。

更糟糕的是，互换合同里面巧妙地藏着一个外汇期权。OCM 已经暴露在外汇风险中，因为它已经将它的借款转换成了美元。如果卢比兑美元的汇率下降，那它就死了。这个新的交易意味着如果美元价格下跌，他们承受的外汇风险规模将达到 6 亿美元，而不是当初的 3 亿美元。第二笔 3 亿美元的汇率被固定在最初的汇率上。这意味着 OCM 不但要借入更多的美元，而且要在人为抬高的汇率水平上借入这些美元。OCM 不会痛痛快快地死，而是被吊死，然后五马分尸。

我终于将整个过程梳理完了。布迪这次不像之前那么兴奋了。他不再因为这笔绝对称得上"具有创新精神"的交易将功劳揽到自己头上。"有意思。"莫里森说道。"但为什么呢？"为什么？似乎是 OCM 或者布迪为了借入利率更低的美元固定利率贷款吧。为了这个低利率，他们将大量的期权卖给了交易商。OCM 卖出了以美元利率为标的的期权和以卢布/美元汇率为标的的期权。OCM 将它的命运交给了不可控制的因素。他们需要上天的力量才能把他们从错误中拯救出来。但最终，这个奇迹并没有发生。

开始的终结，终结的开始

1997 年 7 月，就像大师预测的那样，繁荣的亚洲市场开始瓦解了。泰铢急剧贬值。泰国的中央银行拿出泰国全部的外汇储备，希望能让泰铢维持在预定的汇率范围内。但努力最终宣告失败，泰铢进入了浮动利率时代。但无奈水性太差,泰铢浮不起来。事实上,它没有任何向上的浮力。它迅速下沉,不出几天,泰铢的汇率只有之前的一半了。交易商开玩笑说这是个"沉没市场"(submerging market)而不是"新兴市场"(emerging market)。

投资者事后评估投资的价值。曾经光鲜、被称为佼佼者的企业实际上却没有收入,没有现金流,也没有资产。大多数是房地产投机的工具。投资者开始抛售,但麻烦的是没

> 曾经光鲜、被称为佼佼者的企业实际上却没有收入,没有现金流,也没有资产。

有下家。在抢椅子游戏里,当音乐结束时,每把椅子上面都已经坐好了人。

很快,韩元、马来西亚币和菲律宾比索也相继沦陷。即使是亚洲价值最坚固的堡垒,中国香港和新加坡也四面楚歌。印度尼西亚卢比呢?它几乎消失了。印度尼西亚央行之前将汇率维持在一个固定的区间,1美元大约能换2 000卢比。现在卢比的汇率急速下跌,在8 000:1的水平上强撑了一会儿之后,节节败退,跌穿10 000:1之后一路降到12 000:1。

OCM算完了。这场危机促使美联储委员会主席格林斯潘决定降低利息,以维持金融系统。美元利率的降低和卢比的溃败意味着OCM末路的开始。

交易商行使了期权,互换的规模由此翻了一番。现在OCM欠了交易商6亿美元,而且它需要在合同剩余的期限(3年)内支付固定的利率。OCM之前借了1.2兆的印尼卢比(6亿美元乘以汇率2 000)。在新的汇率下,OCM需要支付6兆印尼卢比(6亿美元乘以汇率10 000)。单单在汇率上,OCM就损失了4.8兆的印尼卢比(6兆减去1.2兆)。折成美元,这就相当于4.8亿美元。事实上,真正的损失比这还要大,差不多是5.5亿美元。

因为后面的"0"实在太多,我的计算机都不能显示了。感觉就像大富翁游戏里的纸币,这能换多少面条啊!OCM没有这么多钱,这个损失超出了公司的实收资本。交易商一定开始担心起来,但不是担心OCM的命运,而是OCM可能无法偿还这笔债务。

交易商内部的邮件往来顿时乱了套。"这笔交易产生的风险实在太大了,必须立即采取措施。"鉴于外部发生重大变化,公司的授信部门要求终止这笔交易,这就要求OCM立即付清全部债务。授信部门在和交易员算旧账。

交易员则另有打算。他们已经提前拿到了这笔交易的好处（根据一个叫公允价值会计的核算法则）。可惜的是，投资银行不开明的管理层不允许交易员在第一年就得到他们应有的好处。一部分收益会被递延到今后 3 年确认。如果终止这笔交易，OCM 无法偿还债务，那么这些收益将被一笔勾销，交易员就吃亏了。怎么也不能让 OCM 在交易员把他们的收益拿到手之前死掉。交易员在**整体**跳槽过来之前就和新公司谈好了利润分成比例（据说是三七开）。

交易员和 OCM 达成了一项新的协议，其创新程度又提升了一个高度。按照新的协议，原先的交易被取消，OCM **不用**支付任何费用。取而代之的是一项新的互换。新交易价值 6 亿美元。按照互换协议，在接下来的 3 年里，OCM 需要**每月**支付固定金额的美元利息，金额为 400 万美元。交易商将相应向 OCM 支付一笔钱，其金额按照一个复杂的公式计算：

$$\text{Max}[0, NP \times \{7 \times [(LIBOR^2 \times 1/LIBOR) - (LIBOR^4 \times LIBOR^{-3})]\} \times \text{当月的天数}/360]$$

其中 NP = 6 亿美元，LIBOR = 6 月期的美元 LIBOR 利率。

这个方程看起来很吓人，但有一个问题。如果你把这个复杂的方程进行约分简化，你会发现它始终等于 0。实际上，交易商从来不用向 OCM 支付什么钱，而 OCM 要连续 3 年每月向交易商支付 400 万美元。这就是交易商想达到的目的。

这差不多就是整个交易的内容。此外还有"展期"期权。交易商可以单方面将合同的期限再延长 3 年。这个期权每 3 年延长一次，最长期限可以达到 30 年。"对这种交易来说，这种做法是个惯例吗？"莫里森问道。我给出了否定的回答，我以前还真没见过这样的。"交易商想让这笔交易一直延续，直到 30 年后到期为止，而这个交易的唯一目的就是掩人耳目。OCM 需要把上一笔互换交易中的损失加上利息以月付的形式还上 30 年。""太有趣了。"莫里森评论道。

"这不是变相的贷款吗？"会计师事务所的合伙人安德鲁斯一上午都没说话，这时突然开口了。我同意他的说法。"有意思，太有意思了。"莫里森一边评论，一边用他的铅笔做笔记。他的铅笔现在应该已经钝了。爱德维科和布迪则显得闷闷不乐。我想他们怎么也不会觉得这个交易"有意思"到哪里去。

OCM 预付了头 3 个月的钱,这是合同的条款之一。公司用仅有的现金支付了这笔钱。之后,它就停止付款了。交易商终止了这个交易,并向 OCM 追讨不到 5.4 亿美元的欠款。这就是我们今天凑到一块儿的原因。

OCM 找了许多律师。大的律师事务所都以利益冲突为由,拒绝代理这个案子。一些律师事务所已经代表了交易商,但即使没有,这里面也似乎存在利益冲突,因为这些事务所担心**潜在**的利益冲突。意思很明确——它们不会和一家大投资银行对着干,不然可能断了以后的财路。

只有掳客·鲁克律师事务所愿意接手这个案子。莫里森是这家律师事务所其中一名创始人的后代。这家事务所擅长打航运,尤其是船货抵押借款方面的官司。这次的案子是事务所历史上接手的最大的一个。莫里森向我拍胸脯说诉讼是他们的强项,而且也必须是他们的强项。庞大的基勒姆·比勒姆事务所(Killem & Billem)⊖作为美国交易商的代理律师想给我们以**毁灭的打击**。他们正在申请简易判决。

已知和未知

在回酒店的路上,我思考着我们的处境。我们知道哪些?我需要知道什么?哪些我不知道?我在干什么?

在伊拉克战争中,美国的国防部长唐纳德·拉姆斯菲尔德(Donald Rumsfeld)不经意地提出了理解现代世界的框架。这个世界上有已知的已知,就是那些你知道你知道的事情;有已知的未知,就是那些你知道你不知道的事情;有未知的已知,就是你不知道你知道的事情;最后还有未知的未知,就是你不知道你不知道的事情。这套方法在衍生品行业也管用。衍生品从业人员一天到晚与已知和未知打交道。未知,无论是已知的还是未知的,都会带来恐惧和疑虑。已知的就是贪婪的代名词。早在国防部长阐述这个原则之前,贪婪就已存在。他们不知道他们早就知道了这一点,这就是未知的已知。

⊖ Killem&Billem,其实是英文 kill them and bill them 的谐音。——译者注

衍生产品是一种已知的已知,它们被称为大规模杀伤性武器。总之,名人沃伦·巴菲特曾经这样说过,看来它们无疑是存在的。在金融史上,大规模杀伤性武器造成的死伤随处可见——巴林银行、宝洁公司、吉布森贺卡公司、橘子郡、长期资本管理公司等。一个已知的未知是人们为何要把玩大规模杀伤性武器,他们能得到什么好处?这绝对称得上是已知的未知。

> 衍生产品是一种已知的已知,它们被称为大规模杀伤性武器。

未知的已知不言自明。衍生工具是贪婪和恐惧的简单结合。客户利用这些工具来赚钱(贪婪)或者用来保护自己避免损失(恐惧),但他们经常把两者混淆。客户害怕他们自己失去稳赚的机会,担心错过贪婪的机会。交易商也用这些工具来赚钱,通常是为了他们自己(贪婪)。他们经常使用大规模杀伤性武器是因为害怕自己不用,对手就会超过他们(恐惧)。他们也同样害怕错过贪婪的机会。交易商也害怕在衍生品买卖当中,他们的贪婪会导致损失(更多的恐惧)。但行业里谁也不能承认这一点,尤其是他们不能对监管部门和政治家承认这一点,否则对方就会有所行动(所有恐惧的一切)。

未知的未知更加难以描述。可能有许多,但没有人知道,当然,至少现在如此。

不可靠的回忆

莫里森和交易商举行了一次"没有成见"的会晤。我猜这是要准备投降,乞求对方放过我们。为了有所准备,我找出莎士比亚《威尼斯商人》中鲍西亚关于"慈悲"的一段演说。对于一个专家证人来说,我并不十分相信这些,但谁知道呢,也许到时候会有用呢。

我们在伦敦金丝雀码头区的一幢现代化办公大楼的大厅集合,这里曾经是伦敦的码头,现已废弃了。但现在这里仍然鼠多为患,而且人们"出口成脏"。东印度公司的船只和水手已经一去不复返,取而代之的是交易员。这里戒备森严,我们被护送到了会议室,那里对方已经在等候。法律顾问,从伦敦公司来的3名律师(由露易丝带队),从纽约总部过来的法律顾问(按照他自己的说法,他是来旁听的),还有外部的律师,基勒姆·比勒姆事务所派来的两个合伙人和他们的两个手下。

还有来自交易商的代表,由董事总经理马克·内华菲尔(Mark Neverfail)㊀带头。名片上他的头衔是"全球市场主管"。毫无疑问,这帮人里面是由内华菲尔说了算的,他就是那个"管事的"。他还带了几个同事过来:亚洲市场主管、参与 OCM 交易的交易员和新加坡交易主管。此外还有销售人员里奇,所有的交易都是由他和 OCM 进行的。他是印度尼西亚人,负责印尼市场,而且和布迪是大学校友。和他们相比,我们势单力薄。投资银行团队一起出动,对付我们太容易了。

我曾经在谷歌上搜索过内华菲尔的资料。他出生在美国东北部一个历史悠久的豪门家族,并在一所著名高校取得了 MBA 学位。在衍生品行业,内华菲尔拥有无可挑剔的资历:他曾经就职于两家顶尖衍生品交易公司。总而言之,此人不是一般的厉害。

会议室里寒气森森。"我想该来的都来齐了。"露易丝发话了。没有任何友好的气氛。时尚潮流的椅子让人坐着难受。我觉得会议不会持续很长时间。

"那好,就让我们开始吧。让我们听听你们的想法。我没有太多时间,我很忙。"内华菲尔马上接过话语权。身为大哥的他开始划定势力范围。

莫里森清了清嗓子。他显然已经在开会之前削好了铅笔。"非常感谢您能够和我们见面,"他慢悠悠地说道,"现在我们主张的是这些交易是我的客户在不知情的情况下签订的。在金融方面,我的客户并不老练。他们相信银行家的建议。这些交易似乎并不适合我的客户,而且并不能达到他们预想的目的……"莫里森说到这儿就没有再说下去。内华菲尔发作了。

"胡说八道。你的客户完全是自愿进行这些交易的。"内华菲尔用手指着我们指责道,"我们提供了交易相关的信息,他们完全清楚交易的性质。他们签了免责声明,上面白纸黑字地说他们并没有依赖我们的建议。他们对交易的风险心知肚明。他们签了协议,还签了该死的确认书。该签的都签了。你说他们不知道

㊀ 内华菲尔,Neverfail 其实是由英文 never 和 fail 组成,即永不失败之意。——译者注

是什么意思？我们和他们做了这么多年的生意。他们知道他们在干什么，他们明白里面的风险。你别瞎说。"交易商团队默默点头，表示同意。

我在想他嘴里会不会蹦出脏话，结果他没让我久等。"你的客户就是傻瓜，满嘴谎话！从公司来说，你的客户要不按照合同办事，要不我们就采取一切手段让他们执行。这就是我的立场，听懂了吗？"内华菲尔狠狠地瞪了一眼莫里森和印度尼西亚人。

爱德维科和布迪脸色苍白。"四大"的审计师也被如此强硬粗犷的话吓到了，似乎得喝杯浓茶压压惊。里奇似乎是刽子手团队里唯一感到不适应的人。他要是胆敢回到印度尼西亚，肯定有人悬赏他的脑袋。"仁慈"的那段演说已经从我脑海里消失得无影无踪。莫里森似乎岿然不动，出乎意料地以镇定的目光回敬了内华菲尔。他清了清嗓子："谢谢，谢谢你能够如此清晰地向我们表明贵公司的立场。"他停顿了一下，掂了掂话的分量。"事情并不像你说的那么简单。"内华菲尔开口道。他正准备发起第二波长篇大论，但被莫里森挡了回去。他做了一个手势，好像要赶走一个失职的下人，怒言道："谢谢，先生。您要说的刚才都说了，我们都听到了。现在该轮到我表明立场了。您，先生，现在应该听我讲了。"内华菲尔脸涨得通红。显然，从小到大没人敢这样跟他说话。事情出现这样的转折，他的同事似乎在心中暗喜。

"就像我所说的，我的客户的确签了一些文件，而且这些文件看起来表明我的客户对这个交易完全知情。但实际上这并不是真的，他们信赖你们公司。明确点说，他们信赖你们员工的陈述。"他将目光望向了里奇和亚洲市场主管。他们两个看起来很不安，不敢看莫里森的眼睛。

"我说了'陈述'了吗？这些文件，可以说是误导性陈述，而且是最深奥难懂的**误导性**陈述。事实上，我说它们就是欺诈。说到免责书，这并不是平等主体之间的交易。我们的客户面对的是一家顶尖的金融机构。你们在专业方面的知识和技术都远远超过了我的客户。我很痛心地认为你们公司的一些人，也许是一些流氓无赖，利用这些技术来牟利，欺负我的客户缺乏金融经验。太不幸了。我的客户毕竟是做面条生意的。他们并不是那些了解错综复杂的金融工具的专业人士。他们完完全全依赖你们员工的指引和建议。"

"你们的公司属于女王陛下的金融服务管理局管。我记得,银行和其他特许企业在经营当中要遵守一些规则。其中有一条就是'适当性'原则。简单地说,你们公司需要保证你们推荐给客户的交易应当和他们的要求相适应。证据证明这些交易明显不适合我的客户。很简单,要是合适的话,我们也不会到这儿来了。很简单,你们的员工残忍地利用我的客户的**无知**和信任来牟取利益。"

莫里森现在已经停不下来了:"我只是个律师,对高端金融并不熟悉。但这个案件倒让我想起另外几个类似的案子。我好像想起来你们公司的一些员工之前在另一家投资银行工作,而那家银行参与了这几个案子。宝洁、吉布森贺卡,柠檬郡。"其实是橘子郡,但谁会在乎?莫里森已经完全控制了局面。内华菲尔一脸惊讶。他的法律后援团,包括来自基勒姆·比勒姆事务所的合伙人,眼睛盯着光亮的玻璃桌面,恨不得找个缝钻进去。里奇在干什么?他肯定想一死了之。

"据我了解,许多监管机构因为这家银行的一些销售行为而对其提起公诉,并给予重罚。这些行为在这些案子里很明显。简单地说,它们是有形的。"显然,莫里森对会议桌那头所表现出的不安感到很高兴。

"如果这事要闹到了法庭,我们就会曝光你们公司和员工的销售行为。"他顿了顿,然后装作用舞台耳语的口气狡猾地说,"我相信许多监管机构,不论是在这儿的还是你们国家的,都会很感兴趣的。我敢说《金融时报》会觉得这件事有些地方引人入胜,值得报道一番。"内华菲尔的脸已经死白。亚洲市场的主管似乎被噎住了。我很好奇他们是否知道鲍西亚的演说。

莫里森的演说快结束了:"在我的职业生涯中,很少看到声名卓著的专业人士会做出如此不堪、令人不齿的行为。人心不古啊!"等会议结束后,我再查查"不堪"和"令人不齿"的意思。爱德维科和布迪在那儿微笑,他们并不知道这两个词的意思,但他们才不管呢。

> 在我的职业生涯中,很少看到声名卓著的专业人士会做出如此不堪、令人不齿的行为。

"我们抱着和解的心态过来,希望能够消除这个明显的误会。我很遗憾地说我们错误地将这个愿望寄托在了你们身上。"他停下来看了看内华菲尔和他基勒姆·比勒姆事务所的法律后援团,"我就说到这儿。"他站了起来。我们都跟着站了起来。"谢谢你们，先生们，还有女士。"莫里森热情地向露易丝笑了笑。她无力地笑了笑。我们跟着莫里森走出了会议室。

这真是一场精彩的表演啊。我差点相信 OCM 就像莫里森说的那样无辜。我开始明白为何这个弹丸之国曾经能够统治世界上许多地方，为何几乎没有人能够征服这个国家——这正是因为有莫里森这样的人。我完全低估了这个人。这个世界上存在如此多未知的未知。

走出办公大楼，防守团队又重新凑在一起。"还不错吧，你说呢？"莫里森有点兴奋。我不能确定。刚才让他那丘吉尔式的演说煽动起来的自信又开始消退了。交易商还是会想办法搞简易判决。OCM 自愿签字的文件依然存在。"一件一件来，小伙子。"莫里森似乎对前景充满希望。

我想起一个和律师有关的传闻。在一个刑事案中，律师在交叉询问中对警方的目击证人表现得咄咄逼人。被告佩服得五体投地。"我们做得不错。"被告对他的律师说。律师回头吼道："我做得不错，你要坐 20 年的牢。"

简易判决

聆讯的日子终于到了。交易商申请简易判决。简单地说，他们向法院申请强制执行那些签了字的合同。现在 OCM 需要向法院证明它有合理的理由反对对方的申请。

我辛辛苦苦写了一叠厚厚的专家意见书，作为辩护材料的一部分。经过这么多年，我明白报告的页数很重要。在这个匪夷所思的时代，专家对法院负责，而不是对客户负责。专家必须不偏不倚。他们要以专家的冷静来评价事物。这是不可能的，因为专家是其中一方雇用的职业杀手，目的就是给对手毁灭性的打击。

由于 OCM 在所有文件上都签了字，要是法官不支持交易商的强制执行请求，我死都不相信。

法院当天的第一场聆讯就是我们的案子。将近上午 10 点，莫里森出现了。和他一同来的是戴着假发、身披斗篷的高级律师斯图尔特。我急切地走上前去。"他们已经撤回了简易判决的申请了。我和你说过，不用担心。"莫里森愉快地说。

他们为何撤回？这没有道理啊。"我也不知道，小伙子。"莫里森耸了耸他那极富表现力的肩膀。"对了，你的报告很有用。"说着他就和斯图尔特走开了。当我从惊讶中回过神来后，我疑惑不解。这只是个缓刑，我们在庭审时肯定会输的。

第二天，我坐在机场，准备回澳大利亚。印度尼西亚的那两个人也在那儿，原来他们和我坐同一班飞机。他们将在新加坡转机，然后再坐短途飞机到雅加达。

爱德维科和布迪心情愉快。看他们手中的行李，就知道他们当天还去购物了。"我们赢了。"布迪大声说道，表现出对法律判决的赞赏。我从牙缝中挤出一丝笑容。无论是交易商还是面条公司的作为，我都不同情。

登上飞机，我的心情更加糟糕。我坐的是经济舱，而那两个人坐的是头等舱。两个在一家濒临破产公司任职的无耻高官，他们可以说相当成功。我是如何落到如此田地的？

当我误打误撞进入衍生品交易这一行时，许多今天的交易员都还没出生。我已经在这个充满交易员、枪和钞票的世界里浸淫了25年之久。交易员和钞票谁都明白，而你再也找不到比衍生工具更具杀伤力的金融武器了——它们就是交易的重型机枪。律师呢？我似乎和律师在一起为了将一些非常奇怪的衍生品交易查个水落石出而工作了很长时间。

我是如何进入这一行的？我随钱逐利。我也曾经在金融市场上乘风破浪。刚入行时，我对衍生品知道得并不多。我是如何走到今天的？一言难尽。下面就听我将故事细细道来。这个故事讲了衍生品交易的兴起和法则，它的"已知"与"未知"。

第 1 章

金融的大规模杀伤性武器

衍生品的鼓吹者

2003年，沃伦·巴菲特与艾伦·格林斯潘这两个美国资本重量级人物就金融衍生品这个所谓的金融大规模杀伤性武器爆发了一场辩论。我整天和金融衍生工具打交道，却丝毫没有意识到它们是"大规模杀伤性武器"。而那些印度尼西亚人可能会认同这样的说法：在进行衍生品交易之前应该穿上用特殊材质制成的防护服。沃伦·巴菲特是伯克希尔-哈撒韦投资公司的董事会主席。巴菲特传奇般的选股技巧使他名声大噪。但他善于讲美国"大白话"，这才是他成为偶像人物的真正原因。

"自己炒的菜自己吃下去""只有退潮时，我们才能知道谁在裸泳""从汽车的挡风玻璃向后看永远不会比从后窗玻璃向后看来得清楚"，这些耳熟能详的名言都出自巴菲特之口。巴菲特的追随者把这些话当成金科玉律。他一年一度的"致股东的信"也被看成圣经。当伯克希尔-哈撒韦公司召开股东年会时，大批虔诚的信众涌入这场"资本家们的伍德斯托克音乐会"。巴菲特则是"奥马哈的先知"。

2003年，巴菲特向其称为"金融界的大规模杀伤性武器"的衍生工具发起了进攻。[1]和他并肩作战的还有一些头面人物，其中包括比尔·格罗斯（Bill Gross），太平洋投资管理公司（PIMCO，世界上最大的投资管理公司之一）数量庞大的固定收益型基金正是由他掌管。他们发难的理由是隐藏在衍生工具合约中的亏损迟早会暴露出来。那些参与衍生品交易的银行和保险公司就会受到影响。他们担心一些公司和投资者利用衍生工具把别人的钱拿来赌博。我曾经天真地以为拿他人的钱下注是资本主义不可或缺的一部分。

这些话通俗易懂而且是经由巴菲特之嘴说出来的，因此迅速传播开来。巴菲特的话让衍生品交易商们惊恐万分，他们担心这会引起其他人，尤其是监管部门的关注。如果政府对衍生品交易出台新的监管措施怎么办？支持衍生品的游说团体加紧了运动，但是他们的担心有点多余了。

艾伦·格林斯潘成了为衍生工具辩护的主角。他当时是美联储（相当于美国的中央银行）的主席。美联储的责任包括完善金融体系和保持银行系统的稳定。美国中央银行主席出来为衍生工具加油打气让人奇怪。

在20世纪80年代末期，艾伦·格林斯潘接任保罗·沃尔克（Paul Volcker）成为美联储主席。沃尔克在任时提高了利率，导致抵押资产的贬值，让整个美国的存贷行业遭了殃，因此他的政策并不受欢迎。但该政策成功抵御了通货膨胀，并开启了一个低通胀、低利率、股价上涨的"美好时代"。当船驶入了波澜不惊的海域时，艾伦·格林斯潘发现自己当上了这艘船的船老大。伍迪·艾伦（Woody Allen）曾经说过，生活中80%的成功都是在恰当的时机出现的。"大师"格林斯潘可以说交上了好运。

格林斯潘这位爱打网球、能吹爵士萨克斯管的美联储主席经历了一个前所未有的繁荣时期、1994年债券市场崩溃、几次资产价格泡沫以及随后的泡沫破灭。格林斯潘的出名还得益于另外两件事——冗长的句型和对新技术盲目的信任。

格林斯潘每次去国会作证都会引来金融分析家、记者，还有数量相当的语言学家的关注。解读格林斯潘语言的行业也随之兴起。格林斯潘还亲自指导大家如何解读他的语言，看不出有丝毫自我解嘲的意思。"我知道你觉得你理解了我说的意思，但我不能肯定你能意识到你听到的其实不是我说的意思。"大师曾这样解释过。他之后又很直白地说："如果你认为我说得很清楚，那么你就错了。"[2]

这一次，格林斯潘运用他高超的演讲技巧来为衍生工具做辩护。在互联网泡沫达到顶峰的时候，他曾大谈特谈技术对生产力的影响。而格林斯潘对衍生工具的迷恋也毫不逊色。

"在过去的几十年中，金融衍生品的迅猛发展和壮大可以说是金融界至今为止最重大的事件。随着21世纪的到来，银行和非银行金融机构都要重新审视一下，他们的风险管理水平能否跟上不断发展的业务活动，能否适应金融市场的变化并做相应的调整。如果他们的风险管理能够做到这点的话，我可以肯定市场参与者会进一步依靠衍生品来分散风险，并且加速财富创造的进程。"格林斯潘如是说。[3]

金融大规模杀伤性武器真的很危险吗？谁说得对呢，巴菲特还是格林斯潘？

金融大规模杀伤性武器真的很危险吗？谁说得对呢，巴菲特还是格林斯潘？到底什么是衍生工具？对于它们我们该知道些什么？这些年来我和它们都发生了什么故事？

学生时代

我从学生时代就开始接触衍生工具了。当时还没有金融衍生工具这个说法，但我已经了解**期权**相关的一些知识。现在大学里都开了衍生工具的入门课。而在20世纪70年代的公司金融课上，**期权**的内容只用一张幻灯片就能讲完。

当时给我们上课的青年讲师毕业于芝加哥大学商学院。那可是当时新金融思想的发祥地。早先的核物理学家都会问："哥本哈根对这个问题怎么看？"，而到了20世纪70年代，金融经济学家则会问："芝加哥对此有何看法？"

尤金·法玛（Eugene Fama）和他的同事在芝加哥提出了有效市场理论。默顿·米勒（Merton Miller）发展了公司股利、公司借贷和税收效应等理论。正是在新兴理论层出不穷的背景下，费雪·布莱克（Fischer Black）、迈伦·斯科尔斯（Myron Scholes）和罗伯特·默顿（Robert Merton）三位学者在1973年创立了期权定价模型。后来，斯科尔斯和默顿因为他们在经济学上的成就而获得了瑞典中央银行奖（经常被误当作诺贝尔奖）。

在公司金融的课上，这位讲师给我们讲授了一堂关于布莱克－斯科尔斯期权定价模型的课。我们对期权毫无概念，最后，有人在辅导课上问到了期权。"期权好在哪里？""它们是用来干吗的？"讲课老师费尽口舌给我们讲解，最后却把自己给绕晕了。最后，他的解释好像是"期权就是期权"。同学们还是不依不饶，老师就告诉我们说，问题的答案显而易见，他懒得去解释期权是用来做什么的。所以，我们只是大概了解如何评估这个令人不解的金融工具，至于如何应用就别提了。毕业以后，在交易所里以及同宽客（数量分析师或"火箭专家"⊖）

⊖ rocket scientists，引申为能胜任高难度工作的专家、内行。——译者注

打交道的过程中，我又一次发现其他人也有类似的困惑。其中有一部分宽客还是学者出身。

那个讲师后来在考场上报了一箭之仇。他要求我们运用布莱克－斯科尔斯定价模型给一个期权定价。我们都没想到他会狠心拿这么冷僻的一个模型考我们，考前谁都没去记那个公式。

面对一群中国人

和许多同时代的人一样，对于衍生工具我也是边干边学，边学边干，大部分是在犯错中学习。

到了 20 世纪 80 年代中期，随着衍生工具市场的逐渐起步，行业需要相应的从业人员。由于很难找到现成的、具备相应技能的交易员，大多数投资银行就只能自己培训。通常投资银行会让交易员来组织内部培训。我们也需要培训客户，这样他们才能具备相应的知识与能力和我们做交易。但另一方面我们并不希望他们知道真实情况，尤其是我们从他们身上赚了多少钱。这个尺度很不容易掌握。

大家认为我是个不错的老师，时常让我去做培训。内部培训是为了让这些脑瓜灵活又受过良好教育的员工成为合格的交易员。培训有点像俗套的兄弟会派对，里面充满了电影《动物屋》（*Animal House*）中那种深受大学生喜欢的插科打诨。呵，其实他们已经做到了这点。声名显赫的投资银行不是已经录取了他们吗？对他们来说，拿到七位数的年薪还不是早晚的事儿吗？

对客户就不一样了，你要寓教于乐，而且培训的目的在于和他们建立良好的关系。这些培训对象是公司的财务主管、小型投资银行的总裁和基金经理。他们都彬彬有礼，具有强烈的求知欲望。但他们同时也小心谨慎，生怕泄露太多信息或是和交易商走得太近。布迪和爱德维科可能也参加过类似的培训项目，但他们是否从中学到了一鳞半爪，就不得而知了。

我最喜欢的代表团来自中国，没错，就是中华人民共和国。那时邓小平为国家领导人，发家致富成了一件光荣的事，中国正坚定不移地迈向市场经济。我的老板想尽一切办法要打入中国这个从未被开发的大市场。于是他们邀请了一群中国银行家，让他们接受相关的培训。

那时的中国人守时，但思想有些保守，他们给我们出了不少难题。当时中国刚刚开始改革开放，他们中的有些人对金融市场如何运行一无所知。其中有些人甚至不理解利息这个概念，和他们解释衍生工具真是难上加难。但幸运的是，我似乎教得还不赖，所以，以后凡是有中国来的代表团，我都会被叫去做主讲。

衍生工具的产生

在我的课上，我不会去讲述衍生工具的历史，其他的讲师通常从古埃及、汉谟拉比法典或者是日本的米市开始讲起。我也试图将衍生工具放到某一个特定的历史时期来讲解，这时在座的学员们通常会露出一脸狐疑的神色："你当时在那里吗？"所以每次都以失败告终。此外，我也不会和学生说："衍生工具很简单。"因为它会让我很自然地想到格劳乔·马克斯（Groucho Marx）⊖的一句搞笑台词："五岁的小孩都能理解，给我去找个五岁小孩来。"

我很快就总结出了讲课的套路。我知道学生们不知道的，这是作为专家的唯一标准。在那个相对原始、还没PPT的年代里，我还制作了一些幻灯片。我讲课的对象是这样的一群人，他们就算在工作中碰到过衍生工具，也不知道那就是衍生工具。

我经常拿农民举例子。"有个农民，他在一块地上种了小麦"，我一般这么开头，"这个农民为此花了许多钱。他买来种子，松土播种，之后又花钱给这块地灌溉、施肥、除虫害。他能否收回成本完全取决于他的粮食能卖多少钱，而这又取决于粮食收割时的粮价和产量。在产量一定的情况下，他的收入就取决于粮价了。如果粮价下跌，他的收入就会减少。当粮价下降到一定程度，他的收入将低于他的成本，那么他就会损失。但反过来，如果粮价上升，他的收入就会增加。他面临一个严重的问题，那就是价格风险。我们怎么才能帮这个农民减少因

⊖ 美国著名喜剧演员。——译者注

价格波动而产生的风险呢?""我们可以用衍生工具来管理价格风险。"说到这儿,我会停顿片刻,等待戏剧性的效果出现。

这时,学员们就兴奋起来。客户遇到了麻烦。这才是交易商也就是学员们赚钱的机会。有的学员认为:"好,我们要狠狠赚上一笔。"而中国学员则开始拍手,因为我为这个可怜的农民提供了解决方案。

"这个农民可以出售远期小麦。也就是说这个农民可以和别人商量将他将来收割的粮食以某个价格出售给对方。由于现在他们敲定了价格,这个农民就知道了小麦收割后的出售价格,这样价格风险就消除了。即使之后价格下降他也不会受到损失了,他是受保护的。这个套期保值给了他一个固定的价格和固定的收入。这就减少了由于小麦价格波动而产生的风险敞口。"这种对远期合同深入浅出的讲解受到了中国学生的热烈欢迎。

他们偶尔也会提问:"为何有人要买远期小麦呢?""很简单,"我说,"其他人承担的风险可能正好相反。举个例子,面包师可能预计小麦会涨价,因此他想减少因价格上涨而产生的风险。"这时,中国学员就会投来赞赏的目光。

我对期权的解释也和这个差不多。"那么卖出远期又会产生什么问题呢?"我会接着问,"这个农夫虽然可以因此不受损失,但同时他也失去了因为小麦价格上涨而带来的收益。这也就是期权产生的原因。其实他需要的是能够让他避免因为价格下降而遭受损失的**保险**。他可以买进一项看跌期权。如果价格下降到之前约定的水平(也就是行权价),看跌期权的卖方就需要向这个农民支付实际市场价低于行权价的这部分差价。可以说,农民是鱼和熊掌兼得。如果价格下跌,农民并不会受到损失;反过来,价格上升,农民则可以从更高的价格中获利。这相当于一种价格上的保险。农民需要为此支付保险费(也就是期权费)。"这个时候,大部分的财务主管和基金经理开始对保费皱起了眉头。而我们的中国代表团却兴奋不已。这实在是不可思议了。

"面包师主要担心小麦价格上涨。如果价格下跌,他可以买到更便宜的小麦。如果他想避免因价格上涨带来的风险,他可以买入一个看涨期权。如果价格下降,他可以自由地以低价买入小麦。为了得到这种价格上的保险,面包师需要向出卖方支付保险费。

"那期权的出售方或者说期权的承销者呢？因为他需要为此承担价格波动带来的风险，他就好比是保险公司。他可能同时还有头寸来对冲这个期权风险。交易员就是在撮合期权的买卖双方。当然，对期权风险套期保值的方法还有很多。"

是的，这就是关于衍生工具的一切。衍生工具是对远期和期权的统称。它们就这么简单。

投注点

衍生品已经存在很长时间了，至少是以远期和期权的形式。从19世纪开始，芝加哥期货交易所就经营以农贸产品为标的的期货（本质上属于远期合约）了。客户大多是地道的农民、农贸产品收购者和谷类经销商。

在这一百多年来，远期、期货和期权等衍生品在芝加哥期货交易所和其竞争对手芝加哥商业交易所内进行交易。期货和期权交易所和股票交易所很像。交易所由经纪人控制，客户需要交付佣金才能进场交易，交易所负责清算，同时采取保证金制度为交易员提供风险担保。

第一次变革发生在20世纪70年代，当时金融产品的期货（比如外汇和利率产品）开始在交易所内交易。股票期权上市并交易，但当时的市场规模依然很小，供求都不旺。只有一小批专业人士才会涉足这片艰深的领域。70年代末发生了一场重大突破，出现了互换市场。场外市场的时代到来了。这就是衍生品黄金时代的开始。

本质上，互换是一种远期。通过互换，你可以将未来的一组现金流置换成另外一组现金流。比如说，你可以将一组固定利率的现金流置换成一组利率定期变化的现金流。这就是利率互换。你可以将一组美元的现金流置换成一组日元的现金流，这就是外汇互换。你甚至可以将一组基于利率的现金流置换成一组基于股价变化的现金流，这就是权益互换。印度尼西亚人用的就是这类互换的一种。

互换的诞生意义重大。大银行和证券公司从跑龙套的配角一下子成了主角。当他们发现这里面有大量财富等待发掘，他们便成了衍生品场外交易市场的积极鼓吹者。

场外交易市场允许对产品结构做出大幅度的个性化调整。直至今天，这一点仍为拥护者所津津乐道；但透明度的缺失，也成了场外市场的小麻烦。如果你在交易所内进行交易，那么你就得遵守交易所的规定。每个人都能够看到你在做什么。而在场外市场上，交易商无论彼此进行交易还是同客户进行交易，周围都是灰蒙蒙的。想取得和交易、价格等相关的信息并不容易，这十分符合交易商的胃口。他们可以利用这种不透明来赚客户和对手的钱。

互换产品和场外交易市场的出现从此改变了衍生品市场的格局。当时的交易所并没意识到他们舒适的俱乐部将在最赚钱的金融新兴行业里被远远地抛在了场外市场的后头。一个对价格变化进行投机的庞大系统正在开启，这就是金融衍生产品。

> 一个对价格变化进行投机的庞大系统正在开启，这就是**金融衍生产品**。

隐秘的潜台词

衍生产品中已知的已知很好理解。我们带着一种宗教狂热到处宣扬用衍生品对冲的好处。那个可怜的农民和不幸的跨国采矿公司容易受到邪恶、不可控制的市场力量的冲击，对我们的宣传信以为真。我们的听众相信衍生产品将让他们破小财免大灾。

那衍生产品本身的风险呢？那些已知的未知、未知的已知还有未知的未知呢？这得留给客户自己去发现了。原则就是"**买家自负**"——买家自行承担责任。这里面有什么秘密呢？还真有一些。

通常衍生产品使用现金结算。也就是说农民不需要交付麦子，而在约定交付日，他们会算一笔账。他们拿结算当天麦子的市价和远期合同上约定的价格做比较。如果是市价低，那么两者的差价就归农民了。当农民将麦子以市价卖出，他得到的钱比合同约定价格要少。但交易商按照远期合约支付的款项可以弥补农民的损失，农民最后拿到的还是合同约定的价格。如果市价高于合同价，农民就需要向对方支付两者的差价。农民亏了。但由于麦子的市场价上涨，由此产生的收益能够弥补这部分的亏损。不管怎样，农民最后得到的都是合同约定的价格，对吧？

就这么简单。我一直强调现金结算的灵活性。农民可以继续和以前的客户交易。他可以和第三方单独进行对冲，而不会影响他正常的买卖。这样，农民可以根据自己的需要随时设置对冲。这样他能拿到最低的价格。这简直是英雄般的革新。但这里有一些潜台词。

衍生产品合同是按照预定价格进行结算的，通常这个市价能够很容易获得。我一直强调，这样能够保护农民。但如果衍生产品结算的价格和农民出售实物麦子的价格没有紧密挂钩，那么他原来以为锁定的价格就不是他最后得到的价格。衍生产品交易员将这种风险称为"基差风险"。在对冲中，你将价格风险换成了基差风险。通常，人们认为基差风险很小，微不足道。已知的未知并不需要农民来操心。

有时候，基差风险也会带来麻烦。20世纪90年代初，我参与了对冲航空燃油的交易。对冲航空燃油有好几种方式，你可以做互换，也可以在纽约买入西得克萨斯中质原油期货。一份西得克萨斯中质原油合约相当于在俄克拉荷马州交割的1 000桶轻甜原油。轻甜指的是它的密度较轻、含硫量较低，而不是指油的味道。

我选择了用西得克萨斯中质原油期货来对冲燃料敞口。和布迪一样，我这么做是为了节省成本。我也听信了交易商的建议和模型；按照他们的说法，用西得克萨斯中质原油合约来对冲航空燃油还不错。你一定觉得这些年来我在这行摸爬滚打一定知道不少东西。

最后总之，西得克萨斯中质原油的价格下跌，我们在期货头寸上赔了钱。我们本来应该可以在实物燃油的买卖赚到相等金额的收益，来对冲损失。但问题是燃油价格下跌的幅度没有西得克萨斯中质原油跌得那么厉害。这是技术因素导致的；如果你在一桩买卖上赔了钱，这一定是技术原因造成的。燃油市场情况不佳，炼油产能不足等都是一些废话，最后倒霉的人是我。

我们赔了钱，但不多。原本我在衍生产品上的专业声誉已经岌岌可危了，经过这次事件，我老板看我更不顺眼了。他幽幽地问为何每笔对冲最后似乎都会赔钱。我毫无底气地回答是基差风险的原因。

用现金结算还有其他一些优点。那些对实物交易不感兴趣的人也能够参与交易。通常，只有农民或面包师才会买卖大麦。为何？因为交付麦子或者接收一船的麦子很不方便。在我们的原油交易中，我们对冲的头寸是 100 万桶原油，这个量差不多够我们连续用 4 个月的。我的老板想知道这到底相当于多少石油。这应该需要好几艘超级油轮才能装下。

我们的 WTI（西得克萨斯中质原油）合约可以通过实物交割进行清算。买方支付之前商定的金额，就能按照合约的交付地收到原油。这个合约也可以通过现金进行清算。我们并不想进行实物交割。如果进行实物交割，按照合约我们就应该在俄克拉荷马州接收这批原油，但我们没有办法储存、提炼或者向其他地方调运这批原油。

我们的期货交易员是我还在衍生产品买方工作时结识的一个朋友。一天，他突然在凌晨 2 点打电话给我，说一个合同到期了，我们还有许多开放头寸，问我们想如何处理这批原油。我立刻从床上坐了起来，我原以为我们还有足够的时间来平仓，然后用现金结算合同。我吓出一身冷汗。最后发现他是闹着玩的。他就爱开玩笑。合同到期还有一个星期的时间。

由于现金结算，那些对实物交易没有兴趣的人也可以参与交易。为什么可以？为什么不行呢？他们可以预测价格的上涨下跌。他们可以对价格进行**投机**。

杠杆下的投机

我平常不愿意说起衍生产品投机的一面。但要是被逼急了，我会引用全美步枪协会的那句辩护词——"杀人的并不是枪支，而是人"。衍生产品，用我的话说，是绝对安全的，至少在正常人的手里，用在对的地方。

面对有人指责衍生产品具有投机性质，衍生产品行业为此做了许多辩护。在 20 世纪 90 年代初，当时正兴起一场反对衍生产品的运动。国会委员会的委员们问美国一家大型银行的主席衍生产品是否具有投机性质。他回答说尽管衍生产品可以用来投机，但它一开始并没有投机性质。如果你想投机的话，那么衍生产品是你绝佳的选择。概括地说，这是你自取灭亡的最佳方式。

我们的咒语是"效率"。衍生产品效率高,把市场变得更加高效。它们可以有效地将风险在市场参与者之间转移。这是对格林斯潘主席倡导的"市场效率"的有益补充。衍生产品相关的书籍也极力倡导"效率"。芝加哥学派的解读甚嚣尘上。

这些书籍承认衍生产品具有投机的一面。在一个有效的市场里,投机分子对于提供"流动性"和"风险容量"非常重要。有了这些词,我们更能说服人们相信衍生产品对于社会做出的贡献。也就是说,市场需要一些人进行投机活动,这样其他人才能够将风险转移给他们。如果他们赔了钱,他们就是活该。如果他们赚了钱,那也是他们该赚的。转移风险的秘诀就是让别人去拿定时炸弹。第二个秘诀就是,如果拿定时炸弹的人是你,那么你要确保你玩的是别人的钱。

事实上,在衍生产品市场上大部分活动都是具有投机性质的。说它是投机是因为语义不明造成的,投资和投机之间的区别并不是黑白分明的。如果你赔钱了,你就是在投机。如果你赚钱了,你就是在投资。难道还有第二种判断方法吗?

2004年,油价又创下新高。当西得克萨斯中质原油价格涨过50美元一桶时,大家发现那些对实物石油不感兴趣的投资者,也就是投机分子在石油衍生产品市场上的头寸超过了60%。这些投资者和交易员们想用这些石油做什么?他们并不想购买或者出售实物石油。他们是赌石油价格将持续走高,才用衍生产品购买这些石油。

油价已经不能反映市场真正的供需关系了。当中东局势一有风吹草动,投机者就会买入或者卖出石油衍生产品。石油衍生产品的交易量相当于全球石油交易量的好几倍。

在外汇市场上,实物交易和投资流量只占到总交易量很小的一部分,大约为3%。剩下的97%都是"资金流"。这个故弄玄虚的名词其实就是那些沿着光纤以光速在全球到处寻找获利机会的投机资金。所有这些都是由以现金结算的衍生产品在那儿推波助澜。

交易员还能用衍生产品卖空。你可以卖出你没有的东西。不能理解?如果你没有某样东西,通常不可能将其卖掉。即使是最傻的买家,如果你不能将货物给他，他就不会把钱给你。为何你不能把货物交给他？因为你没有货物，不然也就不能称其为卖空了。这就是先有鸡还是先有蛋的问题。

衍生产品妙就妙在你可以出售**远期**。你不需要马上交付。你可以在未来某日买入，然后交付给买方。卖空就是将宝押在价格下跌。卖空者赚的就是卖方支付的价格和为卖空而买入的资产支付价格之间的差价；当然如果价格上涨，卖空者就赔了。

衍生产品是用来对价格下跌进行投机的最佳方法。每当危机来临时，卖空者就像秃鹫那样盘旋在受到重创的国家、货币、商品和公司的上空，随时准备在价格下跌时得到好处。在亚洲金融危机中，卖空者迫使汇率下跌，印度尼西亚面条公司因此遭殃。

衍生品相关书籍大肆鼓吹衍生产品能让价格达到"新的水平"，有利于"流动"市场。马来西亚总理马哈蒂尔·穆罕默德对芝加哥的有效市场假说理论并不感冒。他大声斥责这是由西方资本家、对冲基金、犹太复国主义者和衍生产品交易员共同策划的一场毫无目的的阴谋。但亚洲国家的政府和企业大手大脚的行为却被忘得一干二净。

衍生产品还能提供杠杆效应。"你得用杠杆效应。"尼禄告诉客户，"市场现在平稳得很，"他低声说道，用他那娴熟的技巧忽悠客户，"现在要想赚钱，你得利用杠杆效应。"你要多少杠杆效应，衍生产品就能给你多少。

> 你要多少杠杆效应，衍生产品就能给你多少。

衍生产品之所以有杠杆效应是因为一切都发生在未来。种麦子的农民现在不需要做什么；当远期合同到期时，他只需一手交钱，一手交货；面包师傅也一样，只有当他收到麦子的时候，他才需要付钱。对农民和面包师傅来说，推迟结算很棒——他们都在对冲。农民只有在**将来**才能收割麦子。面包师傅在**将来**才需要麦子做面包。这就产生了杠杆效应，一个令人费解的术语。如果你只用了很少的本金就赚到了很多钱，那么你就利用了杠杆效应。如果你赔了许多钱，差不多是你本金的好几倍，那么你也利用了杠杆效应。

你想对小麦价格投机一把。你可能知道小麦产量下降了，可能是因为对农药有抗药性的害虫把小麦给糟蹋了，或者发生了旱灾，诸如这些"技术因素"。无论是什么原因，你认为小麦价格将上涨，为了抓住这个机会，你就要买入小麦。但这需要现金。假如你以1 000美元/吨的价格买了1吨小麦。不出你所料，小麦价格涨了，涨到了1 500美元/吨。你就能赚到500美元，相当于投资本金的一半。干得不错，但你其实还能赚得更多。

你本来可以买入**远期**小麦：这只需要最小的支出。假设银行信任你，你自己都不需要先掏钱。如果你判断正确，小麦价格上涨到了1 500美元/吨，那么你就能赚500美元，但你并不需要初始资金。这就是说你的回报率是无穷大，而不是50%。这样你就利用了杠杆效应。

但在现实中，你不可能达到无穷大的杠杆效应，除非你是重量级人物——AAA级的企业或者重要的投资者。你得先拿出一笔钱，作为期货合约的初始保证金或者在银行存上一笔保证金来证明你有能力履行合同。假设你需要事先支付10%（100美元）的保证金，那么你的投资回报率将达到惊人的500%（500美元/100美元）。

假设你愿意拿出1 000美元，那么用小麦远期合约你就能够购买到10吨，而不是原先的1吨。你用这笔现金作为保证金。如果小麦的价格涨到了1 500美元/吨，那么你就能赚5 000美元（你的投资的5倍）。但这里有个陷阱。如果小麦价格没涨会怎么样？如果价格下跌，你就麻烦了。如果价格下跌10%（成为900美元/吨），那么你的整个投资就全军覆没了。如果价格下跌到500美元/吨（下跌50%），那么你将损失5 000美元（你的初始投资的5倍）。尼禄则会这样说："你用5 000美元擦屁股了。"杠杆效应使你对价格波动的敏感程度大大增加了。

我们都利用过杠杆效应。我们借钱买房子。我们的小麦投机分子可以用借来的9 000美元，加上他自己的1 000美元买到10吨小麦。但银行并不傻；他们并不会因为你的直觉而借给你那90%的款项。衍生产品能够为你提供最大的杠杆效应。

你也可以通过期权获得杠杆效应。杠杆效应有好坏之分。如果你购买期权，那么这个就算是好的杠杆效应；因为你的损失最多不过之前支付的期权费。但反过来，如果你卖出期权，那这个就属于坏的杠杆效应——真的坏杠杆效应。你的收益最多不过你支付的期权费，但你潜在的损失则是个无底洞。期权交易员把卖出期权比作是"吃得像鸡一样少，拉得像大象一样多"。这话形象地概括了卖出期权所产生的杠杆效应。

暗度陈仓

衍生产品是在**未来**结算，在此之前衍生产品不会体现在资产负债表上。它们不会出现在公司的财务报表上，除非有大事发生。使用衍生产品能够把许多猫腻藏在公众的眼皮子底下。

刚开始的时候，衍生产品完全"不可见"。这些产品会让一些报表的使用者在毫无心理准备下大吃一惊。衍生产品的损失或者收益会突然奇迹般地出现。随着时间的推移，会计师有了更好的装备。《联邦会计标准委员会第133号准则》和《国际会计准则第39号准则》都是对付衍生产品的重型武器。但可惜的是，这也不能解决问题。

衍生产品通过现金结算，而且在表外核算，这产生了另一个问题。你现在可以发起一项投资，但不需要占有实物标的。我们的麦子投机分子通过使用小麦期货，达到和购买实物麦子一样的效果。他并不需要实实在在地**占有**麦子。这种模糊又开辟了一块新的沃土——监管套利。

出于对境外投资的限制，因此持有其他国家企业的股票属于一种违法行为。你可以以该股票作为标的进行远期交易或者互换交易。你持有一家公司的股票，而这家公司刚上市成功。由于你同意在12个月内不出售股票，你无法卖出股票。你可以出售远期合约或者做个权益互换。银行甚至会把钱借给你，如果你把签了远期合约或者互换的股票作为抵押。

如果你运用得法，衍生产品可以让你规避大多数的法规，这些都是已知的未知。我从来不把这些告诉我的客户，也不会告诉我的学员；如果他们脑瓜灵活，他们迟早会知道。衍生产品总是和知识联系在一起，有些人知道，而有些人不知道。如果你不知道，那么在某个时候你会为此付出学费来见识衍生品的另外一面。

如火如荼的互换交易

1977年我刚入行那会儿，银行业正经历着一场变革。1973年，理查德·尼克松取消了金本位制度。建立了固定汇率的布雷顿森林体系轰然倒塌。1973年和1978年两次石油危机推高了物价。在保罗·沃尔克任职期间，美国的利率急剧上升。最优惠利率一度达到了每年21.50%，真是令人不可思议。利率、汇率和股价开始出现前所未有的变动。对银行体系的监管放松了，银行陷入了相互竞争的怪现象。

面对这些变化，银行开始做出调整。它们的主营业务依然是提供结算、接受存款和发放贷款。面对新形势，它们不情愿地加入外币兑换等业务。它们认为等这阵喧嚣过后，一切都会照旧。像我这样的人从交易大厅跳到了银行业。

投资银行也依然我行我素。商业银行（主管存贷款业务）和投资银行（主营交易、承销证券以及提供咨询）之间的区别依然很大。这在许多国家的法律（如美国的《格拉斯-斯蒂格尔法案》）当中都有明确。投资银行主要是替客户买卖股票和债券，收取佣金。它们为大公司承销和发行证券，筹集资金。它们还给客户出谋划策，让它们相互吞并，这就是并购业务。

商业银行家熟悉贷款发放、信用风险和分行银行业务。投资银行家知道如何忽悠客户，如何取得股票和债券的发行权。交易依然还是陌生的概念。但现在已经是日常业务了。

最初由交易所发起了变革。1972年CME（芝加哥商品交易所）发行了外汇远期合约。自1848年就开始买卖农作物期货的CBOT（芝加哥期货交易所），在1973开始交易以单只股票为标的的期权，1977年开始交易国债期货。在CME当了20年主席的利奥·梅拉梅德（Leo Melamed）后来坦陈，由于洋葱和鸡蛋合约上的亏损，为了拯救CME，他走上金融期货这条路。理查德·桑德尔（Richard Sandor）是20世纪60年代加州大学伯克利分校的一名教授，年轻，激进。他加入CME成了首任经济学家，负责开发利率期货合同。现代金融衍生品开始出现，但真正的变革要等到20世纪70年代末场外市场的出现。

第1章 金融的大规模杀伤性武器：衍生品的鼓吹者

1976年，大陆伊利诺伊银行位于伦敦的分行和高盛共同为Boskalis Westminster集团和英国ICI金融公司安排了一项互换合约。1977年4月，大陆伊利诺伊银行完成了这笔价值2 500万美元，期限10年的美元/英镑互换合约。突然间，每个人都对互换产生了兴趣。

市场上出现了平行贷款，接着又衍生出了背对背贷款。这些贷款产生的背景既有利率和汇率的剧烈波动，也有英国政府为了保护英镑，对汇率采取的一种奇特的管制手段（美元溢价税）。当时英镑正遭遇一场周期性的波动。

美元溢价税针对英国公司在国外的直接投资行为。假设一家英国公司希望在美国投资100万英镑，而当时的美元溢价税税率是20%，那么投资额就得达到120万英镑。之后，如果投资者想收回投资，取得的资金只有75%可以通过美元溢价市场出售，剩下的25%得通过一般外汇市场出售。也就是投资者需要投资更多的钱，而之后需要放弃25%的溢价。英国的投资者当然不愿意交这个税。

意识到衍生产品能够规避监管，投资银行家发明了平行贷款。如果你能够在国外举债投资，你就可以不交美元溢价税。按照平行贷款的结构，你在国外借入美元，同时你在英国将等值的英镑借给对方。这样这两笔背对背贷款就抵消了。平行贷款细节如图1-1所示。

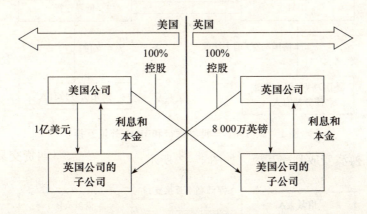

图1-1 平行贷款

注：汇率假定为1英镑=1.25美元。

这种安排很简单，而且收益也不错。投资银行能够抽0.5%~1%的佣金。说是"安排"，其实就是找到交易的另一方——这就需要投资银行来做中介。

到了1981年，外币互换出现了实质性的突破。在所罗门兄弟银行的安排下，世界银行和IBM完成了一笔具有里程碑意义的外汇互换。有趣的是，之后我碰到的每一个人都似乎在这场互换中起了重要作用。

几年以前，IBM需要筹措资金，但金额之大，已经超过了任何单一市场的供应量。于是IBM就在全球范围内启动了筹资项目，大举借入德国马克和瑞士法郎。IBM将这些借款换成美元之后，汇回位于阿蒙克市的总部，用于公司日常经营融资。凑巧的是，世界银行一向有以低利率借入德国马克、瑞士法郎和日元的习惯。它对固定利率资金的需求量超过了任何单一资本市场的供应量。同时自从IBM借入德国马克和瑞士法郎之后，美元对德国马克和瑞士法郎的汇率大幅上升。IBM由此有大量未实现的汇兑收益。正如布迪所知，获利的时候到了。

虽然它很少这样做，世界银行这次需要筹措美元，然后将美元和IBM互换为德国马克和瑞士法郎。IBM向世界银行支付美元的债务。反过来，世界银行向IBM支付德国马克和瑞士法郎的债务。这样一来，双方筹措资金的成本都比原先要便宜。所罗门兄弟银行也赚了不少钱。这真是太神奇了。

整个交易如图1-2所示。

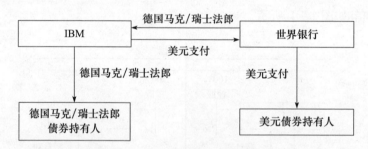

图1-2　1981年世界银行和IBM外汇互换

货币互换演变成利率互换，如图1-3所示。

图1-3　利率互换

外汇互换和利率互换依然是衍生产品市场的主角。当时谁都不知道这些。但大量的互换交易将如火如荼地展开。

黄金时代，比伦敦银行同业拆借利率少 50 个基点

我在 20 世纪 80 年代初完成了我的第一笔互换交易。一家公司有大量的美元债务，其利率是根据伦敦银行同业拆借利率每 6 个月做一次调整。由于伦敦银行同业拆借利率不断走高，公司想找办法控制借款的成本。于是，银行就帮忙安排了一场互换。这家银行找到一个欧洲国家。这个国家发行美元债券，然后将固定利率的债券和这个公司的浮动利率债务相交换。欧洲国家最后的利率比伦敦银行同业拆借利率少 40 个基点，比一般的贷款便宜 60 个基点。而这家公司最后拿到了固定利率的贷款，避免了因利率浮动而额外产生的利息。这真是皆大欢喜啊。

对银行来说，这比中彩票还好。公司支付给银行的固定利率和银行支付给欧洲国家的利率之间有 1% 的差额。按照 2 亿美元的本金和 10 年的时间算，这笔差额的现值就超过了 1 200 万美元；此外还有银行从那家公司收取的佣金 200 万美元和从发行债券中取得的承销费 400 万美元。我顿悟了，我意识到这就是我的事业。这是我想做的事情。

但问题是每个人都想来分一杯羹。像摩根担保公司、花旗银行和巴黎银行等成了行业的主力。像信孚银行、汉华银行、大通银行、化学银行和大陆伊利诺伊银行等都是其中的参与者。投资银行，诸如所罗门兄弟银行、瑞士信贷第一波士顿、美林银行、高盛银行和一些如今已经倒闭的英国商业银行也活跃在市场上。它们都嗅到了金钱的芳香。衍生产品，尤其是互换的黄金时代来到了。

一部分交易就是对冲利率风险和外汇风险。当时利率高企而且波动频繁。汇率正处于重大变化的关头。继 1985 年《广场协议》签署以后，日元汇率大幅上涨。但交易还是以套利为主。借钱的希望以低利率借入。互换能够让他们利用资本市场之间的差价来取得更便宜的资金。发债方发行科威特第纳尔面值的债券，然后将资金换成他们想要的美元。每个国家、开发署和跨国公司都参与进来了。

其中最有名的要数瑞典的瑞典出口信贷机构 SEK（瑞典出口信用公司）。这

家公司的副董事总经理和融资高手伯恩特·朗格（Bernt Ljunggren）奉行赤裸裸的机会主义策略。SEK 在各种市场上发行各种各样的债券，然后利用互换将资金转换成他们想要的资金。如果他们想要苹果，但梨子比较便宜，他们就会买入梨子，然后用梨子换成苹果。只要 SEK 能够拿到比伦敦银行同业拆借利率低 50 个基点的资金，这样的游戏就一直会玩下去。按照 SEK 的说法，这种不同寻常的融资策略为瑞典出口商降低了融资成本。

伯恩特似乎也是灵光一现转到了互换行业。对 SEK 来说，套利没有最怪，只有更怪。伯恩特以低于政府的利率发行新西兰元债券。SEK 和日本投资者形成了一种"特殊的"关系。在日本，SEK 家喻户晓，而且到今天它在日本成了发债规模最大的外国债务人之一。伯恩特和 SEK 是新型贷款的弄潮儿：他们对资本市场间的毫厘利差和套利机会都紧追不舍。但市场上并不只有 SEK。世界银行、丹麦王国和其他一些玩家也十分活跃。但要说谁是伦敦银行同业拆借利率减 50 基点游戏的王者，那非伯恩特莫属。

但这些资金从何而来？主要来源于投资者，他们开出巨额的支票给伯恩特。为何？许多投资者在投资的范围上受到限制。SEK 可以利用规则和体系的漏洞，帮助投资者投资到他们希望的投资产品上。这些心存感激的投资者从利率省下来的资金中拨出一部分，作为 SEK 的佣金。一些投资者对互换一窍不通，所以他们也不会货比三家，把大笔的收益拱手送给了为他们安排交易的发行商和交易商。

> 投资银行家和发行商们花上几个小时来调整产品结构，绕过管制。这才是刚刚开始。

日本是一片沃土。拜占庭式的投资法规，大多流于口头，且语焉不详，这样投资者就无法按照自己的意愿投资。投资银行家和发行商们花上几个小时来调整产品结构，绕过管制。这才是刚刚开始。

个人投资者也很容易成为目标。用一个简单的"长期首次息票"例子就能看出投资者的成熟程度。假设你能够每年雷打不动取得 10% 的利息，这意味着每 1 000 美元的本金，你每年能得到 100 美元的利息。有时候，我们会让轻信的投资者购买长期首次息票（假设期限为 14 个月）。这样投资者第一次的利息收入是 116.67 美元（1 000×10%×14 个月/12 个月）。第一次取得利息要等比较长的时间，也就是 14 个月。问题是这个利息是通过单利计算方法得到的，而不是用复利计算得到的。也就是这个投资者每年的利率并不是 10%，对于一个 5 年期的债券，他实际得到的年利率是 9.97%。对本金为 100 万美元的贷款来说，这每年 3 个基本点折成现值就相当于 1 137 美元。这长期首次息票愚弄了投资者。

一种新的补贴来源出现了，这就是"剖腹"互换，也叫"伏剑"互换。尽管名字听起来很有日本味道，但它并不是日本独有的现象。几家欧洲和南美的银行对"剖腹"艺术产生了兴趣。一些银行，包括许多日本银行还是后来才加入到这个新的互换游戏当中。一开始，他们重金招聘合适的衍生产品交易员，只要热爱互换交易的人就能投简历，然后他们把这些人带进了阴谋小团体。他们为了争夺市场份额向借款方支付大量的补贴。外国人喜欢这种"剖腹"互换。这种商业逻辑十分奇怪。别人和你做买卖是因为你能给对方钱。如果你不给他们钱，他们怎么会和你做买卖呢？

追逐套利机会的游戏依然在继续。SEK 四面出击。伯恩特在现实生活中也是个老练的猎人，经常去斯堪的纳维亚北部狩猎。这个搜寻套利机会的过程是相当残酷和危险的。

仓库

20 世纪 80 年代早期，企业的商业活动主要由企业融资、新股发行和交易三块业务组成。对对冲和风险管理需求有限，我们安排背对背贷款。按照现代的标准，当时的定价和对冲模型相当简陋。谁要是掌握如何使用惠普 12C 计算器，就能成为"高端人士"。衍生产品部门十分隐秘，在银行里独来独往；衍生品周围有一种勒卡雷[⊖]小说般的神秘感。这个游戏就是要利用衍生产品有限的知识。利润率很高。

这个游戏就是要利用衍生产品有限的知识。利润率很高。

在我们公司的衍生品团队里，我只是个小喽啰。我们的衍生品团队叫证券发

⊖ LeCarré，英国著名间谍小说家，代表作有包括《锅匠、裁缝、士兵、间谍》在内的"史迈利三部曲"。——译者注

行和互换部门,其简称SOS,后来一语成谶。组里成员分布在世界各地,帮人撮合生意。"有公司需要在未来5年支付固定利率的马克,150美元。""银行想发行新债券,换出瑞士法郎。"我们通过原始的电子邮件系统来和组员沟通,希望能够撮合交易,或者诱骗暧昧的双方"奉子成婚"。我们的一个竞争对手克兰沃特本森跨国融资公司(Kleinwort Benson Cross Financing)甚至还开过这样一种会议,参会的衍生品团队成员手拉手,传导达成交易的特异功能。

总之,这并不是最高效的商业模式。过多的银行和日益精明的客户使利润率开始下降。这个业务需要进化,于是就有了"仓库"(Warehouse)。这个名字不言而喻。我们将打入低端市场。

20世纪80年代中期以前,交易商还是替别人撮合交易。他们自身并没有参与交易。在有些交易当中,交易商站在交易双方中间,这样双方都不知道彼此,或者不需要承担对方违约的风险。有时候,这样也方便我们不让交易双方知道我们从中赚了多少钱。但无论怎样,这两个交易是完全匹配的。除了双方的违约风险外,我们承担的风险有限。仓库的出现改变了这个局面。

这个方法看似简单。我们将作为交易一方和客户做生意。这样,客户就可以马上进行交易了。他们不需要像之前那样等我们找到另一方才能够进行交易。如果双方想在不同的时间进行交易或者交易的产品有所差别,我们就将吸收这部分的现金流差额。这个主意是让我们通过交易和管理不匹配操作风险来增厚我们的收益。我对此充满激情。这对我们来说是个绝对优势。但当时我并没有意识到,仓库将衍生产品变成另一个无差别的金融产品。这样的变化也葬送了行业的利润。

自打有了仓库,计算机和计量技术开始在衍生产品交易中扮演重要角色。互换行业精算师和计量人员成为交易中不可或缺的成员。那些像交易外汇和债券一样买卖衍生产品的交易员也开始进入互换行业。夹杂着"久期"、基点现值、基点美元价值和凸性等术语的文章到处都是。衍生产品行业开始走下庙堂。

居间的佣金也没有了。你只能赚取买卖之间的差价。很快,差价就压到了每年5~7个基点。如今,如果你幸运的话,这个差价还能有每年1~2个基点。竞争是个好东西。

随着我们的成本上升，利润也缩水了。用来运营仓库的计算机和设备并不便宜。而且现在竞争的重点是交易量。为了弥补日益消瘦的利润率，需要更大的交易量。而交易量需要更高度标准化的产品。产品变得日益"同质"，利润率进一步下滑。我们因此需要更多的交易量。这是个恶性循环。

管理层告诉我们，我们需要"创新"。我们开发出越来越奇异的产品。这些闻所未闻的产品能让我们比那些竞争激烈的行业赚到更多的利润。结构化业务还能够给我们的交易员带来业务。比较复杂的产品被分解成可以对冲的部分。管理层督促我们说："我们需要更多的结构化产品为我们的交易员带来业务。"也就是说，每个人都在为集体的失败而指责他人。

客户想要的新产品并不是那么容易弄出来的。即使有人做出来了，别人马上就能知道。他们把产品解剖，然后做出来一模一样的产品。利润，即使是结构化产品的利润也迅速下降。我们对创新并不在行，但是在抄袭方面十分擅长。我们在恶性循环中越陷越深。

交易员承担了更多的风险：他们并没有做对冲，而是打开风险敞口，希望能够从市场价格变动中获利。这项冒险行为一开始很隐蔽。我们觉得"对冲"的概念模棱两可，怎么说都可以。交易员可以重度对冲（对冲过头），也可以轻度对冲（对冲不足）。过了一段时间，管理和控制跟上来了。为了亡羊补牢，同时也意识到我们需要做些投机才能达到预算，他们就设置了交易限额。"在正常交易的基础上，我们谨慎地持仓，从而提升了收益。"不幸的是，有时候由于头寸配置的问题，我们赔了钱，导致这些提升是反向的。

即使我们不开放风险敞口，仓库仍然有对冲风险，也就是基础风险。对冲并不十全十美；真正意义上的对冲应该是金额相等，方向相反的一个交易。如果我们能够在客户准备交易时找到这样的对冲，我们就会设置。但事情永远也不会那么凑巧。我们只能找别的交易来替代对冲。替代对冲恰如其名，并不完美。

我们开始做起期权的买卖来。20 世纪 80 年代早期，海恩·勒兰德（Hayne Leland）和马克·鲁宾斯坦（Mark Rubinstein）在费雪·布莱克、迈伦·斯科尔斯和罗伯特·默顿的研究基础上，找到了期权的对冲方法，也就是期权复制法或者叫变量对冲。这个模型对市场的运作做了些假设，但是市场才不管这些假设。

我知道这些对冲模型在现实世界中会失败，尤其是在市场失控的情况下。

但这些话没有必要告诉别人，而且期权的赚头比其他的产品都好。虽然风险高了点，但毕竟能赚得多。我暂时顾不得我的疑虑，继续交易，心里祈祷模型不要出事，至少不要在我手里出事。我已不再奢望有一个赚钱而不用担风险的黄金时代了。

> 模型在市场崩溃时表现得不堪一击。

是福不是祸，是祸躲不过。1987年10月，美国股票的牛市结束了，美国的股票市场一泻千里。这是现实世界对我们建立的模型做的第一场测试。结果不尽如人意。期权交易损失惨重。模型在市场崩溃时表现得不堪一击。

经历了股市崩溃之后，交易商的反应让人感到奇怪。他们对损失表现出异常的乐观。如果大家都赔钱就无所谓，这说明模型还不够好；模型风险被认为是卢德派的思想。我们需要更好的模型。我们会雇用更好、更聪明的员工。他们会做出更牢靠的模型。这就是交易商总结的唯一教训。

到了20世纪80年代末，现代衍生产品行业已大致成型。产品、交易员、模型和设施设备都已**各就各位**。"流动业务""结构化产品"和"交易收入"等术语也出现了。对模型和衍生产品非理性的信念和狂热已经深入人心。

连环杀戮

拜格林斯潘主席所赐，20世纪90年代进入了一个全新的时代。低利率和不温不火的市场让"收益猪仔"坐不住了：投资者渴望回报。但事情要比这个复杂。20世纪90年代，一系列的因素导致投资者，主要是投资经理的手中有大量的闲钱，金额超过了以前任何一个时期。但他们却不知道该如何处理这些资金。

人们从银行里取出钱，投入到如保险、共同基金和单位信托等投资产品上，如同涓涓细流。到了80年代末90年代初，这股细流成了滔滔洪流，银行系统似乎岌岌可危。作为银行业老大的花旗银行也坏账缠身，跟跟跄跄。日本的银行将它们的坏账损失提到了一个前所未有的水平，在银行业的奥林匹克比赛中脱颖而出。存款从银行逃离出去。银行存款利息低也导致了储蓄习惯发生改变。

许多国家实行养老保险私有化。工薪阶层需要向个人养老保险机构缴纳保费。为了鼓励个人养老储蓄，将钱交给投资公司打理，政府还实行税收优惠。

经济持续增长，人们的可支配收入也越来越多，加上房地产不断增值，人们开始用房屋作抵押借入资金，把钱用于财务投资上。投资公司的保险柜里的钱越来越多，投资公司要为这些钱找出路。

银行只好认输，买入了投资公司或者保险公司的股票；保险公司买进了银行的股票；投资公司则相互购买对方的股票。每个人支付的钱要远远高于他们得到的价值。

在一个竞争激烈的市场上，投资管理公司需要打差异化战略。它们需要表现出众，超越竞争对手或者某个市场标准（通常是它们自己设定的）。衍生产品正好能够达到这种要求。投资管理公司需要衍生品交易员，同样衍生产品交易员也需要投资管理公司。这真是惺惺相惜啊。

作为一种新型的投资产品，对冲基金出现了。由于在英镑投机上的成功，乔治·索罗斯成了对冲基金的天才。许多类型的相对价值投资公司纷纷出现，其中最有名的要数长期资本管理公司（Long Term Capital Management，LTCM）。交易商设置了专门的柜台为对冲基金服务。

20世纪80年代，衍生产品交易活动主要针对负债管理。金融手段的进步（主要是在债券或者票据中嵌入衍生产品），使得投资者能够领略衍生产品的风情万种；他们终于等到这一天了。这是个连环残杀的时代，衍生产品交易员在世界各地寻找新的客户，将他们作为祭品。

结构化产品很早就受到投资者的喜爱。与利率和外汇相关联的结构化产品为投资者带来的收益高出市场上其他产品的收益。这种结构化产品在20世纪90年代相当流行。但到了1994年，随着一连串的利率上涨，这种产品赔钱了。深受其害的有宝洁公司、吉布森贺卡公司和橘子郡。

和股票关联的衍生产品也曾经风靡过一段时间。后来随着税法修改和1997年的股市调整，这段欢乐时光结束了。

拉丁美洲、亚洲和东欧这些新兴市场相关的衍生产品也曾流行过一段时间。

本地货币债券的高回报率促使投资者尝试发行外币债券，以美元计价的证券产生的高信用利差促使人们尝试发行以外币计价的证券。衍生产品方便了投资者，他们可以获得他们想要的风险投资。1995年，墨西哥遭遇了龙舌兰危机。1997年，亚洲金融危机爆发。1998年，俄罗斯出现违约。2001年，在巨额债务的压力下，阿根廷从第一世界跌到了第三世界。

信用衍生产品诞生了。信用违约互换和债务抵押债券（CDO）允许投资者承担信用风险。2001年，债务抵押债券市场命中注定般地崩溃了，投资者遭受了巨大的损失。在这期间，黄金、天气和灾难债券的交易也十分频繁。

禁果

让我们回到培训项目：我通常会在结课之前详细介绍一种叫逆向浮动利率债券的结构化产品。销售主管尼禄和另一个神秘人物——交易主管克热门也来听课了。克热门的真名叫克莱门特，简称克莱门。我们的日本同事发音不准。当他在日本工作期间，他就被叫成"克热门"。

学员认为尼禄和克热门的出现非同小可，准备好好表现一番。我只是个跑腿的（既然派我来给学员上课，我肯定不是什么重要角色），尼禄和克热门才是真正的老大。在培训项目的最后一堂课上，学员会被安排到一张桌子上，然后他们在不同的桌子之间轮换。如果他们做得不错，他们不会离开最初安排的桌子。我们当时人手不够。给尼禄和克热门留下好印象，也许他们的职业生涯能够开个好头。

我把普通结构化产品的浮动利率票据的资料发给了学员：

金额：1亿美元。

期限：5年。

利率：17.25%（6个月期的美元伦敦银行同业拆借利率）。

利息支付方式：每半年支付一次。

最低利息：0。对于投资者来说，不会出现负利率的情况。如果6个月期的美元伦敦银行同业拆借利率达到17.25%以上，投资者不需要向债券发行者支付利息。

学员需要分析这场交易。他们有 15 分钟的时间,埋头演算起来。

"好了,这笔交易如何进行?"15 分钟后,我问学员。"利息是会变的。"组里的一位天才回答说。尼禄忍不住说道:"聪明,我们都能够看出来。""息票是变动的。""息票和伦敦银行同业拆借利率挂钩。"妙语连珠。"这些人都是从哪来的?"尼禄无奈地问道。克热门盯着寻呼机。价格在变动。

这笔交易本身很简单。浮动利率债券的利率是变动的,可以用一个固定利率减去浮动市场利率得到。如果伦敦银行同业拆借利率下降,那么债券需要支付的利息就上升。反过来,债券需要支付的利息就下降。这有点像跷跷板。逆向浮动利率债券的利率不可能为负数,最低为 0。如果利率成了负数就很奇怪,我好奇那将会发生什么。我想到时候应该是投资者向借钱的支付利息。这肯定很怪异。

关键是要弄明白这样的交易是如何形成的。投资者买入嵌有利率互换的债券。具体如图 1-4 所示。

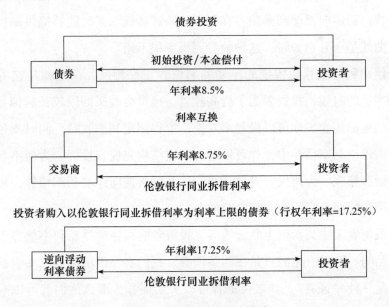

图 1-4 逆向浮动利率债券

需要注意的是,投资者还购买了一个利率上限期权。如果当利率超过每年 17.25%,这种期权就可以对投资者起到保护作用。一旦利率超过 17.25%,利率就会变成负数。为了防止利率出现负数,我们就嵌入了利率上限期权。如果利率超过 17.25%,上限期权就需要弥补市场利率和 17.25% 之间的差额。投资者取得的利息保持在令人满意的 0 上。

这场苏格拉底式的讨论花了 45 分钟才说到点子上。逆向浮动利率债券并不是新鲜事物；它们在 20 世纪 80 年代中期就出现了。但第一场交易并没有引起什么轰动，直到后来这个概念才流行开来。这也说明了这个突发奇想的事物是多么难懂。

尼禄对学员的无知十分恼怒。"你们怎么什么都不懂？"他怒气冲天，"你们在大学里都学了什么？"克热门因为担心自己的仓位正在那儿颤抖。

接下来，我们要正式切入主题了。为什么要构建这样的产品？格林斯潘主席滔滔不绝地谈论着分散风险，而我们却花大量时间把风险重新捆绑在一起，然后将它强行卖给我们能够接触到的每一个客户。

逆向浮动利率债券这个名字就暗示了我们玩的游戏。这些债券的投资者通常是货币市场的基金管理公司或者个人投资者。当利率低的时候，他们在普通债券上就会亏钱。而逆向浮动利率债券在利率下跌或者低水平时能够提供高回报。尤其当收益曲线呈上升趋势时，这种债券回报率很不错。

逆向浮动利率债券和传统的浮动利率债券正好相反，这也就是它的魅力所在。在利率低的时候，投资者为了提高收益，通常会购买期限较长的债券。如果你能从事衍生品买卖，你可以做利率互换，取得固定利率收益，同时支付浮动利率。在逆向浮动利率债券中，你可以通过既定结构完成。投资者为何不自己购买债券或者做互换呢？为何投资者要从我们这儿购买逆向浮动利率债券，还要为此付出一笔可观的佣金呢？现实是复杂的。

许多投资者无法买卖衍生品。等等，投资者购买逆向浮动利率债券不算是投资衍生产品吗？不对，他们只是在购买债券。我们有一份法律意见书说逆向浮动利率债券是一种"证券"。如果投资者可以买卖证券，那么他们就可以购买逆向浮动利率债券。一些比较慎重的律师采用"实质重于形式"的原则来做判断。按照这个原则，说逆向浮动利率债券的投资者没有参与衍生品交易很难说得通。我们就烧毁了这些意见书，然后找"更好"的律师。这就是"意见购物"。

此外，这还会牵扯一个小问题——杠杆效应。逆向浮动利率债券具有杠杆效应。投资者暴露在利率风险下的标的值是原来的**两倍**。逆向浮动利率债券面对的利率风险分别来自固定利率债券和利率互换。投资者要么不能购买债券,要么就不能购买衍生产品或者使用杠杆工具。而用了逆向浮动利率债券,他们能同时做到这三点,而且最重要的是,他们这么做还是合法的。这真是太神奇了。

投资者能明白吗？大多数的财务投资公司应该明白；毕竟他们是专业人士,客户是花钱请他们的。客户想要的就是禁果。他们只是对高利率感兴趣。印度尼西亚人了解交易商为他们设计的衍生产品吗？

我们总是让客户在各种文件上签字,声明他们神志清醒,完全是按照自己的意志行事,并且已经拿到了一份"产品信息披露书",上面有投资风险的详细解说。但客户几乎不会去看这些资料。尼禄有一阵子抽空看了一下由我精心起草的产品信息披露书。"这是什么？"他咆哮道,"要是我看了这鬼东西,我都不知道自己买了什么。"我把这当成最高荣誉。一些律师审查了这批披露书,觉得法律上没什么问题。在一些国家,监管机构也会审查这些文件,但找不出任何不妥的地方。但这些说明它们的确太难懂了。

我们的税务律师是我们从一个当地最贵的律师事务所里请来的。她 50 多岁,是我的偶像。在她办公室的墙上挂着一个相框,里面有一段话,是一个法官评论她在一个案子中负责起草的条款时说的。法官对这一条款评价说他觉得其"法律语言精简到了骇人听闻的地步,完全超越了人类的理解能力"。她对此感到很得意。看来我和她还有好大的差距。

> 法律语言精简到了骇人听闻的地步,完全超越了人类的理解能力。

在出售逆向浮动利率债券时,我们告诉交易柜台一定要强调首期利率很高。在我给学员讲解的那个交易里,伦敦银行同业拆借利率是每年 7.25%,第一次息票的利率也就是 10%。这比市场利率高出 2.75%,足以吸引投资者了。

如果以后的利率一直这么低,那就一切顺利；但如果利率上升,那么投资者的回报率就会降低。如果市场利率到了 17.25% 以上,那么投资者的投资回报率就是 0。我们就叫交易柜台强调投资者的本金是安全的。用专业的术语说,有风险的是投资者的息票,而不是他们的本金。他们总是可以收回本金的。

这种保障其实也是假的。由于这种投资需要许多年才能收回本金,0 的投资回报率和慢慢失血而死没什么区别。投资者似乎喜欢这种死法,而不是赔了本息那种干净利落的死法。投资者必须知道只有当他们将债券持有到期后他们才能收回本金。如果他们当下将债券出售的话,他们将承担相当大的损失。这一点深藏在信息披露文件中,通常投资者很难注意到。

简单地说,逆向浮动利率债券相当于在赌未来利率的走向。他们只是把钱给投资者管理,并不意味着他们愿意赌这一把。你需要很好的法务技能才能发现这点。

但对我们而言,道德辩论并不重要。这些交易不可思议:投资者向我们预付了债券的面值,表明我们在他们身上没有任何信用风险。这很重要,因为取得授信额度十分难。我们不需要让投资者签什么复杂的衍生产品合同,他们只需要为购买债券签一份普通的合同就可以了。这太简单了。

然后,我们再从投资者身上榨出佣金。我们按照逆向浮动利率债券的面值收取1%的佣金,那么一笔2 000万美元的交易,我们就能赚到20万美元,而且没什么风险。相比之下,如果我们只将债券卖给投资者,单独做一个利率互换,卖出最高限额期权,幸运的话我们最多只能赚到2万美元。结构化产品和衍生产品真是太棒了。

尼禄想让学员明白如何在逆向浮动利率债券中增加杠杆效应。"你们得使用杠杆效应。"他呼吁道。他走到演示夹纸板前,告诉大家如何增加杠杆效应。这是宣传鼓动的一刻。不一会儿,板上画满了奇形怪状的框框和朝四面八方延伸的箭头。连克热门都盯着画板看。"是不是箭头方向画错了?"克热门说道,这算是他对整堂课的唯一贡献。尼禄退后一步,仔细地检查自己的手工作品。

尼禄是对的。只要投资者愿意,他想要多少杠杆效应我们都能提供。"先生,你想再多来点杠杆效应吗?马上就给您。"我们就会在交易中加入几个利率互换,如图1-5所示。这个交易有4倍的杠杆效应。我们另外加入了3亿美元的互换。第一次利息的利率就达到了惊人的14.5%(相当于市场利率的2倍)。目前已知的最高纪录是为一家东欧银行定制的逆向浮动利率债券,杠杆效应达到了6倍之高。

橘子郡投资组合里绝大部分是逆向浮动利率债券,既有带杠杆效应的也有不带杠杆效应的。1994 年格林斯潘主席出乎意料地提高了利率，橘子郡的浮动利率债券组合价值就大幅跳水，最终损失达到 15 亿美元。

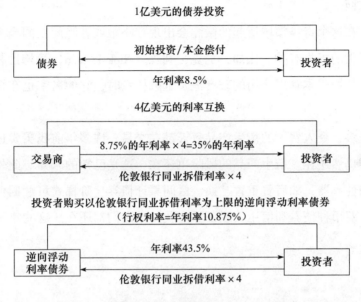

图 1-5　具有杠杆作用的逆向浮动利率债券

格林斯潘是对的，风险已经完全分散了。我们只是又将它们打包，然后塞到橘子郡富裕的纳税人手上。沃伦·巴菲特也没错，当潮水最终退去的时候，就像 1994 年那样，我们才知道橘子郡是在裸泳。

推理逻辑

如今，衍生产品已完全成为"主流"，是金融市场的基本元素，没有人会质疑这一点。其交易量大得惊人：2004 年，负责数据统计的国际清算银行估计交易量有 300 万亿美元之巨。交易量以每年 20%～30% 的速度增长，而且没有丝毫减速的迹象。

在这个扑朔迷离的金融世界中，有人天天为了金融资产的价格而赌博；但普通老百姓晚上不会因为担心这个而睡不着。无论他们是否知道这个世界，他们都受到其影响。有人借出贷款，或者投资，这里面可能就藏有衍生产品；大多数人把钱交给银行或者投资理财公司打理，而后者又把钱投资到衍生产品中；衍生产品决定了他们的收益；它决定了他们养老金的多寡。大多数人听都没有听过衍生产品这个东西。

偶尔，在这个奇怪领域泛起的微澜会出现在小报或者晚间新闻当中，但都是和灾难及巨大的损失有关。比如，尼克·利森（Nick Leeson）搞垮巴林银行后被判入狱。当长期资本管理公司的破产危及金融体系时，它的名字也在媒体上一晃而过。

种类繁多、令人费解的衍生产品每天都在交易。许多年前我买卖过的逆向浮动利率债券仍然还在。衍生产品的风险也还在，这是已知的未知。此外还有其他大规模杀伤性武器，如后置重置互换、区间累计债券、阶梯式可赎回债券、固定期限债券，双币种债券和信用关联证券。我知道它们都还在。这些年我都一一见识了。

第 2 章

美丽的谎言
卖方的故事

"美丽的谎言"就是我们愿意相信的谎言。我们明知道它们是假的，但周围的一切让我们愿意相信它们是真的：这就是它们的魅力所在。衍生产品行业里这样的谎言俯拾即是。

如今，电台里人们无休止地谈论金钱、汇率和股价。还有专门的电视台报道财经资讯，如CNBC和彭博电视台。迷人的、打了肉毒素的主持人喋喋不休地报道格林斯潘在国会上的证词、微软公司的股价以及日本的贸易顺差。

电视财经节目都会如出一辙地播放这样的画面：在交易大厅里，交易员穿着花花绿绿的马夹，做着各种奇怪的手势买入卖出。这个画面大约会持续10秒钟。金融的世界完全是无形、缥缈的，但这段影像让价格的起伏和进进出出的钱变得可感可见。这让交易行业有真实感。但这一幕具有欺骗性，只是一个美丽的谎言。

那种交易员在里面靠大吼大叫来完成交易的老式交易所现在已经见不到了，现在大多数的交易都是由计算机来完成的。那种紧张刺激的交易场面也是假的：只有当重大经济新闻发布或者重大事件发生时，交易大厅里才会出现喧嚣和忙碌的场面。大多数业务并不是通过交易所完成，而是在交易商和客户之间的虚拟世界中进行，这就是场外市场（over-the-counter，OTC）。

当我刚出道时，交易大厅只是几个房间，房间是相互打通的。交易员围坐在几个电脑屏幕和电话前，交易商有巨大的计算器，其中的电子计算器能够用来做分析。现如今，交易大厅已经完全不是当初的模样了。

20世纪80年代，占地宽广的交易大厅开始流行起来，原因是这样可以把交易员聚在一起，从而提高他们赚钱的水平。用管理学的行话说，他们能够"借势"。这肯定不可能。在大多数的交易大厅，除了你直接打交道的那几个人，你谁都不认识；相隔两个交易柜台的人互不相识，也不知道对方是做什么的。

现代的交易大厅和足球场大小差不多，能够容纳几百个交易员和他们的助手团队。交易所也许是最后一批纪念性建筑物了，高耸的拱顶彰显财富的魔力。里面的工作条件则显得更为原始：狭小的桌子和慌乱、伛偻的人影；几个屏幕上反复闪烁着绿色的信息；电话铃响个不停；嘈杂的声音此起彼伏；人们在尖叫声中降生、死亡或者重生。

每个交易员坐在交易工作站里，每个工作站都配了好几个屏幕：一个用来接收从几个数据供应商发过来的价格和市场信息，一个是彭博终端显示器用来查询价格信息，还有一台电脑显示屏上则是满屏幕的电子数据表格。此外还有更为强大的计算机系统，如太阳终端显示器。这个系统尽善尽美，上面装满了男孩女孩喜欢的玩意儿：大屏幕、无线键盘和触屏电话。每个工作站的维护成本每年超过50万美元。交易员必须挣够50万美元才能收回这些成本。

雄伟宽阔的交易大厅总是预示着衰落或灾难。20世纪80年代末，正值其鼎盛时期的所罗门兄弟银行不惜巨资，在伦敦建造了宏伟的交易大厅。当时正是公司最兴旺的时候。然而在接下来的10年里，这家银行在丑闻和灾难打击下垮掉了。如今，这家公司和所罗门这个名字都已经成为历史。安然公司在其先进的交易大厅开张不久，就匆匆进入了破产程序。

新人很难理解这宽敞的交易大厅里的逻辑。交易大厅里有交易员、销售员、风险控制经理、产品主管、合规监管员和后台员工。他们组成了衍生产品交易团队。

我之前负责带学员参观交易大厅。"这很简单。"我一一讲解各个部门的职责，"那边是销售人员，他们拿谎话欺骗顾客。交易员骗销售人员和风险控制经理。风险控制经理呢？他们骗交易大厅的主管，更确切地说，骗那些自以为管理着交易大厅的人。交易大厅主管骗股东和监管部门。"我想起了我们的计量分析师。"我差点忘了计量分析师了，我们的高端技术专家。根据最新消息，他们正在开发一种撒谎的模型。"

"客户呢？"其中一位学员怯生生地问道。我想了几秒钟后，说："客户，他们大多爱自欺。"进入衍生产品交易行业就好比进入了美丽的虚幻世界。

微笑，然后拨号

"卖方"指的是银行和交易商。他们为客户也就是"买方"提供产品和服务。交易柜台的销售员负责让银行的交易员和客户搭上线；但是，在衍生产品行业里，"销售"这个词有点贬义。于是我们用委婉一些的词来代替，比如销售交易员、客户交易商、客服人员、客户专员、客户经理等。无论叫什么，销售人员的目的很简单：都是把东西卖给客户，做交易。银行和交易员就是靠这个赚钱的。

在大多数行业，产品的性质是已知的已知。我们不需要花时间来争论一双鞋子的功用，而且我们也知道我们需要什么样的鞋子：系带的还是直接套在脚上，黑色的还是棕色的。这儿我当然说的是男士的鞋子。女士的鞋子则更像衍生产品。衍生产品的销售过程更加复杂。也许你不知道你需要那款产品，一个未知的已知。也许你对什么是双向触碰失效外汇期权或者用它来做什么都毫无一点头绪，这属于已知的未知。你为何会购买某一款产品？这肯定属于未知的未知。衍生产品就像女鞋里的顶级品牌，如 Manolo Blahnik 和 Jimmy Choo。

印度尼西亚人知道他们买了什么吗？和他们交易的交易员会关心这些吗？

销售员的工作就是要减少知识的不对称，但这并不是真的。只要客户能和你交易，你会关心客户是否真的知道自己在做什么吗？印度尼西亚人知道他们买了什么吗？和他们交易的交易员会关心这些吗？

早期坐在销售柜台上的是能够"微笑，然后拨号"的员工。典型的销售员是那些在学校里最受欢迎的学生。相对于"惹人喜爱"和"让人信赖"的特点，技能还在其次，而且长得迷人也很重要。皮肤粗糙、发质干枯，口气难闻的人不是做销售员的料。

我们需要能和客户沟通的员工，这就要找一些他们乐于相处、喜欢的销售员。销售员需要经常打电话给客户，并了解他们的业务，知道他们需要什么样的金融产品。然后我们就可以向客户推销这些产品，客户就会买账。交易员还会一如既往地联系客户，告诉他们最近的市场情况，也就是"行情"。我们会给他们出"点子"；这样我们能做更多的业务；如果不发生意外，销售人员会送上乳香、没药㊀般珍贵的礼物。

㊀ 《圣经》中记载，东方三博士将黄金、乳香和没药作为礼物，献给刚降生人间的耶稣。——译者注

第一个困难就是要为每一位客户找到合适的销售人员。有一家银行有一个令其最头疼的客户——某家日本养老基金的经理。此人个子小，60岁左右，谢顶。他管理的资产买下日本以外亚洲其他地区还绰绰有余。这家银行多年来不断地向对方献殷勤，但一直没有结果。后来他们发现这个基金经理有个软肋，他尤其喜欢身材高挑、双腿细长、金发碧眼的白种女人。银行认为这个应该不是日本女人的形象。

于是，银行展开全球搜索，人事部门非常漂亮地完成了任务。银行找到了一名典型的北欧女性来对付这位基金经理。这个女的，请不要笑，名叫吴丽卡。她聪明、活泼、做事非常有效率，但美中不足的是，她对衍生产品一窍不通，对化妆品倒很有研究。但银行认为这个基金经理感兴趣的并不是她的衍生产品，所以还是雇用了她。银行猜得没错。几个月后，这家基金成了银行最大的日本客户之一。

市场行情

销售人员如果具有初级的读写能力，那将是一种优势。当我在一家跨国公司做财务主管时，每天都有一位销售人员为我们提供财经新闻播报服务。他每天早上会对着新闻服务屏幕给我们念新闻。我们之前需要调出相关的屏幕才能知道他说的内容。他为我们提供了"市场行情"。每天早上，我们通常让他坐到话筒前，听他读新闻，这样我们就不用亲自去看这些新闻了。

你并不需要了解衍生产品，尽管你稍微了解一些也是有帮助的。要是销售人员对衍生产品知道得太多，会让交易员感到很不舒服。如果别人知道自己在干什么，交易员就觉得自己受到了威胁。

在"微笑，然后拨号"的年代里，营销的内容就是和客户一起花天酒地；把一些体育赛事或文化活动的门票赠送给客户。销售人员长时间地工作，他们的身体，尤其是他们的肝脏因为销售活动而不断地受到损伤。他们得听客户讲述那些孩子、妻子、离婚和宠物等琐碎的故事。格劳乔·马克斯曾经说过："做人的秘诀就是为人诚实，待人公道；如果你能装出这两点，你就成功了。"销售人员每天都在运用这个秘诀。

大家做的事情都差不多，所以很难让人留下深刻的印象。我还记得两家公司各自派来的一名销售员。为了争抢同一个客户，他们邀请他去观看著名的网球锦标赛。这名客户同时收到了两家的邀请，但无法在同一时间出现在两个不同的赛场。于是，两个销售人员抓住这名客户，把他往自己这边拉。双方还大声辱骂。

为了使衍生产品销售工作专业化，公司聘请了专业人士来帮助员工提高销售技巧。销售培训人员主要来自消费品行业，对金融市场一窍不通。而且，他们似乎对销售工作也不怎么在行。他们只是顾问而已。

他们提出的建议似乎大部分和仪表还有对客户的了解有关。一个好销售人员的核心标准很明确：你需要梳头，穿着整洁，鞋子要擦得能照出人影，一定要戴名贵的手表（最好是金的）。这对于你说服电话那头的客户来做项互换交易有什么帮助就不清楚了。你要彻底地了解你的客户。客户总是不太情愿透露信息，而且他们经常连自己都不知道自己要什么样的产品。但这似乎并不是什么大问题。我们还学到好些新的单词：独特的卖点、销售计划、销售话术、成交信号等。销售培训还引入了"演示法"。从此以后，销售人员再也不用漫无目标地微笑和打电话了。他们可以用**演示**来骚扰客户。

做演示是个不错的主意。它可以用一套程式化方法来说明问题、介绍产品，指出产品的好处和风险（这4个里面能做到3个就够了）。演示文件大约有60多页，其中前50页都是介绍我们如何如何的好。但是要做出一份好的演示文件很花时间，于是我们就为每一款产品设计了标准的演示模板，只需要根据客户的不同修改其中一页就可以了。这一页通常是客户的公司名。我们有时甚至连这个都忘了改。我记得有几次我给客户做演示时，发现客户名是错的。

公司为了突出自己，从未停止努力。公司开始给客户发送研究报告，里面包括了宏观经济分析、市场行情分析或新产品分析。销售团队又多了一批人专门负责加工这些数据，很快，每个公司都雇用了类似的人员。一旦你的竞争对手做了，你只能跟进。为了避免真实或者假想的竞争劣势，你也得做同样的事情。

市场对研究分析人员的需求变得越来越离谱。凡是能写字的，能写出所谓的"报告"就能拿到高薪。许多客户的传真机被交易商发来的报告阻塞了，这些报告充满了真知灼见:"由于价格普遍上涨,市场有了起色。"有一个交易商私下告诉我:他们的总体策略是要用大量的报告堵塞客户的传真机,这样客户就收不到竞争对手的报告了。

报告的数量太多,客户看都看不过来,更别说吸收里面的信息了。如果既要会见销售人员,又要阅读研究报告,那么客户就没什么时间干活了,所以这些报告直接进了垃圾桶。电子邮件出现后,这种状况并没有改善,但是客户删邮件就更方便了。

销售工作主要是给客户提供交易建议;销售人员替客户想赚钱的点子。客户基本上不用动什么脑子,所以销售人员经常抱怨客户太懒。的确是这样。当我从卖方跳到了买方,我发现在客户这边做个天才很容易。每一家银行都会把赚钱的点子告诉你,而你只需要从中挑出最佳的点子。但问题是,如果你能够分辨出点子的好坏的话,你根本就不需要别人的建议。你问问印度尼西亚面条公司就知道了。

在销售人员提供建议的年代,成功的秘诀是让客户在重要的人面前有面子,通常是在他老板面前。所有的努力都是为了找到难以找到的"必然"。销售话语变得更加专业、晦涩,而且详细的财务分析必不可少。有时候,销售人员会提供电子表格,让客户自己建模。但根据我的经验,很少有客户自己建模,因为他们根本不懂。

交易员认为把好的赚钱点子告诉客户很傻。如果能赚到钱,他们应该自己赚。为什么要把客户变成自己的竞争对手呢?"你到底是给谁干活?我们还是客户?"这是交易员经常质问销售员的话。他们争相从研究人员那里拿到赚钱的点子。在许多公司,交易员和销售员的隔阂很深,因此他们各自配备了研究和数量分析团队。

向客户推销需要召集他们"开会"。20世纪90年代,一家著名的日本证券公司邀请我去参加他们每年一度的"日本资本市场会议",地点在东京市郊一处豪华的旅游胜地。我欣然前往,一切费用证券公司全包。

周四,会议在鸡尾酒会中开幕;周五,由公司杰出的员工做演示,讲解最近的趋势;周六早上,接着听演示,下午就是娱乐活动,打高尔夫球。晚上举行闭幕晚宴。这是个艰巨的任务，但我愿意为我的公司做出牺牲。

周五当会议开始时，我发现坐我旁边的人（从他的铭牌来看）来自韩国的一家银行。不一会儿，他就睡着了，开始打呼噜。这个韩国人几乎一整天都在睡觉，除了吃饭和中间休息的时候。但到了晚上，他就变得生龙活虎。我们在附近一家有名的餐馆吃晚饭，而这个韩国人一人就报销掉了一瓶12年陈的纯麦芽威士忌。他在宴会上十分活跃，就连我们的日本东道主也有点吃不消了。显然，当我们早上起来的时候，他才去睡觉。第二天的会议上，他一如既往地睡觉，而在晚会上，他就像打了鸡血一样。我后来才知道他不会说英语（本次会议要求的通用语言），谁也不知道他从这次会议上学到了多少金融产品方面的知识。但毫无疑问的是，他和这家证券公司的许多销售人员建立了深厚的关系。

做销售就是要和客户形成长久的关系。有时候也会采用另一种做法：焦土策略。靠一笔业务把客户榨干，或者说你把他们烧焦了。信孚银行的杠杆衍生产品部门将这种手法运用得出神入化。他们这样描述他们的销售手法："上不了台面的做法，你懂吗？"[1]

粗劣的交易

就像上文所述，交易员和销售员素来不和。交易员会帮助销售人员服务他们的客户吗？销售人员只是为了帮助交易员拉业务吗？如果你和这两种人聊天，你会得到截然不同的看法。"钱都是我们赚来的，却都被那帮家伙糟蹋了。"尼禄经常指着交易员大骂。

不管谁应该为谁服务，交易员制定的价格，由销售人员告诉客户。一旦销售人员卖给客户或者从客户手里买入，交易员都需要负责轧平头寸，希望能够从中获利。交易员可以立刻处理头寸，也可以过些时候处理，这取决于他们对价格变动的判断。

无论交易员从事的是什么行业，债券、外汇、股票还是大豆，他们的工作都没什么区别。衍生产品交易员会将一个衍生产品合约分解成好几个更小的合约；每一个合约属于一种风险；然后交易员分别对每一种风险通过小规模的交易进行对冲。这也许是对冲衍生产品的唯一方法，而且这样对冲能赚得更多。

还有一种"代客"交易员，也叫"做市商"。他们主要是替销售柜台打工（至少，这是销售柜台告诉我的）。在没有客户的情况下，也是可以交易的，这就是自营交易。自营交易完全不需要考虑和顾客交易，单独建仓，摆脱那些烦人的销售柜台和气人的客户（这是自营交易员告诉我的）。交易的唯一目的就是正确判断市场价格变化，从中获利。

代客交易和自营交易的界限并不是黑白分明。流动交易员通常是在客户指令的基础上建仓；如果他们看到客户卖出，他们也跟着卖出。他们也许会在无意间先处理自己的交易，然后才执行客户的指令。这种抢跑交易并没什么害处，只是年轻人精力旺盛、高度兴奋的结果，可以理解。交易员跟着钱走。

对交易员来说，最重要的莫过于赚钱了。银行的利润大部分是通过交易赚来的。赚钱的不二法门就是低买高卖。对不起，差点忘了第二条路子：高买低卖。通过和交易员聊

> 银行的利润大部分是通过交易赚来的。赚钱的不二法门就是低买高卖。

天，你看这个行业的视角会完全不同，尤其是对行业复杂性的认识。

有些交易员对市场形势做了详细的研究。有人对市场运用技术分析，希望能够找到一段时间内市场价格变动的模式，最后得出各种各样的模式，有头肩型、升旗型和降旗型，有回撤点型、阻力线型、振荡指标、相对强弱指标；此外还有更加高深的技术，如艾略特波浪模型、斐波纳契数列模型和日本蜡烛图技术等，不胜枚举。这就是龟甲占卜的现代版。

20世纪70年代，两名学者做了一项实验。他们给一组自称是技术分析师的人一系列的图表，让他们分析这批数据。这些人对着这些数据，花了好几个小时，最后对未来价格走向做出了大胆的预测。这批数据其实是随机抽取的数字。原来这是场恶作剧。

交易员并不爱读书，更何况是读经典学术著作了。但当他们谈到交易时，他们常常引用《孙子兵法》或者修昔底德的《伯罗奔尼撒战争史》里的话。交易员肯定没有读过这些书，他们那些话都是从别人那儿听来的，或者是看了一些粗制滥造的交易书籍，但那些书的引用好多是错的。有一个交易员将他的成功归功

于孙子的一句话："兵之所加，如以碫投卵者，虚实是也。"（在此提一下，《孙子兵法》里我唯一记住的一句话是"利而诱之，乱而取之。"）[2]

要想在交易中赚钱其实很简单。具有绝对优势可以赚钱，你比别人有钱，能够撑到别人都撑不住为止。和他人串通也很有用，你和其他交易员联手，然后像豺狼那样扑向一只受伤的猎物。伏击也可以达到目的，你知道别人不知道的信息，或者别人还不知道的信息。代客交易员是伏击战的高手。运气也很重要，一个幸运的傻子好过一个不幸的天才。

我曾经给一家证券公司做过项目顾问，这家公司想上一个电子交易系统。之前，由一名交易员负责在一张大表上手工记录完成的交易，然后算出他们的头寸。这个电子系统可以生成电子版的表格；交易员只要把交易输入系统，就能计算出每笔交易的头寸了。

史蒂夫并不买账："我不需要这种垃圾。"那天早上，为了给他演示如何使用电子系统，我将他的交易输入到系统中。就在我输入的时候，我发现有些不对劲。系统显示的净头寸和史蒂夫手工算出来的金额不一样。史蒂夫大怒道："这是什么破玩意儿。"事实上，史蒂夫的结果是错的，他把一笔买入交易错登成了卖出交易。从手工记录来看，史蒂夫当天怪不得心情不佳，因为他赔钱了。当更正错误之后，史蒂夫当天高兴极了，因为他赚钱了。他真是个幸运的傻子。

雇用交易员并不容易。有一次，我们和猎头开会，告诉对方我们的要求。猎头并不知道交易员是做什么的或者我们想找什么样的人。这让我很烦躁。我最后告诉他："好吧，帮我们找个运气好的家伙。越走运的人越好。"他们看着我，以为我疯了。

分析一下

打开财经频道，你可以看到屏幕的下方或者边上有滚动新闻，不停地显示着价格信息。主持人兴高采烈地在那儿说着，偶尔有"专家"会现身，这些专家通常是来自银行或者交易商的分析师。专家有5分钟的时间发表意见，但绝大多数时间都是主持人在说。如果幸运的话，专家能够偶尔插上几句。专家经过深思熟虑的意见还是非常有用的:"市场正等待格林斯潘的国会陈词,以便做出下一步的行动。"

电视上的分析师是忧郁博士⊖和末日博士⊜的传人。20 世纪 80 年代,忧郁博士和末日博士改变了银行业中经济学家和分析师的角色。在他们露面之前,分析师主要负责分析经济大势、公司、产品和交易策略等相对重要的工作。研究结果主要供内部人员做交易使用,同时也会发给客户,目的是为了让客户和交易商做交易。研究是一项严肃的工作。

到了 20 世纪 80 年代,研究工作成了一种娱乐活动。分析师成了一种受过训练的动物,专门从事表演。一些公司,例如所罗门兄弟银行,依然开展严肃的研究工作,发表高质量的研究报告并提出完善的分析方法,但它们只是个例。严肃的研究工作不再对外,并且主要用于自营交易。所罗门兄弟银行的研究工作推动了其套利部门的量化金融交易,之后又作用于其校友在长期资本管理公司(LTCM)的交易。但绝大多数时候,投资银行发给客户的研究报告成了自吹自擂的宣传,目的是吸引客户与之交易。分析师的目的是为公司和本人积累声望。

20 世纪 80 年代,经济学家和财经世界成了人们生活的一部分;由于经常在电视黄金时间露面,忧郁博士和末日博士成了家喻户晓的名人。他们说什么并不重要,重要的是他们和他们的公司能经常出现在公众视野里。我的经济学讲师转行做了一家银行的首席经济学家。有时他会考虑他是否也应该加入这类文艺团体,让自己成为银行在媒体上的形象代言人。

研究报告的质量越来越差,分析师和数量分析员的人数却越来越多。在一家投资银行里,分析师专攻一家全球能源公司的股票研究。研究报告的内容事无巨细,而且相关性也不高。分析师似乎搞糊涂了,不清楚自己是在研究还是在管理这家公司。

> 研究报告的质量越来越差,分析师和数量分析员的人数却越来越多。

⊖ 此处指亨利·考夫曼(Henry Kaufman),所罗门兄弟公司首席经济学家。——译者注

⊜ 此处指艾伯特·沃伊尼洛尔(Albert Wojniflower),第一波士顿首席经济学家。——译者注

衍生产品研究越来越量化了，高深的数学技巧应用到了市场交易当中，历史数据被用来检测交易模型，然后说服客户采用这些模型。客户看不懂这些报告，他们只要能收到报告就很满意了。

分析师开始相信自己具有超常的能力，但他们的业绩却很难量化。主要的评判标准似乎是他们在公开排行榜上的排名。一个股票分析师曾威胁我说，一家金融期刊正在开展民调，如果我不投他票的话，他就让我们公司降级。一个外汇分析员担心如果他的部门不能挤进行业前两名的话，他就升职无望了。

我认识一个学者，他对研究分析师的业绩做了研究。他研究了来自银行和交易商的经济学家对未来利率和外汇走向的判断。他也研究股票分析师对未来股票价格做出的预测。经济学家和股票分析师绝大多数是错的。他们的排名和他们预测的准确度完全没有联系。这真是奇怪。这名学院派经济学家没有发表这个研究报告。他当时渴望去银行从事研究工作。

研究报告的粗制滥造在20世纪90年代末达到顶峰。一些分析师成了家喻户晓的人物和互联网繁荣时代的鼓吹者。之后，人们才发现他们其中的一些人为了给他们的公司招揽投行业务，发布了虚假的前景报告。他们在内部的电子邮件里称一家企业是"瘦狗企业"⊖；而在发给客户的研究报告里，他们却称这家企业为"明星企业"。

为了让其他银行在报告中对某公司美言几句，投资银行会偷偷给对方汇钱。有一种"钓鱼"手法，银行为了取得一家公司的承销业务，会把其他公司抢手的IPO股票送给这家公司的高管。这样做就给了对方实实在在的好处。分析员的薪酬和他研究报告所带来的经济效益直接挂钩。研究报告完全沦为了营销的工具。

分析师帮助抬高价格。少数相信理性和效率的人不能理解没有根基的价格上涨。追赶趋势的买家，或者叫惯性买家由于能继续赚钱才不停地买入；谁也无法解释价值高估。悲观者的论点变得不堪一击，他们也不明白为什么价值高估能持

⊖ 瘦狗企业以及下文的明星企业的说法均来自波士顿矩阵。根据市场份额和业务增长率，矩阵将市场上的企业划分为四类：问号企业、明星企业、现金牛企业和瘦狗企业。——译者注

续这么长的时间。原本明智、诚实的交易员也屈服了，想出复杂的假说来解释为何这次和以往情况不一样。不管怎么说，价值高估还是能够持续下去。"新经济"的理论和丰厚的回报让现实推迟到来，但最后，庞式骗局还是被拆穿了。[3]

市场每一次上涨都是以不同的面目出现，但每一次的崩盘都和上一次一样。2001年，互联网泡沫破灭。纳斯达克指数跌了80%。

埃里奥特·斯皮策（Eliot Spitzer）[⊖]和证券交易委员会（SEC）开始处理分析师的问题，有些人被禁止从事证券相关业务。他们支付了罚款，但在市场繁荣的时候，他们已经赚了很多。受损失的是银行和交易商的股东。华尔街上的公司支付了1.4亿美元的和解费。最终吃亏的是那些根据虚假研究报告高价买入股票的投资者。

分析员并不是为客户提供研究报告的：要是他们真的研究出什么有价值的东西，公司的交易柜台就会拿来做定价和交易。发送给客户的只是广告而已，但客户真正想要的是内幕消息。他们相信分析师知道一些别人不知道的事情。最终，他们发现这也是个美丽的谎言。

阶级斗争

在交易大厅内，等级十分森严；其中交易员和销售人员是最主要的两支人马。在复杂的金字塔结构里还有更小的金字塔，自营交易员和衍生产品专员互相斗争，争抢塔尖的位置。衍生产品交易员相信自己掌握了希腊字母（希腊字母用来代表风险），因此看不起其他交易员。

最主要的阶级可以分为前台人员和后台人员。交易员、销售人员和分析师属于前台人员；他们是"生产者"；他们赚钱。后台人员包括风险控制经理、合规部人员、律师、技术支持、财务和运营部门；他们属于辅助人员。风险控制、产品控制和交易服务，这些管理学术语都不能掩盖这些角色的辅助功能。最糟糕的是，他们是"成本中心"。前台人员时常抱怨他们需要养活那么多的人。

[⊖] 此人曾任纽约州检察长和纽约州州长，后因召妓丑闻辞职。——译者注

在一家银行，交易部门的主管把辅助团队称为"收入的保护者"：这个标签意味着未知的已知。之所以要有后台部门，是因为管理层的恐惧和对交易员及销售人员极其的不信任。后台部门就是要制衡前台部门的贪婪。让前台人员和后台人员对立起来的目的就是要将野兽囚禁在牢笼中。

后台部门人数众多、角色各异。风险控制经理主要是将交易员冒的风险控制在一定的范围内。他们要防止有些交易员把整个公司都赌在月亮的盈亏和日元/美元的汇率相关性上，最后将公司搞垮。风险控制经理运用精密的统计工具来监控交易员。就像双面间谍或者多面间谍那样，风险控制经理监视着交易员，有时甚至监视他们自己。

律师主要负责确保公司和客户签订了具有法律效力的合约。合规专员要保证公司没有违反任何法律，或者至少犯了法也不被发现。他们有一张单子，一旦出现麻烦，单子上的文件就必须立刻销毁。总体上，交易员和销售人员都懒得记日志；他们所理解的归档就是在黄色的即时贴上做笔记，然后将其贴到电脑屏幕上。合规专员随时得准备让这些即时贴瞬间消失。

技术支持需要让大型的计算机系统正常运行。发送色情邮件、跟进赛事状况、投注、找工作和偶尔做交易都离不开电脑。技术专家还需要帮高级经理开启他们高配的手提电脑和掌上电脑。

技术人员在公司"前台到后台"的系统上忙碌地工作着；产品从交易到结算，全程由这个系统处理。但这个系统结果成了"后台到前台"的系统。技术人员保证安装的软件是"即插即用"的。但你过后发现你买的是"菩萨保佑"的版本。

财务部门负责计算公司的盈亏，这关系到每个人的奖金。他们要想办法让盈利达到管理层事先拍脑袋定下的盈利目标。盈利数字其实和实际的业务情况没有多大关系，而是靠调节准备金、变更估价方法、修改模型和玩弄没多少人能明白的会计准则得来的。

运营部门负责收钱付钱，保证每项交易应当完成的工作都完成了，如果有明确指示，确保不打折扣地完成。运营部门负责报销你上一次出差的费用（包括3 000美元的业务招待费）。

前台人员和后台人员的积怨很深。后台人员赚得少，而且使用的设备陈旧；看到前台人员理所当然就能拥有的东西，而他们不得不去努力争取的时候，他们就牙痒痒。想到自己卖力工作却得不到肯定和赏识，他们就愤愤不平。想到自己需要承担后台人员的成本，而后台人员自己不赚钱还想拿更多的工资时，前台人员就牙痒痒。

当我在纽约的时候，一个下雨的晚上，我看到银行外面停着两排豪华轿车。当时天色已晚，大约 8 点钟；交易员和销售人员叫来豪华轿车，准备回家，费用由公司埋单。我看着一溜后台的员工一头扎进雨里，朝几条街外的地铁站走去。他们有些人需要坐 1 个小时或者更长的时间才能到家。当他们看到前台"同事"钻进豪华轿车时，他们脸上的表情我看得一清二楚。

这些悲催的下层人民偶尔也有报仇雪恨的机会。有一次，一家投资银行让我以顾问的身份参与一项内部调查。这家银行的交易员利用衍生产品帮助客户掩盖了巨额的损失，而且交易记录离奇地没了。交易员得意地说："拿出证据来。"他们挑衅地说道。在运营部门一名员工的帮助下，我们最终拿到了证据。这名员工保留了所有交易、邮件往来的详细记录。于是一些交易员"因为个人原因"离开了公司。有时候，下层人民会起来把那些权贵打个跟跄。

越权行为

每一次和衍生产品交易有关的重大损失都和后台运营失灵有关系，也就是运营风险。后台失灵最有名的例子和英国政府有关。1988—1989 年，伦敦的汉莫史密斯区和富勒姆区跟交易商签订了 500 多份衍生产品合约，总价值 60 亿英镑。这些交易并没有设置头寸，目的是为了投机英镑利率，从中获利。这些区政府卖出了大量的期权，以为期权费是"白捡的"。它们一直卖出期权，将钱用于市政工程。汉莫史密斯区的做法很受欢迎，其他地方的区政府也开始效仿。

英镑的利率并没有像区政府预期的那样变动，区政府遭受了巨大的损失。区政府没有钱还债，于是银行就将其告上了法庭，希望能够得到简易判决。但这里有个法律问题。汉莫史密斯的审计员提出这些交易超越权限，因此没有法律效力；地方政府无权进行该项交易。也就是说这些交易从一开始就是无效的。莫里森当初为印度尼西亚人辩护的时候，也许曾经考虑过这个理由。

法院认可了审计师的说法，判定所有的互换/衍生产品交易，**如果不是出于管理利率风险的目的**，都超出了当地政府的权限，因此无效。最开始的法律意见书认为当地政府有权进行交易，所以交易商才与之交易。法律意见书是从"总体"和"乐观的"角度看问题。法院对此有不同的看法，认为法律意见书看问题的角度没有依据。交易商损失了6亿英镑，也尝到了衍生产品法律风险的苦头。

运营失灵最离奇的案子和英国一家商业银行有关。一名基金经理越权投资，给客户造成了几亿英镑的损失。等到案子开庭的时候，这名经理已经做了变性手术，以女性身份出庭。在法庭上，如果对方不以她新的女性名称呼她，她就拒绝回答问题。

封建王国

高级经理带领着由交易员、销售人员和辅助人员组成的庞大队伍投入了战斗。领导人的贡献仅限于"战略"或者"商业模式"。格劳乔·马克斯曾经这样说过："军事情报的说法本身就自相矛盾。"要是有机会，他可能会对"银行管理"或"银行战略"发表有趣的看法。

一个普通人可能很难看出谁领导什么。美国的投资银行有无数个董事总经理。有个银行家列出了他们的排序：不是真的董事总经理、不重要的董事总经理和现在就请离开的董事总经理。还有许多身兼二职和三职的人。它们的主席和副主席的人数比任何一家合理公司需要的还要多。每问一个人，疑惑就多一重；被问到的人都坚称他们是管事的，除非你问到下一个人。如果它们有公司的组织架构的话，那一定和核弹头的结构图一样复杂。

实际上，银行是最后的封建王国，它们的统治者就是至高无上的诸侯。他们主要的将士就是"浪人"，这些浪人游荡在金融市场上，随时准备为某个诸侯卖命，以期分得战利品。这里并不是推行最新管理理论的地方。

交易大厅就是由一块块封建领地组成的；每个诸侯对他的子民拥有绝对的权威；权力依靠簇拥在他跟前的骑士团。对他们共同敌人的仇恨使他们团结在一起，他们共同的敌人通常是公司里面敢侵犯他们地盘的人。竞争者还是小问题，真正的敌人隐藏在他们自己内部。

忠诚度建立在封建领主分给骑士们的赏赐上，也就是战利品的分配。忠诚度也和一些未知的已知龌龊行为有关：如有人掌握对某人不利的照片，或者知晓对方以前财务上有过不轨的行为或者内幕。

偶尔的流血冲突是不可避免的。有时候，之前深得信任的员工因为莫须有的罪名被残酷地处置了。这么做只是为了杀一儆百。

宫廷斗争最主要的就是"分而治之"，诸侯让自己的手下相互不和。比如，固定收益部门的领导分别对自己的七个手下说，等自己退了之后就把位子让给他们（我也是其中的一个）。这场闹剧最终以宫廷政变结束了。但这样的游戏依然在重演。

野蛮战争

部门之间业务重叠的现象十分普遍。一家银行曾经奉行"百花齐放"的思想。在衍生产品业务上，这家银行有时候同时持有多个相互平行、重叠的投资组合。在某个时期，纽约、伦敦、东京、多伦多、法兰克福、苏黎世、中国香港、新加坡和悉尼同时运营美元互换投资组合。所有的交易柜台在做同样的事情，而且经常展开直接竞争。

追求效率就要求一个投资组合可以在全球范围内进行交易。这个投资组合要在一个全球日里往返于"黄金三角"之间：从东京到伦敦，从伦敦到纽约，然后再回到东京。明智的银行会采用这种业务模式。但在这家跨国银行里，这种模式是行不通的。

多伦多的员工讨厌纽约的员工。虽然他们离得很近，多伦多的同事还是和纽约杠上了。悉尼的同事做交易需要知道美元互换的价格。亚洲的中心（显然是香港）想要敲悉尼一笔。悉尼的交易员能够看到屏幕上的市场价格。如果市场上5

年期的固定利率是 5.51%，那么香港就报价 5.46%。这 5 个基点就是利润。香港人想要抽走利润。

悉尼的交易员不高兴了；但规定说他们必须和香港打交道。香港人说价格受到"技术因素"的影响才这么高的。悉尼员工骂完后直接和第三方进行美元互换交易。不到 6 个星期，悉尼的美元交易业务就赚钱了。香港人就不高兴了。悉尼交易员的老板不予理睬。毕竟，他们正在给他赚钱。他安慰了亚洲的同事，消除了一些明显的误解，并承诺将来一定合作。

然后，伦敦和纽约接上头了。当银行相互交易的时候，经纪人相当于媒人的角色，他把双方介绍给对方，然后收取一笔费用。通常银行利用经纪人是不想让别人知道自己的身份。这个愚蠢的经纪人将伦敦分行介绍给了**另一家银行**。这件事让管理层知道了；大事不好了，这太令人尴尬了。这家银行成了笑柄。

银行内部发布了新的指示，银行将采用新的"业务模式"。也就是将有一个全球的美元投资组合辗转于黄金三角之间。交易员都转入了地下，保持低调。公开反对这项新政策没什么好处。悉尼甚至用全球美元投资组合做了一笔交易，以显示自己具有团队精神。但悉尼私底下做着自己的美元交易。不出 6 个月，悉尼又恢复了以前的做法。管理层被王国内其他地方的突发事件弄得分身乏术。

另一家大型跨国银行的亚洲外汇交易柜台连样子都懒得装。外汇交易员直接和欧洲客户交易，完全绕过了他们伦敦的同事。作为报复，伦敦的同事开了夜间柜台，专门服务亚洲客户。

黄金法则

机构里面套着机构，就像俄罗斯套娃那样。一家大型银行因为担心错过股票牛市就雇用了一批股权衍生产品交易员。为首的浪人吹嘘自己在特种部队时徒手杀人。他们只对银行的高层负责。其他人则对本部门的领导负责。他们独立于银行里的其他部门。

一家出版社曾让我帮忙推荐个人，帮他们写一本和银行战略有关的书。我推荐了一个名声不错的分析师，他是研究银行股票的。那个分析师觉得很好笑。在他的职业生涯中，他发现银行完全没有什么战略；在他的生活中，他经常遭到银行无礼的对待。深知这样的消息可能会对银行的股价产生影响，他觉得很难为银行战略这种本不存在的事物写一本书。

一家银行对战略和业务模式的态度极其坦诚。经过详细的评估之后，他们得出的战略是银行没有战略。他们唯一的战略是雇用聪明的人，然后帮助他们赚钱。从战略角度说，这并不坏。但唯一的问题是如何控制那些封建诸侯，以免他们因为嗜血而互相残杀，甚至摧毁银行。

事实上，银行业的战略非常明确。大家都遵循这一条黄金法则：**谁赚得多，谁说了算**。衍生产品业务上成功的领袖都明白这一点。其中，尤其成功的要数艾伦·惠特（Allen Wheat）和埃德森·米切尔（Edson Mitchell）。惠特刚开始给信孚银行打工，之后带着他的团队来到瑞信银行，建立了金融产品部。埃德森·米切尔刚开始给美林银行打工，接着就带了几个亲信加入了德意志银行，拓展其衍生产品业务。在一次采访中谈到衍生产品业务时，惠特难得坦诚了一回："老实说，是的，我们小声说，事实上我们的薪资过高了。我们做的事没什么神奇的地方。是个人都能做。"[4]

业务模式

过去，银行和交易商管理层要求并不是很高。高级经理通常在一家银行一待就是一辈子，而且他们大都是从柜员做起，然后一步一步做到高层。懂得信用风险（避免为坏账承担风险）、能够拉业务和能打一手漂亮的高尔夫球，具备这些就足够胜任高管了。

花旗银行的总裁沃尔特·里斯顿（Walter Wriston）是当今银行家里的大儒。他曾经说了两句非常有名的话："风险不过是两个字而已"和"国家不会破产"。我们很难对他的第一句提出质疑，但是第二句话则不敢苟同。经历了20世纪70年代的石油危机后，石油出口国，尤其是中东地区，拥有巨额的现金（石油美元）。当时石油进口国正处于巨大的贸易逆差当中。里斯顿为跨国银行开了一个头，将存在银行里的石油美元借给了石油进口国。他那套"国家不会破产"的理论站不住脚。20世纪80年代，花旗银行和其他几家跨国银行计提了几十亿美元的坏账损失。

投资银行采用个人合伙制。企业由委员会进行管理，而高级合伙人通常是企业创始人的后代。他们生来就含着银勺子。谁管理企业并不重要，因为与合伙人资金相关的重要决定都需要全体讨论之后才决定。

不断发展的金融市场需要职业化的管理者。在巨大的资本要求、更高的交易风险和年老的合伙人要求退股这三座大山的压力下，个人合伙企业的形式已经不适用投资银行了。就连高盛银行也只能跟随潮流，公开上市。

企业形式的升级并不会带来优秀的经理人。彼得定律在银行业得到了很好的体现：每个人都被提拔到他不能胜任的职位为止。在衍生产品行业里更是如此。销售人员或交易员因为业绩好就会被吸纳到公司的管理层当中。

问题是销售能力并不等同于管理才能，销售能力一流的交易员和销售员接受了他们并不能胜任的管理岗位。他们不能拒绝升职，因为怕以后的老板很难伺候。取得管理职位是保留自己领地的唯一方法。你痛恨你的新职位，你没有安全感，于是你就在周围安插亲信来保护你。封建王朝就这样代代相传下去。

但还是有例外的情况：艾尔弗雷德·布里顿（Alfred Brittain）、查尔斯·桑福德（Charles Sanford，信孚银行）和丹尼斯·韦瑟斯通（Dennis Weatherstone，JP摩根）将他们的企业生拉硬拽地带进了现代。许多银行和交易商从外面聘请了非银行出身的职业经理人。从通用食品公司请来的惠特帮助信孚银行成功转型为衍生产品巨头。由于缺乏对业务的了解，没有群众基础，或者不熟悉内部神秘的权力运作等原因，大多数的空降兵都败下阵来，最后拿着高额补偿金离开了公司。

银行和交易商的管理层也有弱点，因此经受不住管理顾问的忽悠。大型咨询公司利用了银行和交易商的主席和副主席明显的危机感，那些行话和管理术语把管理层搞得晕头转向。于是，他们就找一些顾问帮助他们管理公司，成为他们的挡箭牌。面对艰难抉择时，管理层就可以拿顾问当借口。一旦出了事情，顾问就是最佳的替罪羊。

在我的那个时代，大多数公司的管理层紧追管理思潮。我们英明的领导从一种思想换到另一种思想，真是耗费了大量的财力。这些新潮的思想其实就是把谁都知道的道理，包装成高端科学，就像奥威尔笔下难以理解的新语一样。比如：

多元化：做一些我们一窍不通的业务，然后搞砸它。

不离本行或聚焦：让我们回头做之前的业务吧，如果大家还记得那是什么以及如何做。

分权：大量复制，混乱，产生小王国。

矩阵结构：每个人向每个人汇报，谁也不知道他到底替谁工作，也不用对谁负责。

扁平组织：原本不会管人的经理现在要管理数十个直线下属。

企业流程再造：在这个过程中你可以舍弃任何重要的东西，保留那些你并不需要的东西。

我们的谈话中经常出现这些难懂的流行词汇：**转型、单项优势、竞争优势、范式、观念、二次创新、模板、基准、内包、外包、离线、在线、客户关系管理、关键业绩指标、全面质量管理、企业对企业、企业对消费者**等。我们从"拥抱内心的领袖"到"强硬"，我们用"排山倒海的力量"击向对手。我们摧垮的竞争对手大多数是公司里的同事。只有两个词有实际意义："裁员"是大规模减少员工数量的意思；"多任务作业"就是增加每个员工工作量的意思。这个词适用于后台员工。

管理顾问对零售银行的了解仅限于一些皮毛，所以他们应用产业经济学还说得过去。交易业务各家差别很大。顾问凭空想出来的业务模式根本无法实施。他们用术语掩盖他们在业务上的浅薄和无知。

但问题并不全在顾问。一家日本证券公司让管理顾问给出一个万年计划，这把顾问弄傻了。这家公司之前曾要了一个三年计划，但最后拿到的计划看起来一个月就能完成。于是，他们又向顾问要了一个十年计划，但拿到手的是个季度计划。这家公司得出结论，西方的时间刻度和日本不一样。其实他们只想要一个十年计划。

霍华德和我一起上的大学；毕业之后他进了管理咨询公司，我进入了银行业。一天在吃午饭时，霍华德给我讲如何开展咨询工作：每当他接到咨询业务，他先找出那些心怀不满的现任员工和公司以前的员工，取得他们的信任。他们就会把公司存在的问题以及可能的解决方法告诉他。最后的咨询报告就是这些员工的建议，只不过是从咨询师口中说出来的，然后再配上业务模式和三维图像。

如果高管嗜好艺术，那就更糟了。我曾经在几个经理手下干过，他们后来爱好上了艺术。促使他们转变的原因各式各样，有的是因为中年危机，有的是因为一辆红色的跑车，有的是因为和妻子离婚（把孩子留给了妻子），还有的是因为娶了个比他小很多的妻子。在这个转变中，他们提升了自己的品位。在这种品位的影响下，他们会说出这样奇怪的话：

我：股指套利业务烂透了。利润没了。我们还承担了大量的红利风险。我们应该结束该业务。

我老板：我们应该看到大局。

我（疑惑）：什么大局？

我老板：就像毕加索的《三个乐师》。

我：我不太明白您的意思。

我老板：我们必须透过画板中的三原色。我们要尝试其他的暗部和亮部。也许甚至需要调整视角和布局。

我（在想我老板到底是像瓜还是天才）：嗯，就听您的。

我老板：是的。

人在屋檐下就得低头。抵制最新的潮流并没有什么好处，我就点点头，然后一如既往地做我的事——努力赚钱。哪种管理潮流都持续不了多久。可能还没等你适应过来，我们又有了新的"商业模式"，进入了新的模式。

㊀ 这里开会的英文是 retreat，是在幽禁的地方开会、灵修的意思。它也有撤退的意思。作者喜欢玩一词多义的文字游戏。这是本书的特点之一。——译者注

媒介即信息

复杂的商业决策需要经过管理层无数次开会⊖后才能定下来。管理层很少"前进",他们通常在"撤退"。管理层的时间大都耗在了会议、战略研讨和其他议而不决的谈话上。经理人总是和当红顾问围在一起,讨论业务模型和战略。

开会的地点通常在偏远、豪华的五星级度假胜地;在偏远的地方可以避免别人打扰。就像军事和世界领导人那样,经理们还不能同时旅行。他们分散出行是为了一旦出现事故,不至于管理层全军覆没。一个同事建议说,如果**所有的**高管坐一架飞机去开会地点,飞机只加一半的油,那么公司的业绩就会有所改善。

像我这样的凡人很少有机会去那些开会地点。每年一到两次,我们会聚集在一个度假胜地,举行我们的"场外会议"(相当于管理层会议的降级版)。高管会短暂地露一下面,告诉我们下一步将实施的新战略。我们通常会慢几拍,依然会按照原来的计划行事。

管理层会向我们讲解公司的发展方向。他讲完之后,咨询师就会接着给我们讲解新的业务模式。众人会提出各种问题;然后大家就会分组剖析模型和施行过程中可能遇到的问题。放弃新模型是绝对不可以的。我们会重新讨论。每一组都会发表各自的看法,然后顾问会把这些建议收集起来,但是顾问最后的模型和最初展示的没有多大差别。

有时候,高层会抱怨大家参与的积极性不高。第二年,高层就会举行耗时的面谈或者在会议召开之前找我们面谈,要求大家出力。这时候,参加者会抱怨项目缺乏领导参与,第二年就又回归到了原来的模式。

"场外会议"充斥着演示。新技术的出现使得 PPT 演示成了工作的一部分;谁要是没准备幻灯片就会感到缺了点什么。我还记得以前大家对那些餐后需要进行幻灯片演讲的晚餐邀请避之唯恐不及,所以到现在我也没想通 PPT 演示为何如此受欢迎。

PPT 演示大多枯燥乏味。每个演示都集中在几张狭小、局促的幻灯片上,演讲者就照着散乱、不合语法的只言片语逐个念,或者说着说着就跑题了。奇怪的、不加解释的评语和图片在听众面前一闪而过。演讲者得不时地回头看看,保证放映的是准确的那张。慢慢地,幻灯片都变得大同小异。

"场外会议"的主题离不开合作、协调和沟通,希望互相对立的部门能够合作。所有的部门都应该协调得更好;我们应该更好地沟通;我们都一致朝着共同的目标前进。星期一早晨,当我们结束了场外会议,带着宿醉和疲惫的身心回到工作岗位上时,我们依然会故态复萌,继续相互冲突。

枷锁

"场外会议"演化成了"联谊会"。交易大厅里大家对同性恋采取敌视态度,试图和同事接近或者展现你女性化的一面都会让别人产生惊讶和误会。尼禄严厉禁止这样的举动。人事部门不得不清理门户。体育比赛成了重头戏,交易大厅里激烈的竞争气氛又恢复了。退役运动员兴奋不已;许多人去健身房锻炼身体。

联谊会经常举行比赛:赛跑、游泳、团队竞赛。公司还尝试了危险系数更高的运动,如射箭和飞靶射击等。彩弹枪战十分受欢迎。游戏中,战斗双方拿着彩弹枪,争取将对方消灭。此外还有攀岩、蹦极和岩壁垂降等游戏。当这些身体不适、体重超标和有几分醉意的成年人参与极限运动时,因为在双方对抗中横冲直撞或者自己不小心而受伤的现象十分普遍。

在和一群体型庞大、进攻性强的东欧量化分析师踢足球时,我屁股摔出了瘀青,脚也扭了。骨折经常发生。一位女士在射箭比赛中手臂还中了一箭。

随着伤残事故越来越多,大家开始转向心理建设。在一个教练带领下,我们开展团队建设游戏。在一个培养倾听能力和信任感的游戏中,其中一个参与者要蒙上眼睛走过一段泥泞的路,路上还有障碍物。搭档向那个被蒙住眼睛的人大声发出指令,引导他到达终点。结果是场灾难。我记得没有一个人到达了终点。高级经理的遭遇就更惨了。

教练从来没有见过我们这样差劲的团队。我们不会倾听,也不相信任何人。他从来没有和交易员共事过。

小报文化

小报文化在交易大厅里十分流行。在交易员眼里，女人不是性感女神，就是性冷淡患者。交易员聊天时大部分都在说一些露骨、恶俗的黄段子。

男员工坚持认为女员工缺乏情趣。她们从来不和男员工一起去看深夜表演，也从来不和男员工打高尔夫球。

2004年，摩根士丹利和债券交易员艾莉森·席福林（Allison Schieffelin）达成了和解。4年前，摩根士丹利开除了席福林。摩根士丹利同意向席福林小姐支付1 200万美元，并另拿出4 000万美元来应付可能面临的由340名妇女就性别歧视提出的赔偿。摩根士丹利还拿出了200万美元，用于开展员工多样性培训项目，但拒绝承认公司有失当行为。[5] 公司担心交易员的性骚扰丑闻会在审理过程中被曝光。

> 摩根士丹利拿出4 000万美元来应付可能面临的由340名妇女就性别歧视提出的赔偿。

升迁、薪酬待遇、工作环境和日常的性骚扰等问题依然存在。很少有女性能够升到高级交易员的位子。当公司让一个很有资历的女性来管理亚洲区的交易柜台时，克热门解释说："她和男人没什么区别。"

交易员的糗事还有很多。某个周五，外汇交易柜台的员工吃完午饭，有说有笑地回到了交易柜台。附近柜台的员工让他们小声一点。外汇柜台的明星交易员就爬上了柜台，撅起屁股，朝对方放屁。谁也没想到，他一发不可收拾。大家认为这件事情很有趣，撅屁股很快成了这位交易员的标志性动作。没过多久他就离开了公司。到了新公司，同事们让他再表演一次，他就满足了大家的要求。

这些都是年轻、冲动、巨额收入、酒精和"集体"运动作用下的产物。在任何一个周五的晚上或者周六的凌晨，你只要去那些交易员经常光顾的酒吧看看，就会对这些因素的作用有进一步的了解。你要是不加入他们，他们就觉得你是局外人。尼禄以前说我是"离群索居的人"。我得忍受他们没完没了的嘲笑和捉弄。

招摇的高薪

交易员喜欢刺激、富有挑战的工作，而且还要收入高。当他们快到30岁，或者毕业工作四五年之后，小部分人凭借他们的天赋或者运气，可能已经年薪将近百万。在他们的生活里，豪车、豪宅、名牌服装、最新款的电子产品和玩具、高档餐厅、海外度假和美女（有的是按小时收费）是必不可少的。有些交易员还收藏艺术品或者葡萄酒。还有一小部分交易员迷上了毒品，让交易大厅中的杀气更加浓重。

慢慢地，高收入对每个交易员产生了不同的影响。离婚、抚养费和生活都需要大笔大笔的钱，但金钱也成了衡量成功的游标卡尺。

迈克尔·刘易斯因为写了《说谎者的扑克牌》（*Liar's Poker*）和《新新事物》（*The New New Thing*）而声名大噪。他似乎是出于嫉妒而写了长期资本管理公司的失败历程。汉斯·霍夫斯密德（Hans Hufschmid）曾经和刘易斯在所罗门兄弟银行一起工作过。后来汉斯跳到了长期资本管理公司，当时他的投资价值大约 5 000 万美元。LTCM 倒闭后刘易斯感觉如释重负。汉斯并没有那么厉害，是吧？[6]

在中国香港，一家本地银行倒闭时，人们发现一名高管拿到了 100 万美元的遣散费。人们愤怒极了。这名银行家马上召开新闻发布会，称自己的年薪更高，每年有 700 万美元。他的妻子对他自曝薪酬的行为很是生气：如果大家都知道她丈夫只拿到了区区 100 万美元的遣散费，她在同伴面前将无地自容。

交易员活着似乎只是为了工作和赚钱。他们穿着名牌，住着豪宅。他们的阅读范围限于工作资料，偶尔也读一些商业书籍（自助类的，或商界名人传记等）和在机场买的低俗小说或间谍小说。他们对事物的看法来源于 CNN、Fox 新闻台、BBC 全球台、天空新闻台或者财经频道，具体看哪个电视台视他们的国籍、政治倾向和他们经常下榻的酒店而定。他们与世隔绝，来去都坐头等舱或豪华轿车，住的都是五星级酒店。他们周围围满了管家、仆人、女佣、厨师、生活助理和私人教练。这就成了他们生活的全部。其他人就替他们而活。他们自己什么事都不会干。

我的一个旧同事彼得请我吃饭。但那家饭店并不接受信用卡。彼得惊呆了。难道还有地方不用信用卡的？他没带现金，只好去饭店旁边的自动取款机上取钱。他走了很长时间都没回来，于是我和服务员就出去找他。他正在给他的助理打电话，按照对方的指示从机器上取出钱来。他已经有好多年没有使用自动取款机了，之前都是他的助理帮他取的。他还是买卖复杂股权衍生产品的交易员呢。

对冲基金销售部主管克里斯最近刚刚离婚。他开始频繁地飞到巴黎出差。最后大家发现原来他不会用洗衣机，但他喜欢雅典娜广场酒店帮他熨衬衫。

有些人转行了，他们赚的钱这辈子都花不完。有些人进入了政界。还有一个交易员为了成为手艺人去给人当学徒了，为教堂制作管风琴。但大多数人待在他们唯一熟悉的世界里。

种族清洗

当我刚出道时，这个行业里大部分人都是英美白人清教徒。美国人个个都穿着布克兄弟的衣服，而英国人则穿着萨维尔街裁缝定做的衣服。

由于行业需要量化分析人才，印度人、中国人和东欧人获得了许多就业机会。数学和科技人才纷纷进入交易大厅。许多亚洲人在他们的本国进入外资银行工作，希望能够有机会调到国外，或者作为跳到其他银行的跳板。一家银行曾经为衍生产品市场输送了大量的人才。当时有句诗特别流行："苦恨年年压金线，为他人作嫁衣裳。"

在衍生产品行业，欧美和拉美裔员工负责销售和建构，而印度、中国和东欧员工则负责交易和建模，英美员工负责管理。经过一段时间之后，每一种文化都形成了帮派。在一家欧洲银行里，印度"黑手党"控制了衍生产品部门。拉帮结派的现象十分严重。

> 欧美和拉美裔员工负责销售和建构，而印度、中国和东欧员工则负责交易和建模，英美员工负责管理。

交易大厅就像一座巴别塔。你能听到各种语言：英语、西班牙语、德语、俄语、印地语。一家位于法兰克福的德国银行，它的衍生产品交易柜台的主要语言曾经是意大利语。说明那里的交易员大都来自同一个地方。"这个英文怎么说？"最有意思的误会竟然发生在一个美国人和他的英国同事之间。两个人还都是说英语的。有一次美国人问英国人某家公司的前景，英国人回答说："这家公司嗨了。"美国人一听，以为前景不错，就买入了股票。其实那个词语的本意是他们的鞋跟都磨平了，最后只剩下光脚了。美国人毫无疑问地赔了钱，埋怨英国人埋怨了好久。

一家德国银行和意大利银行进行合并，但由于双方经常就合并方式产生分歧而迟迟不能完成。评论员对此尖刻地评论道："这是一场要靠德国人的才能和意大利人的办事效率才能完成的合并。"文化冲突在银行业内十分普遍。

海外业务

拉丁美洲、亚洲和东欧市场开放之后，银行和交易商就大举开进这些市场。他们来到印度尼西亚等国家，那里有我们的面条公司那样的客户。他们追逐的是业务的增长和更高的利润率；新市场需要新的员工，但了解当地情况，尤其是能讲当地语言、人情熟络的员工很少。能说流利韩语和英语的衍生产品交易员属于稀缺商品，他们签约就能拿到100万美元的奖金。能讲当地语言并且和客户毕业于同一所学校，符合这两点就足以胜任衍生产品从业人员的职位。

卡洛斯大约二十五六岁。他出生于阿根廷一个富裕的家庭。他的舅舅曾当过短暂的内阁部长。卡洛斯在美国接受教育，能说一口漂亮的英语和流利的西班牙语。他穿着讲究，对美食和美酒深有研究，对金融市场却知之甚少。他经常和我们提到他在阿根廷认识许多头面人物。公司的高层认为卡洛斯是"合适的"人选，于是就让他负责拉丁美洲的衍生产品市场。

这样的卡洛斯还有很多；许许多多的卡尔、米盖尔和弗拉基米尔负责东欧的市场；许多布迪负责印度尼西亚市场。他们带我们去见目标客户：我们介绍产品，强调主打的卖点。他们和客户沟通。如果客户有意向，我们就和当地负责人一起完成交易。

这是另一种形式的"微笑，然后拨号"。在东欧做买卖，需要在早上10点送去一瓶伏特加酒。在亚洲，有时候需要一个装着"佣金"的牛皮纸信封。当我们质问负责印度尼西亚的员工时，他觉得受到了侮辱。他争辩说："那怎么解释你们送给客户一张篮球赛入场券，这难道不是行贿？"我们就默许了。我们觉得没必要再纠缠下去。

交易员希望当地员工能够帮助他们解读该国拜占庭式的政治阴谋，以便搞清楚它对价格和利率的影响程度。1998年7月，一家投资银行在俄罗斯有业务，当地的销售部门主管是个地道的俄罗斯人。他宣称一切都很好。他刚刚和他在财政部的表兄弟聊过。现在市场疲软，正是买入的大好时机。1998年8月，俄罗斯政府就违约了。

在这前一年，我还和负责印度尼西亚的同事联系紧密，当时泰铢刚刚贬值。我问对方，印度尼西亚情况怎么样，回答也是一切都好得很。他的亲戚是个政府高官，告诉他说一切都在掌控之中。印度尼西亚中央银行不会像泰国央行那么做，从泰国出逃的资金会流向印度尼西亚。不出一星期，印度尼西亚的央行就扩大了交易区间，这是贬值的前奏。卢比的汇率从2 000跌到了10 000。面条公司已无力回天。这个同事还宣称苏哈托政权十分稳固，印度尼西亚国内不可能出现暴动："印度尼西亚人不是那样的。"说完这话还不到一年，苏哈托政权就垮台了，雅加达街头出现暴动。他的公司包了专机，撤走了外籍员工。我们原以为他们知道。这又是一个美丽的谎言。

20世纪80年代，我问一个同事，银行为何把钱大量借给拉丁美洲国家，他们根本还不了。他就描绘了他的拉美之行。他发现那里的官员很有魅力，而且很有智慧。对方在一个宜人的乡村俱乐部招待他，用的都是从法国进口的食物和美酒。经过长达48小时的考察后，他对这个国家产生了非常好的印象。这就是他建议银行借钱给对方的原因。

西方不亮，东方亮

本国员工被派到海外去管理当地业务，加强对其的控制，同时保证品质。我的一个朋友拖家带口被派到亚洲，负责公司股权衍生产品业务。他的妻子将这段经历描绘成"像在度假一样"。

即使用银行业奢华的标准来衡量，这些海外职位也都肥得流油。住房补贴和一系列的福利让他们的生活无比惬意。这些外派员工都住在高级的外交公寓里。商务人士和他们的配偶都"往来无白丁"。他们和当地的商界首脑、政府高官和专业精英打交道。除此之外，他们认识的当地人都是女仆、男仆和司机。语言、文化的阻隔和对未知的恐惧使这些外派员工无法融入当地民众中。

我还记得在亚洲金融危机期间，我和一群侨居在印度尼西亚的银行家度过了一个梦幻般的夜晚。我们谈了许多话题，比如法国大使的新去向，要不要去中国香港参加滚石乐队的演唱会，还有在家网速太慢等。女人们则抱怨找不到好的女佣人；还有一个人抱怨会做好吃的意大利面酱的厨师太难找了。离他们处所不远的地方，那里的贫民窟里生活着10多万人；这些贫民一天还赚不到1美元。那时银行家不太相信会发生政权更迭。苏哈托的政权并没有受到威胁。

对于成了家的银行家来说，驻外生活是高福利、低税负和职业晋升机会的美妙组合。有些人是在英国混不下去了，就跑到中国香港来。他们要想回去可不容易。他们的妻子已经被收买了；她们身边有许多女仆、厨师和司机；她们过着在新泽西或者南部伦敦郊外根本享受不到的生活。对于年轻的银行家来说，外派生活就是青春期和大学生活的延续，就是一场场欢迎或欢送外派员工的派对。

对男人来说，疯狂是亚洲外派工作的一部分，他们会在曼谷、芭提雅海滩和马尼拉度周末。

翻，不如不翻

一些外派的银行家都入乡随俗，对当地的文化产生了浓厚的兴趣。他们熟稔玛雅文化、爪哇艺术、俄罗斯圣像、清酒的等级或茶道的精妙之处。他们按照当地习俗打扮自己，并学习当地语言。

大多数的外派员工介于两种极端之间。他们跌跌撞撞。一些开明的人努力去融入当地人的生活，比如学一点当地的语言。

格雷格是东京衍生产品销售部门的主管,他的日语非常流利。当你问起他在东京的生活时,这个沉默寡言的伦敦东区人会告诉你和生活在伦敦没什么差别。如果你进一步追问,他会告诉你在伦敦,他住的地方能看到巴特西电站;而在东京,住的地方能看到新宿电站。尽管他的日文流利,但开会时格雷格会用英语;有时他的客户很少能意识到他在说日文。

我和尼禄来到东京拜见一些客户,希望把一种新衍生产品卖给日本的银行。在一次会议上,我们对面坐了三个银行高管;其中职位最高的那位年纪稍大,不太会说英语;他的手下替他翻译。开会时,他经常转过身,问他同事问题。在回办公室的路上,我问格雷格对方在说什么。"都是些无关紧要的事情。"他回答。我也没再追问,但尼禄的好奇心被挑起来了。他让格雷格翻译一下。格雷格依然说没什么。但尼禄逼得更紧了。格雷格越不说,尼禄就越想知道。最后,格雷格松口了,把对方的话翻译了一下。尼禄身材高大,四四方方;他的另一个绰号是鼻涕虫。那个日本老头问他的同事:"那个大胖鲸说啥?"

一个到日本出差的交易员所经历的遭遇也许算得上是最尴尬的跨文化误会。他觉得有必要将他的名片翻译成日文。他的正式头衔是"交易员—固定收益部门"。日文的翻译成了"工资固定的交易员"。这张名片让日本客户一脸茫然。看来这个翻译错得不是一星半点啊。

生命中的一天

最近,我和史蒂夫吃了一顿饭;我们很早就认识了;我们曾经在一起工作过,之后还一直保持联系。

"哥们,"他喊道,"哥们,你肯定不信,"他抱怨道,"我们都赶上了。叛徒、大清洗,历史被篡改了。我们都赶上了。该死的空中掩护也没有来。"

一年以前,史蒂夫加入了一家创业不久的衍生产品公司。这家新公司的后台是一家著名的银行。所有的员工,包括史蒂夫,都有股份。此外还有其他一些股东。

一开始,公司形势还不错,而现在公司已经分崩离析。大股东从一家美国银行挖过来了一名高管,然后对业务模式做了评估;管理顾问提出了"战略性备选方案"。得出的结论是要关闭这家公司。大股东准备回归自己的主业。

整个过程充满了灾难。业务评估引爆了高管之间由来已久的积怨。一个高管像犹大那样叛变了,出卖了他的同事。他将公司的问题抖搂出来:利润里的猫腻和被隐藏起来的风险。他想自己做老大,于是一切都变了,高级职员发现了"个人利益",开始清除支持者和盟友,历史被篡改了,失败者的名字被抹去了,他们的行为被全盘否定。股东们决定结束这一切。其他的股权投资者暗中挑拨经理人互相争斗。在关键的时候,这些投资者都不见了踪影,空中掩护也没有出现。整个行动就失败了。

史蒂夫和我曾经同甘共苦。我们在一个残酷、朝不保夕的行业里面讨生活。在生意好的时候,我们做了许多有意思的交易,赚了许多钱。这个行业虽然竞争险恶,压力巨大,同事之间面合心不合,但看在钱的情分上,我们也就认了。在业务不景气的时候,你不得不解雇那些你欣赏的人,你曾经向他们描绘过美好的职业蓝图。他们拖家带口、背着房贷、肩上还担着各种责任;当你说出他们被解雇的消息时,你都不敢看他们的眼睛。

有一次,我们的公司裁掉了 20% 的员工。由于一个个谈话人太多,于是公司就在交易大厅的广播里宣布了裁员的消息。保安走到你的桌子旁,没收了你的门禁卡,然后将你的私人物品塞进一个垃圾袋,最后把你领出大楼。在呆伯特⊖的漫画里,一家公司用电子邮件通知员工裁员的消息,大家都焦急地看着自己的电脑,想知道自己是否被解雇了。在另一家公司,整个部门都被解散了。这好比把人集中到一个屋子里,然后向里面投掷一颗手榴弹。

我还记得公司和一家竞争对手合并后,克热门听到自己被解雇之后的反应。当时已经晚上 8 点了。他走到停车场,把车开了出来。这辆保时捷老爷车是公司替他租的,作为他福利的一部分。他把车开到大楼前,加大马力,把大厅玻璃门撞了个稀巴烂。克热门若无其事地从车上下来,关了车门,开启了汽车的安全系统。之后他离开了大厦,走上街头把车钥匙丢进了下水道。

⊖ Dilbert,美国知名职场讽刺漫画的主人公。——译者注

我看着史蒂夫：他已经 48 岁了，和我同岁，他看起来很疲惫。和我一样，他出了大学校门就进入了这一行，到现在已经有 20 多年了。他现在的妻子是他的第二任。经历了两次婚姻，他有一堆孩子要抚养。他赚了很多，也花了不少。他现在已经失业，要想再从头开始很困难。这一行是年轻人玩的。

当我刚进入银行业的时候，我以为我会在那儿干上一辈子，我能够一步步地走上领导岗位。这是个美丽的谎言。就像在职业生涯中，我们对客户、老板和我们自己所说的那些谎言一样。

第 3 章

真实的谎言
买方的故事

在这个行业里,"买方"是跟银行进行交易的顾客、公司和投资者。他们交易的目的各异,有的是为了对冲风险,有的是管理风险敞口,有时则是为了投机。他们正是银行,也就是所谓的"卖方"存在的理由。

> 买方就像生活在一个真实的谎言世界里。

在杜鲁门·卡波特(Truman Capote)的小说《蒂凡尼的早餐》(*Breakfast at Tiffany's*)里,O. J. 伯曼(O. J. Berman)评论小说的女主人公时说:"你错了,她是个骗子。但反过来说,你也没错。她不是个骗子,因为她里里外外都是个骗子。她相信她信的一切鬼话。"[1] 买方就像生活在一个真实的谎言世界里,和生活在美丽谎言世界里的卖方交相辉映。

当我为交易商打工的时候,我和买方打交道;之后我就转换角色,为客户打工,就开始跟以前的同事和竞争对手打交道。我有机会亲身经历美丽和真实的两个谎言世界。

卖方和买方是不同的。在《泥鸽靶》(*FIASCO*)中,弗兰克·帕特诺伊(Frank Partnoy)言简意赅地总结出双方的差异:"卖方是挂完电话后骂脏话,而买方是先骂完脏话再挂电话。"[2]

买方认为他们比卖方精明,觉得交易商在说谎。卖方则认为自己比买方精明,觉得客户在撒谎。客户觉得交易商收钱太多,也就是拿得比自己多;交易商知道自己赚得比他们的客户多。交易商嫉妒客户来钱容易,让交易商们之间互相竞争,从中坐收渔翁之利。交易商也很鄙视自己,为了生存他们不得不去巴结买方。

酒足饭饱

我当时正在伦敦看望尼禄。他现在主管销售工作,和对冲基金打交道。"最近怎么样?你这老狐狸。"他已经不怎么记恨我当初跳槽去买方了。我告诉他我知道的一切都是他教的。我经常拿这个逗他。我觉得他相信了。

一个交易员正在打电话。"那帮家伙在问保证金的事。他们想跟你谈谈。"这个长着娃娃脸的交易员对尼禄说。"是他们。"尼禄冲我眨了眨眼。

尼禄指的是一家顶尖的对冲基金。当对冲基金和银行进行衍生品交易的时候,对冲基金需要交付保证金。银行每天会根据当天的价格计算一笔交易到底是赚还是亏。如果经过计算,对冲基金在交易完成后欠银行钱,那么对冲基金就必须交付现金或者政府债券来填补潜在的交易损失。这样,交易商就避免了因对冲基金不能履约而产生的风险。现在,对方不认可尼禄等人计算出来的损失,他们认为银行要的保证金太多。

这家对冲基金是银行的座上客。它们的交易频繁,单单交易量就能让它们成为优质客户。它们有种神秘感,精于赚钱。交易员喜欢和对冲基金打交道,好知道他们在做什么。对冲基金还能够影响价格。而且,如果你能知道这家对冲基金在干什么,那你自己也能做相同的业务。

对冲基金需要银行,但它们在每一笔交易上都斤斤计较,把银行的利润压到最低。它们会告诉你它们准备做一笔1亿美元的买卖;你之后会发现它们和市场里的其他银行同时做了好几笔相同的交易,这样你都不能出清你的仓位。对冲基金手法隐秘、冷酷无情、傲慢,和交易商毫无两样。

有传言说"他们"遇到了麻烦。尼禄拿起电话说:"听着,你这家伙。"他用对待优质客户特有的礼貌语气说:"就是这个数。这是市场行情。你要不喜欢就马上结束交易。我会叫人给你们发账单的。"电话那头传来痛苦的抱怨声。

"你聋了吗?"尼禄冲我眨了眨眼睛,"就是这个数。你要么现在把钱给我拿过来,要么我现在停止一切交易,把你踢出去,就现在。"那头又是痛苦的尖叫。"你给我听清楚了,你这家伙。再不交钱我们就给你平仓了。我会通知街上的每个人,而且我会平了你的仓。听明白了?"尼禄十分开心,"祝你愉快,哥们。"尼禄转过来对我说:"他们惨了,乖乖。该收网了,他们死定了。聪明反被聪明误。"几个月之后,这家对冲基金倒闭了,而银行通过结算它们巨大的头寸赚得盆满钵满。这家对冲基金似乎相信了它们自己的谎言。作为买方的大公司和投资者屡屡死在真实的谎言里。

高危行业

大公司对降低风险十分痴迷，但并非一直如此。在20世纪80年代之前，它们没有太多机会做套期保值，只能对金融风险听之任之。公司的董事会为自己辩护说要是美元没有贬值的话，公司的利润应该是不错的。贬值是一种不可抗力，公司完全没有办法控制。随着衍生品的出现，公司终于可以进行套期保值：建立起资金部门，着手消除风险。但问题是衍生品并不能完全地消除风险。

假设你经营一家航空公司，你一定缺少燃油。燃油短缺意味着公司需要购买燃油来让飞机飞行。如果油价上涨导致成本升高，你就会亏损；如果油价下跌导致成本下降，你就能赚钱。

在管理燃油价格风险时，航空公司有下面几种选择。

（1）听之任之。在燃油价格下降的时候，这个方法最好。低油价节省了公司的成本。但在燃油价格上涨的时候，这是个糟糕的选择。

（2）购买燃油远期产品。这种方法锁定了燃油的购买价格。在燃油价格上涨的时候，这是最佳的选择。但在燃油价格下跌时，航空公司被锁定在一个高油价上，这将是个糟糕的选择。

（3）买入看涨期权。当油价波动频繁时，这将产生最好的效果。当油价上涨时，你行使期权，按照约定的价格买入燃油。反过来，当油价下跌时，你就不行使期权，而是以较低的价格从市场上购入燃油。但你需要支付期权费。这意味着只有当油价上涨或者下跌的幅度超过期权费时，航空公司才能从中获利。

（4）卖出看跌期权。这相当于一种对冲。如果石油价格一直保持不变，这种方法的效果最好。卖出期权时，航空公司能够取得一笔期权费。这降低了购油成本。但如果燃油价格波动频繁，卖出期权起不到什么作用。如果燃油价格上涨，那么航空公司就会暴露在价格风险当中。如果价格下跌，交易商就会行使期权，迫使航空公司以高于市场价购入燃油。

在不知道燃油价格变化的情况下，你就不能做套期保值。油价是涨还是跌？波动有多剧烈？套期保值不就是用来降低风险的吗？为何我还需要知道价格会如何变？我做套期保值不就是因为我不知道价格将如何变化吗？企业的财务人员如会计等比较擅长处理那些可知的已知信息。但套期保值是要处理可知的未知信息，或者是不可知的未知信息。这是个高风险行业，一个真实的谎言。

任何一个套期保值的决定都是虚幻的：期权可以排除。花钱买期权是一种浪费。卖出期权是一种赌博。所以你要么听之任之，要么买入远期产品。什么都不做也有它的好处：在公司里，做错事情比什么也不做受到的惩罚更严厉。买入期权似乎是最好的选择，因为你相当于买了一个保险，而这花不了什么钱。对吗？错！

对企业来说，远期是成本还是利润取决于现价和远期价格两者孰高。如果燃油价格是100美元/吨，而远期价格是110美元/吨，那么远期产品的价格是10美元/吨。燃油价格至少要上升10美元/吨你才能赚钱。远期产品是有成本的。

那么远期产品能够保证确定性吗？航空公司的燃油成本固定了，但它们的问题还不止这些。假设这家航空公司进行了套期保值，而它的竞争对手没有。当燃油价格下降时，我们这家航空公司的燃油价格固定了，但它的竞争对手就从低油价中获益了。如果竞争对手降低票价，我们该怎么办？我们的航空公司因为被绑在高油价上了，所以经受不住票价打折。如果降价，公司将会失血过多死去。它也可以保持原有价格，但这样也会失血过多死去。如果降低票价，它的收入就会减少，但成本还是维持在原来水平。如果不降价，旅客会因为竞争对手票价低而选择去坐它们的飞机。套期保值只提供了一种出路——死路一条。

公司的资金部经理很开心，因为他套期保值做得很充分。用一个著名外科医生的话说："这个手术非常成功，但患者没有活过来。"近年来因套期保值而倒闭的经典案例层出不穷。下面就是一例。

神奇的国度

1985年，迪士尼公司觉得它在外汇套期保值上遇到了麻烦。确切地说，这家公司存在许多问题。迪士尼公司由沃尔特·迪士尼（Walt Disney）和罗伊·迪士尼（Roy Disney）创建，以米老鼠和唐老鸭的动画片而出名。时至今日，这家公司已经发展成为一家多元化的娱乐公司。它并不知道它将上演一场好戏，精彩得连哈佛商学院都将它作为案例搬到了课堂。[3]

事情还得从一个名为"社区开发"的房地产开发项目说起。迪士尼公司的高层认为他们做的是地产生意。迪士尼主题公园的建造，带动了周围的房地产热潮，公园附近旅馆、购物中心和住宅区拔地而起。迪士尼公司决定成立自己的社区开发部门。但迪士尼公司貌似对房地产行业知之甚少。

为构建房地产借入的贷款挤爆了资产负债表。贷款金额几乎是之前的3倍，而且大部分还是短期借款。1982年，迪士尼的利息收入约为1 500万美元；两年之后，它的利息支出就达到了4 200万美元。公司的费用也几乎翻了一番。理论上，1984年迪士尼赚了9 800万美元，而1983年和1982年的利润分别是1亿美元和9 300万美元。迪士尼最大的利润中心是它的财务部。1984年，它们贡献了7 600万美元的收益，全都是"投资税收减免会计政策变更的累计影响"。

搁浅的鱼儿总会招来捕食者。这次出场的是著名的企业并购大鳄索尔·斯坦伯格（Sol Steinberg）。他的诚信保险公司对迪士尼公司发起了恶意收购，迪士尼高层一如既往地决定要向股东负责。然后，它们替自己找了后路。迪士尼公司从诚信保险公司回购了股票，让对方赚了一大笔钱。为了收购420万股股票，公司花了3.28亿美元，短期负债的雪球越滚越大。

迪士尼还因为东京迪士尼乐园遇上了外汇对冲的麻烦。东京迪士尼乐园的所有权属于一群日本投资者，而迪士尼公司则将冠名权、卡通角色和商品化权租给日本的投资者，向对方收取特许权使用费。在这茫茫的黑暗中，东京迪士尼乐园就像一座希望的灯塔。迪士尼乐园生意蒸蒸日上，迪士尼公司第1年收到的特许费就高达到80亿日元（相当于3 200万美元），并预计每年以10%~20%的速度增长。米老鼠和唐老鸭深受日本人喜欢。

特许费是以日元结算。收到特许费之后，迪士尼公司就将日元结汇成美元。如果日元相对美元走强，迪士尼就会取得收益，相反，迪士尼就亏钱。面临这样的外汇风险，因为担心日元会下跌，迪士尼公司决定对冲外汇风险。

谁都不知道他们为何这么想。1982年到1985年年中，日元对1美元的汇率在230和257之间的小范围内变动。1984年年底之后，日元汇率小幅下跌，从

246变成了250。根据购买力平价理论，两国通货膨胀率的比值是影响未来汇率的一个因素。相对于低通货膨胀国家（日本）的货币，高通货膨胀国家（美国）的货币将贬值。日本的通货膨胀率非常低，只有美国的一半。迪士尼公司似乎并没有意识到这一点。

迪士尼公司进行套期保值也许是出于其他目的。从东京迪士尼乐园收到的特许费大约为80亿日元，相当于3 200万美元。因为取得特许费并不需要投入什么成本，这部分几乎是纯利润。如果从1984年的利润（9 800万美元）中减去特许费收入（3 200万美元）和会计部门创造的"利润"（7 600万美元），你会发现迪士尼当年是亏损的。

迪士尼把精力放在日元兑美元的汇率上：因为日元每变动1元，迪士尼公司的收益就会受到13万美元的影响。汇率上微小的波动也许会引发各种分析。每个细小的变化都被当作未来汇率的走向。迪士尼的特许费收入将持续好几年。为什么仅仅凭某一天汇率的变化，迪士尼就对一个长期项目做出对冲的决定呢？对公司来说，下个月的业绩就是长期目标。

套期保值的任务就落到了迪士尼财务总监罗尔夫·安德森（Rolf Anderson）的肩上。他考虑了两个方案：以一个固定的汇率卖出日元远期特许费或者借入日元贷款，用日元贷款本息支出对冲迪士尼未来的日元收入。出售远期日元的方案被否决了。因为期限较长的合同变现很困难，远期合同还会占用宝贵的银行授信额度，同时远期合同成本较高。看来安德森应该选择便宜的方案。换作布迪，他也会这么做。

迪士尼公司聘用了高盛来安排日元筹资。高盛建议迪士尼发行以欧洲货币单位（European Currency Units，也就是欧元的前身）计价的债券，然后将欧洲货币单位互换成日元，就可以拿到成本较低的日元贷款。高盛会帮忙承销发行债券，然后牵线法国一家国有电力公司来完成互换。这家法国电力公司之前借入了日元，现在想转换成和法国法郎挂钩的欧洲货币单位。也许法国公司最近才意识到日元和法郎之间的不同，它没有以日元计价的资产或收入，这样它就暴露在了汇率风险当中。

根据哈佛案例的说法，当安德森坐在加利福尼亚州伯班克的办公室里研究高盛的建议时，他惊讶地发现要促成这项交易，需要结合纽约、欧洲和东京等多个国际资本市场。同时，他也被高盛促成这项交易的诚意感动。发行债券的承销费和货币互换的收入也许能够解释这种诚意的"爆发"。

迪士尼按计划发行了债券，并将资金互换成了日元。这次债券发行相当成功。迪士尼响当当的牌子和债券本身的稀有价值让欧洲投资者蜂拥而至。我可以想见他们在伦敦城的盔甲展示厅里举行庆功宴。宴会上，觥筹交错，赞美声四溢。其中欧洲的投资者还向安德森颁发了一块"墓碑"（一块刻有发行数据的有机玻璃），这件事还上了财经报纸。一个行业用"墓碑"来庆祝成功着实有点奇怪。我希望安德森会喜欢这一切，他为此付出了每一分钱，包括他的礼物的费用。

谈到对冲问题，应该解决了，不是吗？特许费收入的日元现金流并不能完全对冲互换协议下的日元本息支出。两者在持续期间上有些出入。外币互换协议的有效期为10年，而特许费收入协议的有效期比这还长。细节啊细节！

第一次出征国际资本市场取得成功之后，迪士尼于1985年12月又发行了类似的债券。它同时还以瑞士法郎和澳元发行债券，然后将发行取得的收入互换成日元。迪士尼对国际资本市场充满了无限激情。随着大笔大笔的进账，银行和交易商把安德森和迪士尼公司捧上了天。

忙得不亦乐乎的迪士尼赶上了一场历史性的事件。在纽约的广场酒店，G7（世界最富裕的7个经济体）的央行行长难得地达成了一致意见。根据协议，日本银行被迫让日元汇率上浮。日元对美元的汇率急剧上升，一度达到1美元兑80日元，升幅约为310%。对迪士尼公司来说，日元的升值是个噩耗。

随着日元的升值，迪士尼公司日元贷款（通过外币互换取得）折合成的美元价值就变得更大了。这也正是印度尼西亚面条商所遇到的问题。日元贷款导致了巨额的汇兑损失。迪士尼当下并没有日元资产来抵消这部分损失。它只有未来的日元收入，但这也只能等到收到时才能反映在资产负债表上。日元每升值一次，迪士尼就损失一次。这些损失是由于日元转换成美元产生的。迪士尼公司之前有没有考虑对冲对财务报表的影响？对冲的最终目的难道不就是要减少迪士尼的外汇风险吗？

迪士尼好歹做到了现金流上的匹配。一方面，它收到日元特许费，另一方面，它按照外汇互换协议用日元支付利息和本金。日元进，日元出。它的麻烦是如何在资产负债表上处理日元，而这并不涉及现金的收付。

1988年4月，迪士尼再次着手解决它的外汇风险问题。它跟花旗银行和日本长期信用银行签署了一项融资协议。根据协议，迪士尼将以后20年里日元特许费中的一部分以7.23亿美元卖给对方。这样迪士尼公司从东京迪士尼乐园取得的收入不再受到汇率的影响。但日元互换协议怎么办？迪士尼还需要日元来支付。如果它从日本收到的收入低于需要支付给花旗银行和日本长期信用银行的金额，迪士尼依然有外汇风险，而且现在风险的性质也变了。原本迪士尼公司在日元贬值的情况下处于日元多头（收入日元特许费），现在它在日元升值的情况下可能缺少日元（按照互换协议需要支付日元）。

那么，这个对冲算成功吗？我也不知道。现在看来，这个决定并不怎么样。当日元汇率是248/1时，80亿日元相当于3 200万美元；而当汇率变成100/1时，原来的日元就变成了8 000万美元了。这对迪士尼来说，每年就损失了4 800万美元。按10年算，这些钱能做多少件米老鼠T恤衫啊？这还没考虑对冲成本和外汇损失呢。我既没有显赫的背景，也没有足够的钞票上哈佛，所以我一直想知道他们用迪士尼的例子是想说对冲好的一面还是坏的一面。

带状套期保值还是叠状套期保值

20世纪90年代，套期保值这头猛兽又从笼中挣脱出来。MG炼油和销售公司是德国金属公司设在美国的子公司。德国金属公司业务范围广泛，包括贸易、金融服务和建筑工程；公司的大股东包括德意志银行、德累斯顿银行、戴姆勒－奔驰公司、安联保险集团和科威特投资局。看到这些股东，你可能会认为他们懂得一点对冲和风险。MG公司的确有一本厚厚的、全面详细的风险管控手册，但这本手册并不起什么作用。

为了拓展在美业务，MG公司根据战略部署在1991年至1993年间和客户签订了长期协议，将以固定的价格在未来的5年和10年里分别向客户出售固定数量的成品油（如汽油、柴油和燃用油）。这样一旦原油价格上涨，MG 公司就暴露在风险当中。它需要从市场上购买原油，提炼之后以合同约定的价格卖给客户。MG 公司同意按照和客户的协议全方位设置对冲，实施原油套期保值，它们运用了石油期货合约和 OTC 石油远期及互换。

MG 公司的商业计划书明确地描述了它的战略："我们提出的风险管理手段不但将现货市场对利润的风险影响降低到最小，同时会在不增加额外风险的情况下提供充足的利润上涨空间"。[4]

MG 公司和客户的标的头寸总量超过 1.5 亿桶。它以纽约商品交易所西得克萨斯中质原油期货的形式持有 550 万桶的对冲头寸，此外还有以 OTC 原油互换和远期的形式持有 1 亿到 1.1 亿桶的原油头寸。到此为止，一切正常。MG 公司完全按照内部的手册操作。

但一些细节让人不禁担心起来。MG 公司按照近期合约建立了一个巨大的头寸。这个头寸随着每月 MG 公司将产品运给客户而减少，确保远期头寸和远期交付数量一致。比如说，MG 公司连续 5 年每月为客户输送 100 万桶油，那么 MG 公司需要为 6 000 万桶油做套期保值（100×12×5）。MG 公司可以连续 5 年每月购入 100 万桶远期原油，这就是带状避险。此外，MG 公司还可以在 1 个月买入 6 000 万远期。在当月月底再卖出 6 000 万桶，买入 5900 万桶，用于下月交付。这个过程每月重复一遍。这就是叠加避险。

MG 公司采用了叠加避险，因为近期合约的流动性比较大。MG 公司还能够优化套期保值，并在合约滚动时把握交易机会。在一些文化当中，叠加是翻车的意思，在便宜的成本和盈利的诱惑下，MG 公司遭遇了交通事故。

叠加对冲意味着 MG 公司有巨大的头寸，可以说是市场上最大的。大家都知道这一点，这使得头寸很难滚动。MG 公司还有其他的风险，主要和"交易延期费"有关。MG 公司受到石油远期曲线变化的影响，后者十分奇特。有时候，远期的价格高于现货的价格，这就是"期货溢价"。其他时候，期货价格低于现货价格，这种情况叫"交割延期"。这些变化由基础因素导致——卖家多于买家或者买家多于卖家。MG 公司在市场上占了"交割延期"的便宜，它每滚动一次，所购入石油的价格就会下降，这样就增加了 MG 公司的利润。

1993 年年末，原油价格急速下跌，原油远期曲线进入了期货溢价的状态。这使得 MG 公司的对冲交易损失惨重，约损失 10 亿美元。套期保值的损失被客户的远期交易上未实现的收益抵消。销售合同和采购合同之间的利润差总体上没有受到损失。MG 公司的套期保值起作用了。

按照头寸数量，MG 公司需要向交易所支付 10 亿美元保证金，但它没有现金。出售石油产品的利润弥补了亏损，但问题是这部分利润要 5~10 年才能变现，而 MG 公司现在就需要现金。

面对危机，MG 公司果断地聘请了一批顾问。顾问们建议结束套期保值。谁也不知道为什么这是最佳的方案。

将如此大的头寸平仓使得损失进一步扩大。大家都知道 MG 公司在平仓，围捕 MG 公司成了当月的猎杀游戏。更糟糕的是，平仓使得原本未实现的损失变成了实实在在的损失。MG 公司本来是有对冲的，只不过是遇到了现金流的问题。最糟糕的是，平仓之后，MG 公司就暴露在了基础头寸的风险当中。如果石油价格上涨，那么上涨的价格与它固定卖价之间的差额也会导致 MG 公司受到损失。事情就这样发生了，损失进一步扩大。

迪士尼好歹还能虎口余生，MG 公司则万劫不复。靠股东的营救，它才活过来。

但这也并非全是坏事。MG 公司催生了一个庞大的产业：一些从来没有交易经验的学者现在对一些诸如 MG 的公司的头寸是否是真正的套期保值等"问题"展开了旷日持久的讨论。当流动性危机出现时，应该采取什么行动？专家之间的辩论一直没有停止。套期保值没有起作用，"基础"风险、"交易"风险和"资金"风险同时存在。MG 公司已经灰飞烟灭了。

我也一样

1999 年，阿山地金矿第一次证明了套期保值的失败并不是第一世界的专利。阿山地是加纳一家金矿开采公司，它将其金矿产量和金矿远期销售建立了对冲。20 世纪 90 年代后期，各国的中央银行纷纷拿出其储备的黄金，压低了国际金价。为了保护自己不受日益下跌的金价影响，金矿开采公司纷纷签订了黄金远期买卖合同。

1999年9月26日，欧洲15国央行突然宣布将在未来5年内对黄金进行限售，于是金价又开始回涨，从每盎司253.7美元（20年来最低价）涨到了每盎司320~325美元不等。在金价上涨之前，阿山地在黄金远期合同上还是盈利的（大约2.9亿美元），但现在这些合同给阿山地带来了巨额的亏损。在合同交割时，实物黄金的价格上涨正好弥补了这部分的对冲损失。

但是，阿山地的合同也需要现金作为"抵押物"。和MG公司一样，阿山地需要支付现金来弥补远期交易上的亏损。交易商不愿意承担加纳的国家风险，也不愿意承担阿山地的风险。这场损失迫使阿山地追加巨额的保证金。这意味着阿山地公司需要进行大规模的重组，包括出售坦桑尼亚一处重要的矿井、增资扩股和重整对冲头寸。

银行经常将许多公司称为"资深"的套期保值投资者。一些财经杂志也经常为了讨好他们而对其进行报道。所有这些赞美之词只能说明他们给银行带来了大量的业务和真金白银。

"财术"或被剥光的新娘

掌握了套期保值之后，许多企业也纷纷进入这个行业与交易商在交易上展开竞争。1991年，联合里昂公司（英国一家食品和饮料公司）在外汇期权的交易中损失了1.5亿英镑。公司的资金部参与交易的目的并不是为了对冲风险，而是想在外汇期权交易中盈利。在一个银行家出身的主管的带领下，联合里昂的资金团队试图去"影响公司的盈亏情况"。他们售出的外汇期权让公司损失了大笔钞票：给公司造成了1.5亿英镑的损失。

让人出乎意料的是，让公司理财达到新境界的居然是保守的日本人。他们对美国的管理理论顶礼膜拜。他们曾经运用弗雷德里克·泰勒（Frederick Taylor）

和爱德华·戴明（Edward Deming）的理论成功地改造了制造业。现在，他们也想在财务管理方面大显身手。这就是"财术"——金融工程。

资金部门作为公司财务部门的一个分支成了利润中心。支持者仔细地研究了迪士尼1984年的利润表，发现财务部对公司的利润做出了重要贡献。财术就是要利用交易金融工具为公司赚取利润。银行用公司业务来交易，从而取得利润，那么公司也可以用自己的资金来赚钱。用管理的术语来说，这就是"内部化"。资金部主管认为时刻对冲风险的成本太过"昂贵"。他们可以谨慎地涉足和退出套期保值，从而增加企业的利润。这和赌场没什么两样。

日本公司毫无保留地接受了财术。《广场协议》签订之后，日元升值，日本的出口商之前靠低汇率刺激出口的老路走不通了。这次升值意味着这些出口商必须转变战略，将工厂移到国外。但你不可能在一夜之间就把汽车制造厂搬到亚拉巴马州。日本公司于是就依靠财术来创造收入，这样可以弥补主营业务可怜的收益。

制造商开始炒外汇、债券、期货甚至股票。由于具有杠杆效应，而且不用在资产负债表上反映，衍生工具成了它们理想的投机对象。许多笑话也随此产生。其中最有名的非下面这个笑话莫属：丰田公司造一辆汽车要多少人？答案是四个人，一个人设计，一个人制造，另外两个人去炒长期债券。[5]

利用"日本权证套利"是最出名的财术形式。日本公司发行附带权证的债券，投资者可以凭这些权证购买公司的股票，这好比是看涨期权。而公司发行债券收到的钱相当于低利率贷款。

日本公司为了拿到低利率贷款而相互竞争。交易商为了向日本公司提供低利率的贷款也相互展开竞争。债券的利息降到了0，有时候利率甚至变成了负数。负利率是什么意思？放钱的人倒贴钱给借钱的人，或者说他们最后收到的钱比他们借出去的钱还少。日本真是个奇怪的地方。

那些日本公司用这些钱做什么了呢？他们把它投入到了相应的债券上，吃借贷之间的利息差。这些公司将这部分差额作为利润反映在报表上。日本模糊的会计准则根本没有考虑公司发行股份时投资者行使权证的可能性。公司也似乎都不关心这一点。

像爱丽丝梦游仙境一样的世界变得更加离奇。企业开始买入那些它们自己或者其他公司发行的附权证的债券。人们将这些权证从债券上剥离下来，然后将权证卖给别人，自己留下债券。权证的购买者支付了一笔不菲的价格买入权证，期望日本的股票市场有一天能够腾飞（那段时间，只有日经指数在上涨）。债券持有人取得权证收入后又能赚一笔不错的利息。但当资产互换出现后，所有这些都结束了。

发行附权证债券的公司几乎不用向债券持有人支付利息。它们用发债筹集的资金投入到相同或者近似的债券上，但这些债券的利息更高，它们赚取这部分的利息差。这不只是奇怪，简直是失去理智。交易商并不在乎这些，他们横竖都挣钱。许多人在日本的权证市场上找到了工作，甚至有一小部分还发了财。

我曾经执掌一家跨国公司的财务部门长达8年时间。但我从来也没搞清楚到底我们有什么竞争优势。

交易商为了能够接到我们的业务，会经常向我们提供信息。但是他们很少告诉我们一些重要的事情，因为信息太宝贵，他们不舍得和客户分享。我们并不进行自营交易，因此可以选择何时交易。但不做市同时意味着我们无法看到所有进行的交易；你完全依靠其他人给你提供信息，如果他们愿意的话。我们不需要按照市价来核算每笔交易，只要我们将其持有到期，我们就可以采用历史成本来核算。时间能够冲刷掉许多罪恶。

我们当时建了一个外汇对冲，在两年的时间里交易了6~7次。我们通常平仓或取消交易，然后再重新建仓。运用这种随汇率变动而动的策略我们赚到了不少钱。几年以后，交易员问到这些交易："我们为何能做得这么好？我们怎么就能准确预测汇率变化？"我笑而不语。我们只有在能盈利的情况下出仓；如果行情不好，我们就不去动它，耐心地等待盈利时机的到来。如果我们不变现的话，我们就把它作为对冲，一切就这么简单。我当然没有告诉他这些，我只是神秘地笑笑，希望给他留下一种圣人无过的印象。

在财术盛行的时候，日本企业利润的大部分来自于金融市场。在大多数公司，这个比例达到了20%~50%。在一些公司，比例甚至超过100%，也就是说这些公司并没有从实业中赚到钱。

在 20 世纪 90 年代初期，泡沫撑破了。损失开始出现在公司的报表上，金额高达几十亿美元。投资者抱怨自从公司找了脑瓜灵的人做资金部主管之后，没有人再投资于实体经济。公司的董事会又开始大力抓公司治理和风险管理。当资金部门赚钱的时候，谁都没有吭声。资金部门作为利润中心的做法已经不合时宜了。

日本的权证市场如何？在 1989 年达到 39 000 多点之后，日本的经济、股市和其他所有的一切都进入了下行道。几乎没有多少权证被行使。日本公司早就知道这点了，它们在市场的高点卖出看涨期权，然后将钱装进了自己的口袋。那些权证投资者只能在一旁舔舐自己的伤口。

当日本经济蒸蒸日上的时候，日本是个热点话题。西方的管理人员学习日语，并且把"全面质量管理""精益制造"和"零缺陷"这些词挂在嘴边。一些公司甚至想学习日本公司每天早晚唱一遍公司之歌。他们热切模仿的管理手段其实是美国产的。这些都是改头换面之后的泰勒和戴明理论。

原本将财术出口到日本的美国和欧洲企业现在开始出人意料地照搬照抄日本企业的那一套。学者和评论员称赞财术具有革命性的意义，但这场盛宴已经结束。一家美国公司——宝洁公司将财术手段发挥到了极致。

宝洁公司里的赌博

1993 年，诸事不顺。世界各地的企业都在衍生品交易上损失惨重。这次最倒霉的要数宝洁公司了。和其他人一样，我终于明白了宝洁公司名字中的 Gamble（赌博）是什么意思了。默顿·米勒尖刻地将宝洁公司的创始人比作一对孤儿寡母。

宝洁公司和美国信孚银行进行了一项复杂的衍生品交易，最后损失了 1.57 亿美元。"像这样的衍生品很危险，我们损失惨重。"宝洁公司诉苦道，"我们不会再犯错了。"[6] 宝洁公司于是把信孚银行告上了法庭。

据报道，宝洁公司为了降低借贷成本，经常参与一些复杂的交易。一些财经杂志曾将宝洁公司资金部作为资深财务运作团队的例子做过报道。当交易泡汤之后，宝洁公司资金部的员工好像不再是原来的那拨人。用公司董事长的话说，他们就是一群"在乡村狂欢会上的农家子弟"。[7]这完全是未知的未知，他们完全依赖于交易商。爱德维科能够理解这些。

1993年的秋天，宝洁公司需要为债务进行再融资。即将到期债务的年利率比商业票据利率低40个基点。宝洁公司希望再融资的成本能够与原来利率持平或者更低。根据宝洁公司对利率的预期和对风险的承受能力，信孚银行提供了两个方案。宝洁公司选择了其中一个方案中的交易——5/30关联互换。之后的诉讼过程显示宝洁公司在德国利率的基础上参与了另一桩结构化交易。

宝洁公司否定了其中一个方案，因为它不符合公司规定。但宝洁公司最后接受的方案与其否定的方案很相似，显然，杠杆化衍生品销售团队向宝洁公司提供了这笔交易的不同版本，差别只是风险的大小。信孚银行的一名分析师开玩笑地拿出一个杠杆率高得离谱的交易模型。让信孚银行吃惊的是，宝洁公司接受了这个模型。

信孚银行从这桩买卖当中赚到了760万美元。即使用衍生品交易数以百万计的标准来看，这也不是一个小数目。每当杠杆化衍生品部门的主管杰克·拉文（Jack Lavin）谈到这笔交易时，他都会说："我觉得太棒了。"[8]宝洁公司似乎并不知道他们签发给信孚银行的支票金额为何如此巨大。凯文·哈德森（Kevin Hudson）是信孚银行负责宝洁公司的销售人员。他和他未婚妻的一段录音谈话显示他们并不了解交易当中的杠杆效应，也不知道信孚银行赚了多少钱。在录音结尾时，他这么说："这就是信孚银行的精明之处。"[9]

这笔交易的标的为2亿美元，期限5年。宝洁公司每年可以收到5.3%的固定利率，同时向对方支付浮动利率。在最开始的6个月里，宝洁公司支付的利率比商业票据利率低75个基点。之后，宝洁公司在这个利率基础上还须支付一个差额。这个差额的计算方法如下：

[98.5×（5年期固定到期日债券/5.78%）-30年期美国国债价格]/100

其中5年的固定到期日国债为特定的5年期美国国债利率。

宝洁公司支付的利息取决于价差的大小，以上公式可以简化为：

[17.04×5 年期固定到期日国债利率 − 30 年期国债价格]/100

根据交易条款，这个价差不能小于零。这意味着宝洁公司借贷成本最低只能比商业票据利率低 75 个基点。

从表面上看，价差条款取决于 5 年期固定到期日债券和 30 年期美国国债价格之间的差额。这其实很具有迷惑性。这个价差依赖于一个利率和一个价格。宝洁公司相当于同时购买了 5 年期的国债和 30 年期的国债。如果在收益曲线的任何一点上利率上升，宝洁公司就会有损失。宝洁公司已经有意识或无意识地出售了以 5 年期国债利率和 30 年期国债价格为标的、行权期限为 6 个月的看涨期权。这部分收入降低了融资成本。

这个交易模型对 5 年期固定到期日债券的风险更加敏感。5 年期固定到期国债利率需要乘以 17.04（简化公式）才能得到相应的债券价格。经过这项调整之后，5 年期固定到期国债的价格大约是 30 年到期国债价格的 4 倍，价格敏感度约为后者的 2 倍。尼禄很快就能算出这个模型的杠杆比例。

这项交易对利率十分敏感。如果收益曲线上的利率整体上涨，那么价差也随之增加。如果收益曲线变得平缓，那么价差也随之上升。价差的增加会导致宝洁公司筹资成本上升。如果价差上升超过 75 个基点，这项互换的优势也就消失了，宝洁公司的借款成本就比用商业票据筹资贵。

宝洁公司一直受到投资曲线斜率的影响，尤其是 5 年期固定到期国债利率的变化。如果 30 年到期国债的价格是 98.5，5 年期固定到期国债的年利率是 5.85%，那么价差就是 118 个基点。如果 5 年期固定到期国债的年利率上升到 5.9%，那么价差就上升 85 个基点，达到 203 个基点。

在交易完成当天，价差为每年 −0.170 7%。随后，美国国债利率上升。美国美元国债的收益曲线也变得平坦起来。这个价差就变得非常大。宝洁公司按照协议需要支付高于商业票据每年 14.1% 的利率，损失总额达到 1.57 亿美元。

宝洁公司以虚假陈述为由起诉了信孚银行。信孚银行许多内部交谈被曝光，内容下流而且令人不安，这让信孚银行的竞争对手高兴不已。原本热衷于体育新闻和卡通漫画的交易员们也开始追踪信孚银行和宝洁公司闹剧的最新剧情。

诉讼的焦点集中在这项投资是否符合宝洁公司的内部指引。事后看来，答案是否定的。许多宝洁公司的员工被开除或者被派到"特殊项目"上。高级经理和总监宣称他们对这个交易并不知情——所有这些都是防不胜防的不守规矩的交易员一手所为。

宝洁公司声称自己无法理解参与的复杂的交易，信孚银行则称宝洁公司一直参与复杂交易。宝洁公司指控信孚银行有误导和欺诈行为。据称信孚银行谎报交易损失：一个高级职员指示另一名员工在合适的机会告知宝洁公司实际损失（实际损失远远高于之前宝洁被告知的损失），这段对话被录了下来。

宝洁公司称它参与交易是因为这项交易能够保证控制风险，同时将风险期限缩短到6个月以内。信孚银行则辩称它只承诺在对方要求时以市价回购期权，除此之外，别无责任。

这里还涉及"专有"定价模型。宝洁公司无法确定模型是如何估价的；宝洁公司的法律顾问要求公开交易的"公式"。信孚银行的法律顾问则回应说，如果宝洁公司肯公开其产品的秘方，信孚银行也会公布交易的细节。这真是太有看头了。

这场官司在1996年终于尘埃落定。信孚银行的新老板弗兰克·纽曼（Frank Newman）以最快的速度了结了这场官司。但这场诉讼对信孚银行产生了相当严重的后果：经过银行和证券业监管机构的调查，信孚银行最后形成了杠杆化衍生工具销售规范；组建了新的领导班子；信孚银行就其杠杆化的衍生品交易相关风险缴存了4亿美元的准备金。

和宝洁公司的交易以及其他类似交易搞垮了信孚银行的衍生品业务部门，该公司全球业务的顶梁柱之一。大多数员工离开了信孚银行。信孚银行成了一个空壳，昔日风光已成过眼烟云。之后，德意志银行收购了信孚银行。财术时代已经结束，至少告一段落了。

图巴斯，宝贝

20世纪90年代是图巴斯的年代。在日语里，动词tobasu是"飞走"的意思。财术是创造财务利润，tobasu是让亏损飞到九霄云外。在泡沫经济崩溃之后，日本的企业和投资者遭受了大量的损失。衍生品能够将损失隐藏起来，但也无法将损失消除得一干二净。

> 财术是创造财务利润，tobasu是让亏损飞到九霄云外。

如果你遭受了损失，你只需要将它递延并在以后的几年内摊薄。比如你将钱贷给了一家效益不好的房地产公司。你借出去的1 000日元现在只值600日元了，你由此损失了400日元。为了隐藏这个损失，你和一直照顾你的交易商达成了一项交易。他借给你1 000日元，同时你和对方签订一项利率互换协议。本金为2 000日元，你按照年利率5.34%向对方支付10年的利息。10年里你多支付的金额就相当于400日元的损失加上利息和交易商的利润。这样，你的损失神奇般地消失了。其实并不是：损失依然是损失，只不过转化成了更大的互换支出。但愿没有人会发现。你的面子保住了。

你不想只将损失平摊到各个年份？那就不要支付5.34%的利息，按照本金2 000日元支付3%的利息。哇！但代价是交易商可以在10年之后将协议期限再延长20年。不喜欢这种模式？那就按照交易商的要求，用日元或者美元或者瑞士法郎支付3%的利率。还不合适？如果日元和美元的汇率比在100∶1和150∶1之间，那就试试3%的利率。那要是汇率超出这个区间的话，那你就需要支付5.5%的利率。印度尼西亚人和美国投行所做的最后一笔互换就是古老的图巴斯交易。

各种组合无穷无尽，但实质都是一样的。你以隐蔽的方式分期支付你的损失，同时你出售期权，收到的钱抵消你承受的损失。要是你在期权上押错了注的话，你就会遇上麻烦。但无论如何你都会遇上麻烦，押错注又算什么呢？交易商通常喜欢陷入困境的客户。在战斗中，衍生品交易员就会被送上战场去刺杀伤兵。在日本的交易商（大部分是外国的投资银行）就靠这个大赚一笔。

图巴斯交易能让损失消失，但不幸的是，它们也让一家交易商消失了。这家交易商叫瑞士信贷集团的金融产品部门（Credit Suisse Financial Products, CSFP），它有个绰号叫"惠特第一证券"，因为这个部门的领导叫艾伦·惠特（Allen Wheat）。惠特带着自己的团队离开了信孚银行，组建了CSFP。这个部门在图巴斯业务上一直处于领先地位。1997年CSFP设计了一个衍生产品，帮助日本信用银行将710亿日元（折合美元6.21亿）的损失隐藏了两年。如果确认这个损失，日本信用银行的所有者权益将不足300亿日元。日本信用银行在18个月之后就宣告破产了。

日本是个奇怪的地方。一个人把车停在派出所附近。一个警察立即走过来，让这个人把车开走。"在派出所旁边不准停车。"但如果你问他哪儿能停车，他会好心地告诉你："你可以把车停在派出所附近。""你指的附近是多近？"那个人问。"我没办法告诉你。"警察回答说。

日本的法规都是如此，模糊而又精确。

CSFP和它的竞争对手们本以为日本监管机构默认了图巴斯交易。谁知1999年日本的银行业监管机构以行政指导的方式突然采取了行动。交易本身并没有违法。CSFP的"商业行为已经严重影响了日本金融市场和金融机构的稳定。其大量、反复和持续地销售的金融产品使得产品使用者披露的财务状况与其真实的情况严重不相符。"CSFP的"做法与公众利益背道而驰"。

大多数外国投资者认为日本的金融机构都是不健康的。在日本，缺乏财务信息披露是出了名的。这并不重要。CSFP被责令停业，营业执照也被吊销了。瑞士信贷集团（一家著名的瑞士银行，也是CSFP的控股母公司）写了一封公开信，为这件"令人深表遗憾"的事件道歉，但并不能改变什么。

日本成功地向外输出了图巴斯。2001年，一个名叫古斯塔夫·皮噶（Gustavo Piga）的学者揭露了一桩图巴斯交易，他并没有点出该国的名字，但大家都认为是意大利。国与国之间相互指责。最后，这份报告从国际证券市场协会的网站上消失了。

这件事和《马斯特里赫特条约》有关。条约规定欧盟国家的财政预算赤字不得超过国内生产总值的3%。在1996年和1997年期间，意大利为了实现欧盟的目标，将它的预算赤字从 6.7% 减到了 2.7%。实际上，意大利并没有削减赤字。其中之一的把戏就是，它使用了衍生工具来装点门面。

1995 年 5 月，意大利发行了 2 000 亿日元的债券，折合美元 160 亿。到了 1996 年 12 月，日元大幅升值，意大利因此获得了巨大的外汇收益。意大利为了保护这笔收益进行了外汇互换。这笔交易并不是按照当时的市价进行计量。在一般的互换中，在互换完成时把汇率设定成当时的市场汇率。意大利却将汇率定为 1995 年 5 月时的汇率，这意味着意大利放弃了外汇收益。事实并非如此。在这个互换项下，意大利支付的利率比伦敦银行同业拆借利率低 16.77%。鉴于当时伦敦银行同业拆借利率为 5%，意大利实际上支付了负的利率，也就是说它从互换中取得了大笔的收入。这个互换实质上是一笔贷款，而意大利接受了较差的汇率，并以取得现金作为回报。这些收入被用来减少财政赤字。[10]

其他欧洲国家也被怀疑用了类似的手法来满足《马斯特里赫特条约》的要求。这些国家认为这些规定不管怎样都是愚蠢的。

策马特的守护神和比利时的牙医

衍生品的买方由投资者和企业共同组成。当我刚入行的时候，投资者包括保险公司、养老基金、策马特㊀的守护神（瑞士银行家的戏称）和比利时的牙科医生。三教九流的都有。

保险公司是负责收保护费的。你向他们支付保费，他们承诺在人身意外和财产损失的时候照顾你，但要想从他们手中拿到钱很难。如果你申请寿险赔偿，你就成了巨蟒剧团的《死鹦鹉》里那个演员：他没死，只是在昏睡。如果你申请财产损失赔偿，在极其苛刻的条件下保险公司才会支付赔偿，而这些条件几乎不可能达到。保险公司是靠不住的，你需要对拿不到赔偿投保。

销售人员运作着保险公司。他们精心设计骗局，诱使你购买新的险种，支付更多的保费。精通巫术的保险精算师则在幕后操作。他们要让收到的保费和保费

㊀ 策马特，瑞士的旅游胜地。

投资所得至少等于保险公司可能会支付的保险赔付。

养老基金正是公司一毛不拔的产物。当你退休的时候，你的雇主会根据你退休时的工资，慷慨地拿出一笔钱给你。你从你的收入中拿出一部分，你的公司也拿出几块钱，然后养老基金拿着这笔钱去投资，等你退休的时候再给你。精算师每天忙着算你什么时候会死，这样公司就不用再向你支付退休金了。

私人银行是策马特的地下宝藏守护神。瑞士的银行替那些富人和贪官打理钱财，做到绝对保密，但对钱的来路则不闻不问。

比利时牙医是为了避税而改变国籍的一群人。比尼卢[一]三国的欧洲投资者不堪遗产税的重负，一向有逃税的风气。投资者购买无法追踪的不记名证券，把它们存放在卢森堡或瑞士的银行保险柜里。

这些投资者一开始并不参与衍生品的交易：一些是不能，另外一些则不愿。保险公司和养老基金经常因为自身的规定而不能参与交易。即使它们能够从事交易，也有许多投资者把衍生品交易归为投机。一个寿险公司的精算师和我说衍生品交易就是一场赌博。听了多次之后，我终于忍不住我的愤怒："那人寿保险呢？那不也是对人的寿命进行投机吗？你不也是靠赌人寿命长短来赚钱的庄家吗？"

同样出于恐惧和贪婪的原因，这种局面改变了。投资回报要大于投资支出，这是投资的逻辑。精算师却把两头都搞砸了。

死亡互换

俾斯麦（Bismarck）的理想是国家能够向年老的人发放养老金，使他们能安享晚年。无微不至的企业希望能够为自己的员工提供养老金。但不幸的是，人们开始提前退休，同时，现代医学的发展使得人类更加长寿。这意味着实际支付的养老金比之前预计的要多。现在反倒是保险公司和养老金需要领救济金。

> 现在反倒是保险公司和养老金需要领救济金。

[一] 指比利时、尼德兰（荷兰）和卢森堡三国。——译者注

精算师在计算用于支付养老金的保费时，会假设保费能带来一定的收益。低通货膨胀率使得利息收入和投资收益低于养老金的支出。养老金会计准则允许保险公司和养老基金用预期收益而不是实际收益来计算它们的投资能否偿还它们的负债。问题只能瞒得了一时，瞒不了一世，最终人们发现这些保险公司没有足够的资金来支付这些保单和养老金。用大白话来说就是米袋是空的。参保的年轻人缴纳的保费和养老金能够暂时缓解资金不足的问题，但随着人口老龄化和人口增速放慢，寅吃卯粮的办法也不再有用。

政府努力地制定长期的策略。对公司而言，下个季度的报表数字就是长远目标，在政治上，一个星期就算得上是相当长的一个时间段。政府不是将脑袋埋在沙子里，一味拖延直到他们丢掉了选票，就是将这个问题丢给别人。聪明的政府则将这个问题"私有化"，转嫁到选民头上。工薪阶层被迫每月把固定的一部分收入存入强制养老保险账户中。

公司向员工提供"固定收益"养老金计划。退休之后，员工每月按照他退休时工资的一定比例领取养老金。公司意识到自己无心的慷慨之后，亡羊补牢，现在转向了"固定缴费"养老计划。你现在拿到的养老金相当于你交的钱加上这笔钱之前投资的回报。

这个养老计划以市场经济、自由选择、个人责任、养老金可操作性强和体现公平性等名义向大众推广。所有这些，都是真实的谎言。养老金的缴费和风险责任都由个人来承担了。如果你的养老金不够支付住宿、粗茶淡饭、看病和丧葬等费用该怎么办？没人管你，当初是你做了不明智的选择，将钱投到了不适合你的投资项目和养老金计划上。

在过去，富人才有钱投资。到了20世纪80年代，共同基金和单位信托基金如雨后春笋般崛起，普通的老百姓都能集中资源，享受到"专业"投资机构的理财服务。资金从银行流向了基金管理公司，投资的本钱更加充足了。

来自养老基金和普通民众源源不断的资金让投资市场发展起来。新一代的基金管理公司产生了。保险公司改头换面成了财富管理公司了。新的基金管理公司比比皆是。

> 来自养老基金和普通民众源源不断的资金让投资市场发展起来。

基金管理公司靠投资回报和新理财产品相互争夺资金流。他们运用衍生工具来获得更高的投资回报、杠杆率，提供各种不同类型的投资回报组合。当投资回报越来越低时，私人银行和投资者也发现了衍生工具。交易商们成功地将衍生品嵌入到票据里面，投资者可以买卖其中的衍生品而不需要转手票据。现在所有的投资者都在买卖衍生品。如今，70% 以上的衍生工具交易行为发生在投资者之间，用的就是你的资金。

投资者甚至开发了新的产品。"死亡互换"是由加拿大寿险公司和养老基金共同生产的特产。这些机构在你的寿命预期上有着截然相反的利益：寿险公司希望你长生不老，这样他们就不需要支付赔偿了；但养老金机构则巴不得你快死，这样他们不用向你支付退休金了。实际死亡率和按照正态分布预测的死亡率是不同的；当两者差异巨大时，寿险公司和养老基金可以互换实际死亡率的风险。

投资风格

有一次我问尼禄，公司客户和投资客之间的差别。他认真地想了想之后说："所有客户都是混蛋，但投资客是彻头彻尾的混蛋。"买方是骂完脏话就挂电话，投资客是接了电话先骂脏话。之所以有如此差别，原因是企业经常需要银行，通常是在借钱的时候。投资者正好相反，他们并不需要银行。反倒是银行，尤其是衍生品交易商，需要投资客。

基金管理公司常常摆出一副傲气凌人的样子。大的基金管理公司管理的资产规模非常庞大：瑞银全球资产管理公司一家管理的资产就超过 1 万亿美元。即使小一点的基金管理公司，其资产规模也在 500 亿到 1 000 亿美元之间。投资组合经理嘴边挂着"我的基金"和"持有微软股票"。这钱并不属于他们。对交易商来说，他们是重要的客户。交易商在基金经理身上不惜血本：音乐会首演、马术训练、成箱的香槟酒和在瑞士滑雪胜地举行的研讨会。基金经理靠着他们的资金到处吃喝玩乐。

许多基金经理实际上之前都做过精算师，因此在量化技能方面看不起别人。早期的量化金融也注重投资。事实上，基金管理可以概括成几个主要原则：

（1）**分散化**——哈利·马科维茨（Harry Markowitz）"证明"了把所有的鸡蛋放到一个篮子里有多危险。沃伦·巴菲特成功地进行了反驳。他认为把你的钱投资到少数几个便宜而且是你了解的项目上，你会过上更好的日子。他不喜欢你投资一些你完全不懂的项目。

（2）**有效市场**——尤金·法玛和他的同事假设价格的变动是随机的。价格变动并不遵循某种可以识别的规律，至少无法从历史数据中得到。所有已知的信息都已经反映在价格当中了。交易商和投资者就是要利用市场的弱点。如果市场完全有效的话，那么怎么赚钱？

（3）**均值/方差**——金融市场的风险能够用两个统计数据反映：平均收益和收益的波动率，也就是用标准差或方差来反映波动率。对投资者来说，价格波动幅度越大，风险就越大。风险就成了一个已知的已知因素。没人会和你说风险。只有未知的未知——纯粹的不确定性，也就是之前从来没有发生过的事。

（4）**风险/回报**——威廉·夏普（William Sharpe）、约翰·林特纳（John Lintner）和杰克·特雷诺（Jack Treynor）利用资本资产定价模型（capital asset price model，CAPM）证明风险和报酬是相关的。如果你承受更多的风险，你就会要求更高的回报。老一代的投资者喜极而泣。他们无意识地运用了资本资产定价模型。

基金管理经理有他们自己的风格，也就是投资风格，如表3-1所示。

表3-1 投资风格

投资风格	定义	含义
指数基金	基金经理的投资配置和标普500类似	基金经理放弃了打败市场的念头
积极管理	基金经理挑选股票，希望超越市场	希望战胜了经验。你作为投资者在交学费
惯性投资	什么行情好，基金经理就投资什么	人群理论；这种投资就像芬兰的一句谚语说的那样：大便一定很香，苍蝇肯定不会错
价值投资	基金经理做了功课，发现并投资那些价值被低估的股票	纯粹是运气或者你祈祷基金经理得到了内幕消息

(续)

投资风格	定义	含义
收益增厚	基金经理通过投资取得高于市场的平均回报	你冒着极大的风险。如果你能够收回本金算你命大
投资组合保险	基金经理向你保证你的投资至少有90%的可能是安全的	坚持。你不是至少可以拿回你的本金吗
结构化产品投资	基金经理会根据你的风险回报要求，利用复杂的投资工具和金融产品为你量身打造投资策略	这是为了向你收取更多手续费的鬼把戏
替代性投资策略	基金经理会投资至今还未知的资产，如气象衍生产品、灾难债券、艺术品和邮票等	你是投资先行者，祝你好运

事实上，投资的原则有三条。第一，资本保全：你希望能够一分不少地收回原来的投资；第二，创造收益：你希望能够赚到钱；第三，资本增值：你希望你的投资能够升点值，这样你能够跑赢CPI。大多数投资者都是按照我所列的这个顺序来进行投资的，但有时候这个顺序也不是一成不变。

20世纪90年代末，当时正是互联网最热的时候，投资者一心想资本增值。基金经理不去碰那些能赚钱的公司的股票。相反，他们认为公司亏损越多越好。一家公司发行了股票，承诺将"资金投入到某个和互联网相关的事业"。发行股票的收入相当于这家公司银行账户余额的两倍，而现金是这家公司的唯一资产。个人投资者们吹嘘自己的投资组合增值了一倍，或者更多。2001年，这些投资者却聊起了企业社会责任和慈善事业。当时纳斯达克指数蒸发了80%。

阿尔法、贝塔、泽塔

和许多神秘宗教团体的祭司一样，基金管理公司也有自己独特的咒语：贝塔是风险，阿尔法是可望而不可即的东西，正的阿尔法值意味着奇迹——基金表现超过了大盘。谈到在风险环境下用来衡量基金业绩的夏普比率时，基金管理经理都会压低嗓门。

基金经理用这些天书似的术语掩盖了一个可悲的事实。大多数的基金回报比市场平均表现差。1984—2002 年,标准普尔 500 的投资回报率是 12.9%,而股票基金的平均回报率只有 9.6%。市场比投资者想象的要有效得多。高回报带来高风险。这就是交易的成本。赢家都会受到诅咒:如果你表现出众,那么别人会给你更多的钱去投资。人们总会根据去年的收益进行投资,但越来越多的资金反而减少了灵活性。每一次你想去交易,市场就和你作对。

大多数表现不错的基金管理公司是靠运气,而不一定是技术硬。投资者在选择基金管理公司的时候,一定要听从拿破仑的建议。在上战场之前,拿破仑会问他的将军们:"你们有好运气吗?"

基金管理公司根据它管理的资产取得收入。管理的资产规模越大,取得的收入越多。投资表现好,就会吸引更多的资金,把盘子做得更大。基金管理公司对投资表现上瘾:衍生品就像是投资管理的可卡因和海洛因。交易商,就如同毒品贩子[⊖]一样,提供各类衍生产品来提高业绩。对冲基金和阿尔法策略就是鲜活的例子。

对冲基金是基金管理行业为了寻找阿尔法所做的最新探索。大量的对冲基金公司聚集在伦敦圣詹姆斯和梅菲尔地区及纽约的汉姆斯利大楼内。这些地方大约有 8 000 家基金公司,它们管理着 1 万亿美元的资金。这些公司的名字里无一例外都有"资本"两字,如长期资本管理公司。

对冲基金大约有 50 年的历史,到了 20 世纪 90 年代才崭露头角。最低初始投资资金就达到 100 万美元,所以它们最开始的股东都是有钱人。现在,对冲基金的资金来源于传统的投资机构,包括保险公司、基金管理公司和私有银行。

投资客不再试图去跑赢大盘。厌倦了屡战屡败,他们转身投资于指数基金,相当于覆盖了整个市场。一些基金管理公司把 90% 的资金投入到指数基金,与市场整体表现保持一致。它们把剩余的 10% 投资到对冲基金,希望能够跑赢大盘。

郁郁不得志的基金经理和从交易商跳出来的交易员,尤其是那些衍生品交易

⊖ 此处为双关语,dealer 既有交易商的意思,也有毒品贩子的意思。——译者注

专员,设立了对冲基金。基金经理厌倦了大型机构里的政治斗争、死板的作风以及不断增加的合规要求。衍生品交易员受到买方的资金和权力的诱惑。对冲基金收取1%的资金管理费和20%左右的利润分成,有时候还会高于约定的标准。受追捧的基金公司收费更高。一家"当红"基金公司收取5%的资金管理费,外加35%的利润分成。大多数的对冲基金规模都不大,基金经理由创始人担任。利润分成这部分比他们之前当卖方时候的收入还要多。

对冲基金实际上并没有对冲。传统投资者做不了的事情,它们却能做到,比如当价格下降时它们可以卖空,此外它们还能利用杠杆效应来增加利润。衍生产品具备许多优点,如规避、个性化的风险回报组合和做空及使用杠杆的能力,这些对对冲基金至关重要。而且对冲基金交易频繁;交易商们喜欢。专门为对冲基金服务的柜台现在相当普遍。金钱滚滚而来。

基金公司有许多交易风格,其中最受欢迎的是"市场中立"风格。你不去赌市场行情是上行还是下行,而是购买那些被市场低估的股票和出售那些被高估的资产。市场中立策略据称低风险高回报。长期资本管理公司利用衍生工具推出了"市场中立""相对价值"的交易。

长期资本管理公司最喜欢的买卖之一就是投机于相似证券价值之间的小额差异。这个收益小,所以长期资本管理公司通常运用杠杆效应来放大收益。在亚洲金融危机之后,信用价差拉大,远远高于应对实际违约风险所需要的水平。长期资本管理公司想要锁定这个收益,并放大它的头寸。

长期资本管理公司进行了利率互换,从中取得固定利率、政府债券利率加上利润(信用利差),接着他们就做空政府债券,支付相应的利率,这样他们就有效地将信用利差锁定了。他们大规模放大头寸。在长期资本管理公司积累头寸的过程中,交易商们通过和长期资本管理公司交易,赚到了数以千万计的美元。

这场游戏赌的是信用利差将越来越小或者将头寸持有到期。但倒霉的是,信用利差进一步加大。利息互换的利率上升,政府债券的利率下降;长期资本管理公司两头都亏;就像MG公司和阿山地那样,长期资本管理公司需要现金来为损失做保证金。它们的现金流断了。高收益、低风险的海市蜃楼对长期资本管理公司和它们市场中性的相对价值交易来说可望而不可即。

此外，还有"可移动阿尔法"投资策略。这是一名衍生产品交易商的梦想。基金经理利用衍生产品将投资组合剥离成合成工具，然后通过积极管理和结构化收益增厚产品来得到阿尔法。股权基金经理并不真正购买股票。他们将资金投入货币理财产品，得到利息，然后他们和交易商进行股权互换，从而接触股权投资。交易商向基金经理支付股票产生的收益，而基金经理则向对方支付利息。只要基金经理取得的收益超过他支付给交易商的金额，他就获得了阿尔法。

这种投资手段依赖于高利息收入，是需要冒风险的。交易商非常愿意以各种各样的结构化产品来提高基金经理的利息收入。每一种移动阿尔法投资策略能够让交易商卖出许多产品。基金经理经常承受更多的信用风险，购买能够支付高利息的证券。最后，这些证券也泡汤了。投资公司破产了。当股票市场上涨时，投资者就惨了，他们获得了泽塔。

关注相对表现

投资业绩的好坏是比较出来的。你赚多少并不重要，关键是和大盘比，你超出它多少。

20世纪90年代，我给一家养老基金当顾问。当他们的资产管理顾问提交业绩报告后，基金的受托人都不知道该问什么问题，因此希望有一个具有金融专业知识的人能够帮助他们。

如果说基金经理是牧师，那么资产顾问就是红衣主教。资产顾问向投资者提供建议，评估基金管理公司，将资金投资于各个基金管理公司并评价投资业绩。基金经理对交易商颐指气使，但在资产顾问面前则战战兢兢。那家养老基金的资产顾问从一开始就对我产生了敌意，因为我是个麻烦制造者。

在我上任之前，这个顾问已经说服受托人将一小部分资金投向新兴市场。当时还是1996年。1997年，亚洲金融危机让新兴市场愁云密布。这个资产顾问用一个花里胡哨的幻灯片向受托人汇报他们投资组合的表现。他开门见山地说道："新兴市场投资组合的表现已经超过标准的3%。"我问："那绝对收益是多少？"

那个资产顾问转过来对我说："这并不重要。我们只关心收益高出基准多少。"我又问了一遍，他没有理睬我。董事长正好坐在我旁边，他对我提的问题毫无头绪，只是感觉到资产顾问不愿意透露这个信息。"是啊，我们的'缺对手艺'㊀是什么？"他紧追不舍。其他受托人也都受到鼓舞，开始追问，因为他们也想知道这"缺对手艺"是多少。

这个资产顾问虽然很不高兴，但没有办法，只好回答说："投资组合损失了45%，但大盘缩水了48%，所以我们比基准好3%。"我就知道是这个答案，它就隐藏在资产顾问那堆厚厚的报告里。其实这个损失相对于整个投资组合来说很小。"什么？我们损失了将近一半？"董事长一脸疑惑。"并不完全是这样。我们的表现超越了大盘。"他的回答并不巧妙。董事长恼火地说："年轻人，你赔了钱就不可能同时还赚钱。"资产管理顾问不安地来回换脚，脸看起来有点发烫。"你说谎了。"董事长怒斥道。其实不是，这个游戏就是这么玩的。受托人会议从此有了改观。

一切都是代理

整个投资管理过程是有漏洞的——预计的投资回报很高，而实际投资回报是用基金经理和资产管理顾问选择的工具来衡量。这就好比让学生批改自己的作业那样。先锋基金是一家低成本共同基金公司，它的创始人约翰·博格的观点很直白：基金收费太高了；由于基金公司粗制滥造出许多投资组合，交易成本侵蚀了投资收益，这让交易商占了便宜。隐蔽的手续费侵蚀了投资的价值；每年1%~2%的差异虽然看起来很小，但累积起来，30年之后将是一个惊人的数目。博格认为基金经理并没有将投资者的利益放在首位，而是在利用他们的无知。博格在基金管理行业里遭人嫉恨。

投资行业是个巨大、混乱的阴谋。国家和企业不愿意为退休金承担责任，于是就通过立法和税收优惠的方式将这个责任转嫁到老百姓身上，而这些人没有必备的技能管理好投资，因此只好求助于专业的投资者，专业投资机构则利用他们

㊀ 董事长对投资一无所知，他将"absolute return"听成了"about turn"。由于汉语缺乏这种表达法，只能用谐音。——译者注

的无知来敲诈他们。

业绩差并不一定是个问题。普通投资者转换投资机构需要付出很高的成本，而事实上他们逃脱了狼爪又落入了虎口。公司和机构通常不会因为投资公司达不到业绩预期而变更投资机构。一个基金经理定期邀请大客户到豪华顶级公寓小住，客户可以从那里俯瞰泰晤士河，因此尽管这家基金表现一般，但从来没有丢过一个客户。交易公司不敢得罪基金经理，害怕这会招致基金管理公司批评它们拙劣的管理和糟糕的业绩。交易商靠与投资者做交易赚钱，投资者给交易商带来了绝大部分的收入，资产顾问则左右逢源，两头都吃。

2001—2002年，长长的牛市终于结束了，此时基金管理行业的缺点也暴露出来。20世纪90年代的高收益更多靠的是运气，而不是技术。信托管理资产的收入一减再减。高成本和高额薪金意味着许多基金公司都在亏本。银行和保险公司发现基金管理只能在牛市里玩，于是纷纷抛售。潜规则终于浮出水面：基金公司用投资者的资金购买信息、招待明星分析师和购买方程式赛车的门票。缺少信息披露和透明度引起了监管部门的注意，于是有了更加严厉的制度，合规成本上升，回过神来的投资者纷纷绕过基金管理公司，直接从交易商手中购买结构化产品。抢座游戏的音乐停了。

所有投资者都应该学学计量金融学的一个分支，那就是由迈克尔·詹森（Michael Jensen）和赫伯特·麦克林（Herbert Meckling）提出的代理理论。所有金融活动都是由一些正式或者非正式的契约联系起来的参与者展开的。其他金融理论假设这些参与者都是为了公共利益，而代理理论的假设却恰恰相反。比如，代理理论认为基金公司仅仅是投资者的代理人。基金公司为了取得管理费用才同意管理这些投资项目：所有的损失和收益都由投资者承担和享受。那么基金公司为什么要代表投资者的利益呢？为了解决基金公司和投资者之间的利益冲突就需要引入各种契约。当投资的是别人的钱时，这种利益冲突就会存在。代理理论完美诠释了一句经典电影台词："你努力工作，使自己由一无所有陷入极端贫困。"

独特的销售主张

交易当中,买方和卖方走到一起,跳一段求偶舞来决定谁赢谁输。要赚钱,你要从别人身上赚。想要听懂卖方的话,你需要配一个翻译,如表3-2所示。那要听懂买方的话呢?他们只会嘀嘀咕咕,骂骂咧咧。

表 3-2 独特的销售主张

主 张	翻译
我们是处于领先地位的交易商,具有全球的交易平台,我们在市场上的地位举足轻重	我们为建立这项业务耗费了巨资,现在准备再拿出上百万的资金来达到您的要求
我们的团队是世界上最具才能的团队之一	我们的员工拿的钱远远超过他们干的活,而且能享受固定的分红
调查显示我们是该领域的市场领导者	你可能不相信我们为了达到市场占有率花了多少钱,更别说为了让别人选我们当市场领导者花了多少广告费和赞助费
我们有理由相信我们的方案很有吸引力	我们是在赔本赚吆喝,但这次我们不能再输给"那家"银行了
这个理念具有高度的自主性和创新性	我们不知道这款产品如何使用,我们是从竞争对手那儿抄袭过来的。我们认识的人里面还没有人使用过,但我们觉得你可能知道
我们认为这个方案最符合你收益增厚的要求	这个交易能给我们带来很多收入,而且和你的要求相差不远。就算差很远,又有谁在乎呢
这个评估没有反映这笔交易真正的价值	我们评估错了,但你也不知道如何计算交易的真正价值
我们一直都在为我们的产品积极做市	如果你想把产品再退给我们,祝你好运,傻瓜
现在市场上正好有机会执行这笔交易	快到发奖金的时候了,我们得马上完成这笔交易,这样才能有钱买新款的保时捷

尼禄曾经和我合作开拓市场。我负责技术细节，他负责忽悠客户。我们约了一家重要海外基金的组合基金经理，在吃晚餐时我们向他推荐新设计的产品。其实就靠三瓶马提尼、两瓶红葡萄酒，加上雪茄和白兰地就能搞定。我一直想找机会插嘴，向他解释产品的模型和好处，但我没有机会。在晚餐快结束的时候，这个基金经理对尼禄说："会有女孩来我房间，是吧？"我惊讶地看着尼禄。"你记得那玩意儿吧？它能让她们变得很嗨。"尼禄口中念念有词，并小心地转向其他话题。吃完饭后，我和尼禄离开了酒店。尼禄停下来，做了一个割喉的手势。"记住，IBGYBG㊀。我跑了，你也跑了。明白了？"一星期后，这个基金经理打来电话，说："一直想着你们的产品。很合我意。给我寄一份合同。我觉得我们可以做生意。"这样我们就赢得了一笔2亿美元的单子，利润相当可观，超过了200万美元。

在伦敦，我们向几家保险公司推销复杂交易产品。这次我终于逮到机会介绍产品了。吃完晚饭后，尼禄把我拉到一边，说："我要借用一下你的房间，就一小时。""为什么？"我问。"别多问了。"他命令道。我把他们带上去，进了我的房间。正当我准备离开的时候，外面传来敲门声。我打开门，外面站着两个女的，穿着非常短的皮裙和细高跟鞋。我觉得这种打扮的人不像是酒店的服务人员。

一个小时后，当我回到酒店时，尼禄正在酒店大堂，手里拿着我的房门钥匙。"谢了，小子。"我很不情愿地回到了我的房间。床上一塌糊涂。我从迷你吧拿了一瓶汽水，把其中的半瓶倒在了床上。然后打电话给客房部。"我不小心把汽水打翻在床上了。"不一会儿，一个上了岁数的西班牙阿姨上来把我的被褥都换了。"小心点，年轻人，不要在床上喝汽水啦。"她劝我说。

次日早上，我把这件事告诉了尼禄。"你真是个天才。我算服了。"后来大家都知道了我的可乐把戏。"尽管有点惹人讨厌，不太合群，但他还算个不错的小伙子。"尼禄跟我老板说。我在公司里的人气又增加了。

几年以后，尼禄的一个下属正在向一个客户推销产品。碰巧的是，我就是

㊀ IBGYBG，"I be gone, You be gone"的缩略语。对冲基金行业中一句流行的行业黑话，意指交易完成后（多带有欺诈性），逃之夭夭。

这个客户的投资顾问。在宣讲过程中，我问了几个问题。我只是尽我的职责，丝毫没有掺杂个人恩怨在里头。宣讲并没有按计划进行下去。那个销售人员后来站起来，说："这款产品并不适合你们。它是为业余的投资者开发的。"我打电话给尼禄，把情况告诉了他。他笑得喘不过气来。一切的一切都是真实的谎言。

第 4 章

有钱都好谈,贪婪失复来

金钱的力量不在于它的购买力，而在于它激起公众想象的能力。这是种撩拨人心的力量。我们谈的看的都离不开钱，我们惊叹那些有钱人花钱似流水。美国经济学家约翰·肯尼思（John Kenneth）曾经说："没有什么比一大笔钱更能让人对其所有者的智商产生幻想了，但这仅仅是一种幻想。"[1]

1997年9月，一个名叫维克多·柯泽尼（Viktor Kozeny）的捷克金融家在伦敦梅菲尔的一家法国餐厅请两个人吃饭。账单高达1.3万英镑。这不是饭钱。柯泽尼选了一些高档酒，包括蒙哈榭、拉图堡和奥比昂。据说柯泽尼送给饭店厨师一瓶价值5 000英镑的罗曼尼康帝，只因为这瓶酒年份不够。

离梅菲尔不远的圣詹姆斯区，名厨戈登·拉姆塞（Gordon Ramsay）开了一家饭店——帕图斯。这是伦敦头面人物，也就是那些花钱没底的主经常光顾的地方。2002年7月的一个晚上，一些巴克莱银行的职员在这家餐厅聚餐，为一笔交易庆功。最后的账单高达4.4万英镑之多。按照吉尼斯世界纪录的说法，这是有史以来人均消费最高的一顿饭。它打破了维克多·柯泽尼的纪录。

巴克莱银行一开始认为这不关银行什么事，这是员工下了班自己掏腰包吃的饭。后来有人说这些员工想将其中一部分费用以客户招待费的名义报销。这些员工之后大部分离开了巴克莱银行，有传言说他们是被开除的。报纸引述了其中一名员工的话，他说开除并没有什么大不了的，问题是以后在金融城里再也没人会为庆祝交易成功而去饭店吃饭了。那么如何在衍生品交易中赚钱？是谁在赚钱？

金钱测不准理论

银行通过买卖赚到了许多钱，但是金融市场并没有真正创造财富。他们仅仅是在转移财富。诀窍是要在穿过市场的资金流上开个口。在效益好的年份里，交易员能够拿到不少的钱。钱的来源并不重要，你可以宰你的客户，你可以宰其他公司，你也可以宰你的同事。事实上，掠夺其他交易员到手的利润是交易商内部最刺激的猎杀游戏。

在金融市场上，资金可以分为好几类。有通过和客户交易或者投机而实实在在赚到的现钱，也有按照会计制度编制的报表上反映的利润，但最重要的资金就是你赚到的钱。这就是你为何在那儿的原因。废话少说，我只看钱！

在20世纪20年代，哥本哈根是粒子物理研究的中心。尼尔斯·玻尔（Niels Bohr）提出了互补理论。他证明物质既可以以粒子的形式存在，也可以以波的形式存在，它们只是描述量子世界不同的理论形式。某些现象适合用粒子的概念解释，而另一些现象适合用波的概念解释。

基本物质既不是粒子也不是波，它既可以表现出粒子的属性也可以表现出波的属性。你绝对设计不出一个实验可以让你观察到基本元素以粒子和波的形式同时存在。维尔纳·海森堡（Werner Heisenberg）是玻尔的一个学生。他指出不确定性是量子力学固有的特性，想要同时精确地测量某些属性是不可能的。比如你不可能同时精确测量一个物体的位置和动量，这就是测不准定理。

海森堡的测不准定理意味着测量某些属性的动作就会改变你的观察结果。实验只能证明设计实验的人想证明的结果。如果你设计了一个实验，证明一个物质更像波，那么你就会对它像波的一面了解得很多，但你会对它像粒子的一面了解得很少。如果你设计了一个实验，证明一个物质更像粒子，那么你就会对它像粒子的一面了解得很多，但你对它像波的一面了解得很少。

测不准定理也适用于衍生品交易的利润。要弄清楚你赚了多少钱很难，这完全取决于你是从波还是从粒子的角度看问题。在衍生品的世界中，所有这些数字都和谐地共处着。

收费站

赚钱要靠低买高卖，或者有时候你先卖出去，然后以更低的价格买回来。这对衍生品交易也同样适用。

要想赚钱，你得先知道你买卖的价格。对大多数的商品而言，价格比较接近它的成本。大多数商品的成本能够准确核算，但核算金融产品的成本却并不那么容易。金融产品的价格相当于买方愿意支付的金额；在金融市场上，想要赚钱就得知道对方愿意出什么价钱。就像买卖艺术品一样，如果买家对艺术品一窍不通或者不知道它的价值，那么你就有优势。我们的印度尼西亚朋友就是个鲜活的例子。

> 在一个可知的已知世界里，你只需要处理好这两个方面，就能轻松赚到钱。

衍生品赚钱有两个方式：代理业务和自营业务。代理业务是运用可知的已知赚钱。如果你是销售方，你需要知道其他人愿意以什么样的价格卖给你。如果你是购买方，那么你需要知道其他人愿意以什么样的价格从你那儿购买。在一个可知的已知世界里，你只需要处理好这两个方面，就能轻松赚到钱。

而自营交易则是运用可知的未知来赚钱。你卖出一件产品，同时希望从别人手中以更低的价格买入。你不知道价格。你希望高价卖出，低价买入。或者反过来，你希望以一个你认为便宜的价格买入一个产品，然后以高价卖给别人。

衍生品交易员将整个产品拆分成更小的产品，然后把这些风险部分零散买入或者卖出；当初交易商就是这样把一个复杂的交易分解之后卖给印度尼西亚人的。这就好比你买了一辆车，把它拆成各个零部件，然后卖一个个的零部件。你希望这样能够赚到更多的钱。我有一辆简陋的车，以我购买备用零部件的经验来看，这种方法能赚不少钱。

交易商大部分的利润来自代理业务。他们撮合买卖双方，然后从中赚一笔手续费。这种买卖收入丰厚，风险又低。代理业务就好比一条收费的公路，你铺了一条路，然后你就坐在路边，向每个经过的路人收费。钱来得非常容易，关键是如何让别人不得不从这条路上经过。在金融市场上，你就得想办法让他们和你交易。

期货和期权交易商赚钱用的就是这个方法。你必须和交易所的会员进行交易。交易商是交易所的主人。有些国家的监管机构也帮了不少忙，他们规定某些衍生品必须通过交易所才能交易，垄断给交易商带来了源源不断的收入。交易商只有为争夺份额才在交易所内部展开竞争。这就好比你在你收费的公路以外的其他道路上都埋下地雷。

OTC（场外交易）市场上的交易商则采用不同的策略。他们靠的是"品牌知名度"，比如赞助音乐剧、电影明星诗歌朗诵会、体育和文化赛事。大量朗朗上口的广告语诱使你和他们做买卖。销售人员向你提供服务，把大量无关和冗余的研究报告发送给你。接着就是屡试不爽的马屁和贿赂策略。

交易商的一名高级总裁在路上来回花了一整天的时间，只是为了和一个客户开个两小时的会。这个客户是一个基金经理，对此他十分得意：这家投资银行"对我们太上心了"。当时我一定满脸狐疑。那位基金经理问我为何对这次交易毫无反应。我什么也没有说，但心想，他们一定从你这儿赚了不少钱。

每当交易商公开夸奖客户多么聪明、经验多么丰富时，事情已经一发不可收拾了。橘子郡就是在衍生品交易中被交易商一步一步摧毁的。事后证明，橘子郡经验丰富的资金经理和宝洁公司那帮"乡村狂欢节上的农家子弟"没什么区别。负责橘子郡的美林银行销售人员迈克尔·斯特蒙森（Michael Stamenson）在证词中说："橘子郡的资金经理西特伦先生是个资深、经验丰富且知识渊博的投资者。"接着，斯特蒙森说他从西特伦身上学到了很多。[2] 也许他想说的是他从对手里赚到了很多。据报道，美林银行从橘子郡手中赚走了上百万美元。

占座

销售人员说客户和他们交易，靠的是他们出色的能力、魅力和努力。他们凭着这种没有根据的理由得到了高薪、签约奖金和好工作。他们走到哪，客户就跟到哪。这是衍生品行业中的哈梅林花衣魔笛手理论。

但现实和理论大相径庭。当我在一家投资银行工作时，一个负责大客户的销售人员出了事故。他休了差不多三个月的假。由于人手不够，公司就把这个客户交给销售团队中一个级别较低的员工（也就是工资较低的员工）。这期间，和客户的交易次数和收入都没有发生显著的变化。

我们许多收入来自"席位价值"。客户和公司进行交易，而不是和某个人，所以占据交易柜台就可以从客户身上赚钱。尼禄很好奇，他和客户谈到这一点，他们间接地承认了这一点。一家公司的资金部经理唯一关心的是："如果由一名低级别的销售人员和我联系，你们还会邀请我去银行的包厢里观看美国网球公开赛的决赛吗？"

几年之后，在为买方工作时，我又一次看到了这个现象。你和银行做买卖是因为你的公司一直和他们做买卖。你决定和他们做生意是因为他们借了一大笔钱给你，还给你交易额度。通常你可以选择的余地并不大，因为根据你交易的品种和以前交易的历史，你可以选择的交易商就那么几个。

我有一次想和一家大银行开展业务。我们公司的首席执行官请我到他的办公室，并坚定地向我解释了一些事实。尽管决定权在我，但是如果和这家银行开展业务，我的前途将会磕磕绊绊。原来34年前，这家银行拒绝了他的贷款申请。毫无疑问，我没有再往下开展工作。

管理学专业毕业的尼禄很好地利用了这个发现：他慢慢地淘汰了那些销售明星（薪水高的销售人员）。他换上了一批职位较低的员工，结果收入也没有受到什么影响。成本降低意味着利润增加。尼禄的奖金立刻就增加了。

你要想办法让客户和你交易。交易所的交易商向客户收取固定的佣金。交易商组成了卡特尔，客户除了通过交易商做交易，别无他法。交易商大力鼓吹竞争，除非损害到他们自己利益的时候。

在OTC市场上，交易商更有创造力。他们想尽办法不让客户知道交易的真实价格。降低透明度是衍生品交易赚钱的根本。你不让客户接触到最新的价格，使用复杂的模型让客户很难了解价格，有时还要利用客户自己的错觉。

有效市场

在20世纪90年代末期，我去了趟孟买。那里的股票交易所正在力推电子化交易，但遇到了一些阻力。大家就是否转向电子化交易展开辩论。交易所邀请一位得过诺贝尔奖的美国金融经济学家在会上做演讲，希望能够说服经纪人采用电子交易。

这个经济学家滔滔不绝地大谈特谈"提高交易效率""降低交易成本""降低交易佣金""提高价格能力"和"提高定价透明度"。台下的经纪人差不多眼泪都要出来了——是笑得不行了。他说完之后，我似乎和一些经纪人赞同这位著名经济学家的观点。

"我想不明白您是怎么获得诺贝尔奖的，先生。"其中一个经纪人直言不讳地对经济学家说，"只有当我的客户不知道价格是多少的时候，我才有饭吃。塔塔公司的股票也许 100 卢布/股，但我的客户并不知道这点。我就会告诉他塔塔公司的股票 105 卢布/股。我就能将股票以 105 卢布/股的价格卖给他，加上我的价差，再加上我的佣金。他会很高兴，我也一样。但如果他知道价格的话，他会不开心，我也不开心。我不知道高效有什么好，像我们现在就很好啊。我想美国人很蠢。"

这个演讲嘉宾目瞪口呆。他无言以对，只好又搬出"效率"和"透明"那一套。嘉宾的愚蠢太让这位经纪人失望了，这位经纪人已经对他的理论失去了兴趣。他说的有他的道理。

可惜，效率的脚步是不可能阻挡的，你只能拖延它的进程。孟买的交易商成功地将电子交易系统推迟了好几年。幸运的是，你很难改变客户的自我麻痹。

一些交易商曾经向橘子郡提示过风险。那时候，罗伯特·西特伦（Robert Citron）自认为是个天才，而且听了那些靠他的"睿智"赚钱的交易商的话，更加自我感觉良好。他容不得别人的批评，并这样告诉一个交易商："我们的投资策略你理解不了。我劝你不要和我们做交易。"投资失败之后，西特伦说自己是个"投资菜鸟"。他后悔不已。"回过头去看，我显然选错了道路。我将抱憾终身。"[3] 橘子郡的损失更大，高达 15 亿美元。

一个基金经理认为投资者不应该投资自己不理解的项目。他指出，大家对全民投资的金融产品都或多或少地缺少了解，往好听了说，所有的东西都是已知的未知；往难听了说，所有的东西都是未知的未知。

在他看来，如果你想深入了解每种投资产品，那么你先把钱压在床底。如果你胆子稍微大一点，那么你就投资政府债券，最好是短期国库券。除此之外呢？你有投资已知的未知吗？他并没有说。但他似乎偏爱混合指数。一组已知的未知或者未知的未知要好过单个已知的未知或未知的未知。交易商喜欢资深的投资者，因为他们更容易宰。

在平台上

20世纪90年代，全球兴起了一股科技狂潮。自从前几年金融市场泡沫破灭之后，还没有出现过如此汹涌的技术狂潮。新词流行开来，什么TMT（Technology，Media，Internet）和TIME（Technology，Internet，Media）。投资银行和交易商抓住了这次科技狂潮的机会。他们承销IPO、发行股票、买卖证券、提供兼并和咨询服务。不知不觉地，他们中了科技的魔咒。在现实中，我们都知道不能相信自己的销售套话。

出于对技术的痴迷，交易商集中精力开发电子交易平台，这样客户进行交易就更方便了。这些平台能够提高效率，降低交易成本，并且提高价格透明度。我想不通交易商为何自毁长城。他们都想先发制人，取得先行者优势。"如果我们不做的话，别人就会替我们做。"交易商似乎都急着想剖腹自杀。

总体上，华尔街对投资并不擅长。如果他们买入，你可以放心地认为市场已经快到顶了，马上就要跌了。交易商投资了数十亿美元到电子市场上。

电子商务、B2B、B2C、C2C、还没等你弄懂这一套术语，新的术语就又出现了。最终，技术救了交易商，因为技术没有用。这和客户的懒惰也有关。

大客户拒绝转向电子交易的理由层出不穷：他们担心他们的桌子上放不下太多的电脑。这是因为各个银行都在推销自己的电子交易平台。有些银行为了保险起见，同时支持多个平台。客户想得到"市场风向"来优化交易，这让人想不通。因为大多数客户都或多或少明白他们无法彻底了解市场。说到底，客户也不傻，他们知道电子交易平台将降低交易商的利润。交易商还会邀请他们到银行的包厢里看美国网球公开赛的决赛吗？

不过，凶兆早已出现。时至今日，交易已经分为电子市场和传统市场，交易商之间大部分是通过电子数据形式开展交易的（他们并不互相要求对方参加体育或文艺节目）。和客户的交易既有通过电子数据，也有通过传统市场开展的。小额的交易越来越多地以电子形式完成，大额交易仍然依靠客户和交易商之间的私人关系完成。尼禄依然能够施展他的魔法。客户想得到体育赛事入场券的秘诀就是把大单子介绍给交易商。

随着市场变得更加高效，产品日趋标准化，交易商的利润也越来越低，于是他们想各种办法弥补。他们设法提高销售量；他们推销结构化的产品（通常将低毛利的标准化产品打包成听起来很复杂的产品）；他们日益依赖交易利润。

2004年，相对年轻的信用衍生品市场正在整合。一种信用指数产生了，涵盖的公司数量超过100家。此外还有其他独立的指数覆盖不同的国家和行业。这其实就是标准化，提高价格透明度和降低交易成本，一切都是效率游戏。

来自顶尖交易商的资深信用衍生品专员聚在一起定出细节。我本以为悲观失望的情绪充满了会场，因为信用衍生品市场就像电子交易系统推广之前的孟买股票交易所。我本以为标准化模式触及了交易商的利益，因此会遭到抵制。但出乎我意料的是，现场气氛热烈，甚至人人满怀憧憬。

老一辈的信用衍生产品从业人员虔诚地念着经济学家的咒语。信用衍生品市场在早期以适度的风险产生了高额的利润，这让交易员已经受益不少。以前的好日子已经到头了：交易商尽可能拖延采取那些能够提高交易透明度和降低利润的措施。尽管变革前进的力量已经势不可挡，他们仍设法利用这个机会让所有新入市的竞争对手都赚不到钱。

> 交易商尽可能拖延采取那些能够提高交易透明度和降低利润的措施。

赌马风波㊀

销售人员都是"娘们"。交易员才是"纯爷们"，即便"他"是个女的。他们是"老鸟"㊁，是"宇宙的主宰"。这并不是指生理气质：许多交易员都戴着眼镜，傻乎乎地坐在屏幕前，运行着复杂的数学模型。归根到底，他们靠的不是

㊀ 原文为 A Day At The Races，与1937年的喜剧《赌马风波》同名。本书作者尤其喜欢用书名、电影名、歌名，或者将英语中的某个习惯用语中的某个词替换，以期给人造成某种印象。——译者注

㊁ 语出《说谎者的扑克牌》。——译者注

肌肉，而是气质。每一次价格变动都会对他们的仓位产生影响，不是亏损就是盈利；他们必须学会面对这一切。一些人觉得这很可怕，但我一直觉得这种不确定性能让人解脱。你安慰自己说，这是别人的钱。

银行一直做自营业务，但他们大部分的收入还是来自客户，也就是代理业务。这种低风险的收入能够带来稳定的资金流，而且可以弥补一些因自营业务造成的损失。代客交易的风险也很低。

假设有个客户想买入美元，卖出欧元。这个订单可能金额庞大，或者许多客户同时买入美元。交易员也以银行的户头买入美元。这个收购就是"投机"，交易员期望客户推高美元价格，然后从中牟利。交易员应当先满足客户的需求，但，呵，有时候总会有"特殊情况"出现。这就是"战争迷雾"。

银行依然在做这种业务，由于竞争太激烈了，利润越来越薄。电子交易系统等新技术使得市场变得透明起来。现在即使没有客户的订单，银行也会通过自营业务来提高利润。银行的资本增值率要达到15%~25%的目标。仅仅靠代客交易是达不到的，所以他们需要冒一些风险，做一些投机。据说许多银行一直在争论是否还要代客交易，是否要全面展开自营业务。

黑天鹅和黑绵羊㊀

讲授交易秘诀的书籍数不胜数。维克多·尼德霍夫（Victor Niederhoffer）将其交易秘诀写入了《投机客养成教育》。尼德霍夫20世纪80年代早期起家，到了90年代末期，旗下管理的资产超过了1亿美元，连索罗斯（George Soros）都是他的客户。他的交易记录漂亮极了。但到了1997年，他的基金因巨额亏损而倒闭。看来他的教育并不完整。

一些交易相关的书籍则从思想层面出发。纳西姆·塔勒布（Nassim Taleb）是交易和计量金融领域的一位思想家。他在著名的《随机漫步的傻瓜》一书中向交易员介绍了约翰·斯图亚特·米勒（John Stuart Mill）的"黑天鹅理论"。[4]

㊀ 在英语里，black sheep 有害群之马、败家子之意。——译者注

"即使你看到的白天鹅再多,也不能推出天下的天鹅都是白的。但是即使你看到的黑天鹅再少,只要一只就足以推翻天鹅都是白色的假设。"交易员们苦苦思索着这段意味深长的话。

《商业周刊》杂志登出《是猫是狗不重要,但它就能抓老鼠》的封面文章后不久,尼德霍夫基金就破产了。尼德霍夫曾经说:"谁也不会因为一本书的稿费就把致富的捷径和盘托出。"

交易大厅

买卖非常简单,你只需要买价比卖价低就行了。如果你预计价格将上涨,你就买入,然后等它上涨到不会再涨的时候卖出,这样你就赚到钱了。如果你想赚得更多,你可以使用衍生工具。你可以用远期来产生杠杆效应,你买入看涨期权,如果价格没有上涨,你最多也就损失个期权费;也还可卖出看跌期权,拿到期权费,如果价格上涨,那么对方不会行权,你就能留下期权费了。如果价格下跌了,那你就离开这里。

如果你预计价格将保持稳定,那么你就卖出期权,一般同时卖出看涨和看跌期权——典型的勒式期权或跨式期权。你能拿到两份期权费。如果价格波动不大,那么你就没事,但价格要是向上或者向下出现大幅度变化,那你就有麻烦了——跨在铁丝网上可不是什么舒服的事。尼克·利森卖出大量以日经指数为标的的跨式期权之后,日本股市受神户大地震影响暴跌。他就这样被勒住了。尼克的确跑路了,但没有成功。他被引渡回了新加坡,最后身陷囹圄。

如果你预计价格波动非常剧烈,你就同时买入看涨和看跌期权。你支付两份钱。如果价格朝任何一个方向剧烈变动,你都没有事。但如果市场价格只在一个小范围内波动,那你就会比较惨。但好在你最多就损失了期权费。你交了学费,学到了经验。

这就是交易的全部原理。大家总是将它弄得很复杂,或者给它罩上一层神秘的色彩,但它其实很简单。关键是你需要准确地预测未来价格的走势,至少在大多数时候能算准。

交易的形式也多种多样，比如相对价值交易：你在买入你认为便宜的东西的同时卖出你认为贵的东西，那么你是"中立的"。真是这样吗？如果你买的东西价格下降了，而你卖出的东西价格上涨了，那又会怎样？在交易中，你只有在既不买卖也没有仓位的时候才是"中立的"。

还有银行天天都做的"套息交易"。他们借出长期贷款，然后靠借入短期贷款来支撑。他们必须在短期借款到期时再借入资金。大多数情况下，长期贷款的利率比短期贷款的利率要高。银行从中赚取利息差额。你每天都在利用套息交易赚取利差，增加利润。银行面临的是短期借款利率上涨、利差消失的风险。此外还有一个很难发现的风险：如果银行在长期贷款到期前转手，就以较低的贴现率将贷款贴现了，那么银行就会产生损失。

在20世纪90年代，世界上出现了各种各样的套息交易。面对美国的经济衰退，格林斯潘将短期贷款利息降到了非常低的水平，大约年利率3%。有趣的是，在2001—2002年，他继续降低利率，低到1%。而在这两个期间，长期利率却比短期高得多。日本也正处在经济危机当中，经济正以惊人的速度萎缩，通货紧缩（物价下跌）现象十分明显。日本政府将利率减到了0，相当于可以免费借钱。套息交易继续进行，赚钱非常轻松。

交易商借入短期资金，放出长期贷款，购买国债就是最常见的形式。为了抓住低利率的赚钱机会，交易商推出了各种产品，如逆向浮动利率债券、延期后置互换、收益曲线互换、差额或定量型利率互换。每一种产品都建立在短期利率保持低位，而长期利率高于短期利率的假设上。

还有更激进的投资策略。交易商借入零利率的日元，然后购买以美元计价的美国国债，从中赚到了巨大的差价。他们面临日元随时升值的风险。还有些交易商用黄金借入资金。他们从中央银行以低利率借入黄金（0.25%～0.5%），然后将黄金变现，买入利息高的美国国债。交易员面临的不确定性是他们能否一直以低利率借入黄金。

轻轻松松赚钱的游戏终于结束了。1994年，美国利率迅速蹿升，套息交易出现巨额亏损。最后，日元也开始翻身，并出现升值，日元套息交易因此遭受了灭顶之灾。在短短一天的时间里，1美元对日元的汇率变动超过了20日元，几家欢喜几家愁啊。中央银行也收紧了黄金借贷，使金价和黄金借款利率急剧上升。美元/黄金套息交易也因此遭殃。

在千禧年之初，格林斯潘的低利率政策催生了套息交易的原型。头寸数量巨大，而且利用衍生工具的杠杆率非常高。2004年年中，美联储开始收紧利率。交易商开始清理手中因为套息交易而持有的头寸，但他们几乎找不到下家。疯狂抛售给债券、某些国家的货币，尤其是一些新兴市场国家的货币造成沉重的打击，价格一泻千里，交易商在疯狂的抛售中损失惨重。交易员强调他们从之前的危机中吸取了教训；他们更精明了，风险管理做得更好了；风险都能得以有效控制。套利交易就是在大家普遍认为容易赚钱的时候赚点碎银子，但历史经验告诉我们这并不容易。

交易商就像钟摆那样在客户和自营交易之间来回摆动，寻找利润的踪迹。当市场景气的时候，他们就做自营交易。当市场形势走下坡的时候，他们就亏钱了，于是就转到代理业务。多家银行同时争夺客户资源，到头来谁都赚不到什么钱。他们就又好了伤疤忘了疼，转到了自营业务。

秘密情报

除了绝对的运气之外，要想赚钱只有两条路可走：内幕消息或操纵市场。交易依赖于信息，这已是人尽皆知的秘密，不管它是什么消息、虚假信息、误导信息还是内幕信息。一直以来都是这样。

> 交易依赖于信息，这已是人尽皆知的秘密，不管它是什么消息、虚假信息，误导信息还是内幕信息。

财经新闻和一般的新闻还不一样。对于一般的新闻，我们只是被动地接收重大的、正面的或者负面的消息，或者各种名人的丑闻。财经新闻则是挖掘会左右业务的信息：它决定着交易商买卖什么产品以及他们愿意支付的价格。交易商同时也想知道别人在干什么，但不想让别人知道自己在干什么。这一点很难把握，因此财经记者和交易员常常打太极。

记者： 嘿，最近怎么样？

交易员：你也知道，就那样。没什么，就那样，你懂的。

记者：没什么特别的？

交易员：没有，和平时一样。

记者：我听说最近有笔大生意。不同寻常，金额很大，而且还有对冲基金。你们没碰到吗？

交易员（表情丰富）：是吗？你听谁说的？

记者：你们碰到没有？

交易员：谁告诉你的？

记者：你们没碰到？没竞标？我以为是你们的一个大客户呢。

交易员：有可能，我们最近竞标项目挺多的。你也知道我们不可能什么都知道。是什么大生意呢？是谁做的？

唐纳德·拉姆斯菲尔德将其总结为："知者不言，智者不语。"因此，那些对媒体透露消息的人，按照拉姆斯菲尔德的说法，是什么都不知道的人，而且没有一点头脑。[5] 这很精确地表述了交易员和财经记者之间的博弈。

我曾经在外汇交易主管旁边工作了许多年。别人都把他当作是"大牛"或者"神人"。当马迪（Marty）谈论市场时，至少那些记者都是毕恭毕敬地听着。如果市场行情上涨了，他就说："买的人比卖的人要多。"如果哪天行情下跌了，他就会说："卖的人比买的人多。"马迪面无表情地说完之后，财经记者就一字不漏地把他的话登出来。他成功的模式和拉姆斯菲尔德一模一样。"我想我可能对《华盛顿邮报》说过，虽然我不能准确记得说了些什么。但我敢肯定这和我一贯的主张差不了太多。"[6]

20世纪60年代，加拿大学者马歇尔·麦克卢汉（Marshall McLuhan）因他对现代文化的观点而闻名。他最著名的话是："媒介即信息。"没人能够明白麦克卢汉指的是什么。在对金融和市场的报道中，媒体是唯一的信息。麦克卢汉也明白在金融市场上人人觊觎的秘密情报的价值："这个信息是最高机密。当你读完之后请亲手将它销毁。"

操纵市场

上了规模的交易商都喜欢利用操纵市场这种手段。2004年8月，花旗集团用一个叫MTS的电子交易系统卖出了110亿欧元的债券。如此大规模的交易导致债券以及以其为标的的衍生工具的价格大幅下跌；随后花旗又回购了其中的40亿欧元债券。据估计，花旗集团从这笔交易中赚到了1500万欧元的利润，甚至更多。

花旗集团利用了MTS的交易规则。系统要求参与交易的交易商每天要提供债券买卖报价，买卖差价不得过大，持续时间不得低于5个小时。交易商收到的交易指令通常仅限于买卖那么几只债券。但花旗集团运用特殊的计算机算法，迅速对超过200种债券发出购买指令，同时他们十分狡猾地利用了夏季交易的慢节奏（大部分欧洲人还在度假当中）。这个交易后来被称为"邪恶博士"交易。

这种大规模的指令起到了震慑作用。花旗集团的盈利就是其他交易商的损失，大部分交易商都损失了100万~200万欧元。经验丰富的交易员都接受了这个损失，他们只是打工的。在公开场合，这些交易员都会说"在交易场上和战场一样，一切都是靠实力说话"或者"我们为何没想到这点呢"，但私底下他们又是另一套说法。其他交易员则情绪激动，斥责花旗集团"有计划地打击其他交易商"和"让市场陷入混乱"。英国的监管机构金融服务管理局之后对此展开了调查。

德尔菲的先知

交易员不会讨论"运气"，他们喜欢聊"机会""成功"和"方法"。交易是否盈利取决于交易员对未来价格走向的判断能力。交易员在预测方法上下了很大的功夫，渐渐地，他们运用稀奇古怪的数学和经济学方法进行量化分析。尽管看起来很玄妙，但这和古代烧龟甲没什么差别，只不过形式看起来更现代化了。对受过计量金融正规教育的交易员来说，这是他们的信仰支柱。秘密迟早会被公之于世，就看有没有人去发掘了。

预测方法比较基础，或者说比较技术化。在运用基础性技术时需要了解金融市场的因果关系。如果美联储提高利率，美元会不会升值呢？但问题是我们没有搞清楚因果之间的关系；对每个理论来说，总存在一个和它截然相反的理论。你只有在事后才能知道到底哪个是正确的。技术或者量化分析需要在过往的价格数据中找到规律。尽管这种分析给交易带来了神秘感和方法，但它并没有增加成功的概率。做个幸运的傻瓜更容易成功。

预测有时候事与愿违。交易员会调整他们的交易，使得预测没有实现。预测有时候也会自我实现。有影响力的交易员做的预测会影响其他交易员，最终使得他的预测得以实现。沃伦·巴菲特的崇拜者会模仿他的一举一动，因此他的预言常常应验。预测有时候事先就定了，只不过验证了一种显而易见的趋势。这就好像刚开始下雨的时候就有人预测要下雨了。我一直以来就预测经济将出现衰退。毫无疑问，到头来总被我说中。

交易员很少反省。赚到钱了，也不知道是预测方法正确还是其他的因素导致的。用纳西姆·塔勒布的话说，交易员就是"随机致富的傻瓜"。

交易的主体是人。"行为金融学"研究人们在经济决策中的心理：丹尼尔·卡尼曼（Daniel Kahneman）是该学科的创始人之一，他曾因此和别人共同获得了诺贝尔奖。人们似乎对结果过分乐观；美国人似乎尤其乐观。40%的美国人认为自己最终能够成为收入最高的群体，而顶尖收入的群体只占人口的1%。乐观就会导致过度自信，于是人们会夸大自己的能力，高估自己对事物的掌控能力，忽视了竞争的技能。

第一印象对最终决定至关重要，这也被称为锚定效应。提到某个人，人们的脑子里就会出现某种印象。在信息匮乏的情况下，数字给人造成确定性的假象，让人感到安全。人们很难放弃自认为正确的理念，一个简单的解释就能够影响人们的观念。相对于盈利，他们更关注损失，所以他们经常做出非理性的决定。我做的每一个财务决定都是出于对贫穷深深的恐惧。

人们常常在琐碎的事情上花费大量时间，而对重大问题却关注不够。帕金森理论指出人们在一件事情上花的时间和与之相关联的金钱成反比。大额支出，比如价值上百万美元的新型计算机系统可能没经过什么讨论就被批准了。而小额支出，如在茶歇时要不要提供巧克力饼干，可能要花半天来讨论。之后，人们就开始后悔。人们花大量的时间在"洒出去的牛奶"上，做出更多非理性的决定。

由于痴迷于行为金融学，人们做出了一些稀奇古怪的交易决定。一名交易员承认在听了卡尼曼的课后，他采用了一种新的策略：当他有某种直觉或者特定的期望，他就反其道而行之。我当时想将把卡尼曼的研讨会推荐给布迪和爱德维科。也许这已经太迟了。

最后，交易是和未来相关的。预测是很不容易的。交易员们应该研究一下克洛伊索斯（Croesus）的故事：克洛伊索斯是吕底亚的国王，他发行了金币和银币，这是世界上首次由皇家发行货币。在他的权力达到顶峰时，他决定在波斯对其形成威胁之前进攻波斯。他询问了德尔菲的先知、其他6个来自希腊的先知和一个来自吕底亚的先知。一向谨慎的他甚至检验了他们预测的准确性。他的使者问每个先知克洛伊索斯在某一天干了什么。克洛伊索斯为了让骗子不容易猜到答案，就杀了一只海龟和一只羊羔，并将它们煮熟。

只有德尔菲的先知通过了考验。据历史学家希罗多德（Herodotus）的记载，克洛伊索斯给了这位先知许多礼物，并得到了"第一次咨询免费的权利"。这位先知预言克洛伊索斯将"摧毁一个庞大的帝国"。于是克洛伊索斯对波斯发动了战争，但最终战败——这位先知说对了，吕底亚这个庞大的帝国毁灭了。当波斯人将克洛伊索斯作为祭品献给波斯诸神的时候，据说克洛伊索斯还呼喊索伦（Solon）。索伦许多年前就提醒克洛伊索斯说"人类是随机的产物"。

空手套白狼

如果一个交易员进行套利活动，那么就该担心了。大家都认为投机是完全没有风险的。教科书举了一个黄金投机的例子。你从一个市场低价买入黄金，然后在另一个市场上高价卖出，赚取中间的差价。但在现实生活中，情况并非如此。

许多交易员对股票指数进行投机，股票指数就相当于一篮子的股票。股指期货合约在交易所内买卖，本质上是买卖指数所包含股票的远期合约。这些合约的价格和指数价格应当一致（指数成分股的市价）。借贷的成本相当于市场利率，减去你所收到的股票股息。"一件商品的价格会因为时间、地点的不同，以及将其从一地转移到另一地所带来的风险不同而不同。"托马斯·阿奎那（Thomas Aquinas）早在13世纪时就简单明了地指出了衍生品定价的原则。

股指期货合约的价格并不是它的理论价值。这里面还有技术因素。当价格偏离理论价格时，股指套利交易员就会采取行动。假设股指价格为1 000美元，年利率为6%，且预期成分股在未来91天里将派发10美元的红利。这样远期合约的价格应为1 005美元［指数价格1 000美元加上借款成本15美元（1 000×6%×91天/365天）减去股利10美元］。91天到期的指数远期合约价格为1 007美元。价格太高了。按道理说，它应该没有市场，但情况却恰恰相反。

套利交易商用1 000美元买下指数里的所有成分股，同时以1 007美元的价格卖出股票指数。在一买一卖之间，他们就能赚到7美元。他们于是借钱买下股票并持有91天，成本是5美元。他们支出了5美元；最后他们净赚了2美元。在理论上，他们毫无风险地赚到了钱。这可是空手套白狼啊。交易商用这个把戏得到了大把钞票和辉煌的事业，但这并不是没有风险的。

你需要按照报价同时买卖所有的成分股。交易员需要买下指数中的所有股票。拿标普500来说，你就得买500只不同的股票。电子交易系统就能帮你的忙，你只要按一下按钮，就像花旗银行那样。现在问题出现了：购买这些股票可能会导致股票价格变动，侵蚀你的利润，甚至让你亏本。股指期货是用现金结算的。在结算时，交易员必须将其买入的所有股票都卖干净。他们通常会考虑清算的成本。如果卖出的动作使价格变动超出预期，那该怎么办？我们通常认为股指期货合约在到期时的价格和股票及股票指数的价格一样。但它经常不一样，用行话说，它们并没有趋同。如果它们不趋同的话，你就面临分离的情况，你的利润也就变成了亏损。

套利的前提是你已经锁定了这期间的借款成本，并且确定了股利金额。要把500只股票全部买入也是件麻烦事。你只买其中60~80只股票就可以模拟指数。交易商运用分层抽样的方法来模拟指数，这样能够保证选出来的股票最接近股票指数，使追踪误差降到最小。如果有一只股票因为某些原因开始飙升，但你没买,那么就有了追踪误差。钱并不是那么好赚的。

金钱本色

你先赚到真金白银,然后会计会告诉你赚了多少钱。但这两个数字并不一定是一样的,这就是追踪误差。

我很赞同会计学里的"街角商店学派"的观点。早上,店主往钱柜里放入100美元,然后他们从柜里拿出这笔钱,到批发市场进货。白天他们就开始卖东西,他们把所有的货都卖完了。如果到了打烊的时候,他们钱柜里的钱比100美元多,那么他们就赚钱了。会计把这称为收付实现制,对此很不屑。这种方法实在是太低级了。

会计还有更加高级的方法可以用,也就是权责发生制。如果一项交易很快能转换成现金,那么你就确认这项交易:你把一瓶啤酒赊给了一个顾客,他说好下周付你钱,你就有了应收账款(他欠你的钱)。它并不是现金,但你把它作为一项收入,你并不理会这个顾客当时还没付你钱的事实。当然,他有可能永远也不会给你钱。在会计所有的武器中,最致命的撒手锏就是公允价值法。这也是一种大规模杀伤性武器,或者说是大规模欺骗性武器。

> 在会计所有的武器中,最致命的撒手锏就是公允价值法。这也是一种大规模杀伤性武器,或者说是大规模欺骗性武器。

在公允价值会计法中,你用未来能够收到的金额减去未来需要支付的金额,然后确认两者的差额。你算出你签订的合同或你持有证券所能产生的现金流,然后将这个金额折算成今天的价值。交易员明白,今天的一块钱比未来的一块钱更有价值。他们想出了公允价值计价法。衍生品交易员则说服了会计采用这种方法。

一开始,衍生品的核算方法很混乱,毫无章法。有现金流入就算赚钱,现金流出就算亏钱。这不符合这样一个复杂、技术含量高的行业的形象。随着交易日趋复杂,银行开始运行"仓库",情况就变得更加复杂起来。大家开始想到将所有业务折算成市场价值,这似乎符合逻辑。衍生工具很复杂,但价值的概念往往很难说清楚。将业务按照市场价格计价似乎说得通。这种方法的魅力在于价格一旦发生变化，你就能立即确认，同时也就知道了价格变化带来的风险。这种方法流行的真正原因是它允许提前确认收入。交易员都想提前把利润装进自己兜里。

设想一下，你和一家五金连锁店签订了一项合约，你在五年内向他们提供钉子。你把五年里的所有收入减去生产钉子的成本之后的利润，在今天就确认（当然是折成现值之后）。你的会计会允许你这么做吗？只要这是个衍生品合约就没问题。

备用金

公允价值会计法本身没有错，但你要知道它是有漏洞的，因此需要你做一些调整。和你签合同的一方可能不会付你钱，这就是将来会产生的成本，还有一些你现在并不知道的成本。公允价值会计运用复杂的股价模型，而且常常出错。

信用准备金用来应对各种突发事件，比如对方没有付款、今后逐期支付的管理费用、今后由于管理风险而产生的对冲成本。许多交易商并不持有准备金。如果他们持有的话，金额可靠吗？交易员痛恨准备金，因为它会减少利润，交易员的奖金也跟着变少。

在实际工作中，准备金常常被用来调节利润。在效益好的年份里，存入一些准备金能够压低利润。在形势不好的年份里，你可以释放一些准备金来提升利润。

我曾在一个善于利用准备金的高手的手下工作过一段时间。每当他接手一家公司，他都会仔细地阅读报表，毫不例外地冲销巨大的准备金，然后计提巨额的准备金来应对错误估价和未来的一些成本，你能想到的他都能想到。在接下来的几年里，公司的利润就会出现大幅的上涨。等丰厚的奖金到手之后，他又去新的职位赴任了，通常是别的公司。他把每个人都耍了。

会计师最终明白了。他们知道准备金真正是用来干什么的了。他们采用了新的规则：你存准备金可以，但你必须拿出相应的证据证明。那种"我今年赚得太多，需要给明年留点余地"的理由是行不通的。同时，监管者要求交易商必须存准备金。事实上，准备金越多越好，违约准备金、平仓准备金、运营准备金、提前终止准备金、投融资成本准备金、期货管理成本准备金、模型风险准备金和为应对准备金风险而准备的准备金。

会计师希望少存准备金，但监管机构要求多存准备金。交易商做了一件他们唯一能做的事，他们赞同会计师的做法，只有这样他们才能盈利，拿到更多的奖金。

所有的会计方法都是有漏洞的，而且本身也可能不精确。当我在企业的时候，一家航空集团下面的公司财务总监找到了我。他说公司的董事会主席要求到年底公司利润增加，而此时距离年底只有4个月的时间。"这根本不可能。"他痛苦地说。我给他提供了一些会计处理的建议。

飞机票通常在航班起飞前就卖出了；航空公司提前拿到了现金，但只有在航班起飞时才确认收入。将每一块收入对应一个具体的航班，这样太烦琐。在实务中，航空公司通常将收到的现金按一定的百分比确认为收入，但他们突然发现采用的百分比太低了，于是提高了百分比，收入也随之上升。航空公司说服销售人员卖出更多的机票，更多的票款意味着更多的收入，并且卖掉账上的几架飞机然后再低价租回，这样就可以把差价作为利得入账。

在成本方面你也得下功夫。飞机按照10年来折旧，这样折旧年限有点太短了。找个飞机评估师，让他做个评估报告，把飞机的使用寿命评估成18年或者更长。你变更了折旧年限，减少了成本。你再看看准备金，好像你的计提金额太保守了。飞机的维护保养费计提金额太高了；但也不能太激进，毕竟空难的概率不可能为零。最后来看一下为员工离职和养老金计提的准备金，要知道人们对此常常有着不切实际的期望。等你把这些都过一遍之后，成本就已经减少很多了。

这些操作都是合法的，完全符合游戏规则。什么也没有动，航空公司的利润就上去了。所有的公司都这么做。只不过衍生品交易员用的是公允价值会计法。

错中错⊖

运用市值计价法就需要给每一个产品进行定价,这说起来容易做起来难。市值计价法通常错误连连。

理想状态下,你需要准确的价格。只有那些标准产品才有价格,但即使这样还要考虑买卖价差、仓位、市场流动性等差异。而那些流动性较小或者非主流的产品就很难定价。这时交易商就发挥他们的创造性:市值计价法就变成了公允价值法(对交易员公平)。

衍生工具很少用实际价格来定价,而是运用定价模型来定价。你输入几个参数,然后放入定价模型这个黑匣子,最后得出目前的价格。这些参数包括资产的价格(外汇、股票和商品)、利率和(期权的)波动性。利率和波动性很难从市场直接获得,于是交易商就用近似值。运用科学方法取得的近似值算是有根据的猜测。有时候他们也会随意想个数,用来做参数。波动性有时候很难取得,尤其是某些期权或者在新兴市场上。此时你需要做些估计。当然,你得先相信定价模型是正确的。

对仓位进行定价的需求催生了一个行业,其最重要的原则是"独立评估",也就是需要一个独立的第三方来评估价值。其中一个方法就是从其他独立的第三方获得价格信息或者参数来审核交易商的报价。主要的数据来自电子交易系统,经纪人的报价很少能够做到独立于交易商。当交易商参与到交易当中时,情况会变得最糟,因为经纪人的价格其实就是交易商自己的价格,只不过是借用了经纪人的名义。

安然公司在还没有倒闭时是电力和天然气交易巨头。如果你想拿到客观独立的报价来重新评估他们的头寸,那简直是浪费时间,因为你拿到的报价无一例外是安然自己的报价。"独立"的价格评估师发现了这里面的商机,纷纷自立门户。你从几个巨头那里拿到价格数据,然后稍微加加减减(术语是数据调整)

⊖ 标题用的是莎士比亚喜剧的名字 *A Comedy of Errors*。——译者注

之后发给那些付费的客户。这些客户再把这些数据卖给别人。你从中收取高额的费用，美其名曰提供增值服务。

人们总是努力保证价格评估尽可能地准确，于是出现了互查制度。你派一个员工去管理另一个员工的业务；如果你是被调查的那个员工，你事先并不知道会受到检查。你早上来上班，还没等你坐到办公桌前，你老板就把你叫到他的办公室里。他分派给你一个新任务，在接下来的三天里去帮后台员工发询证函。另外一个交易员被派去管理你的业务。这样做的目的是为了检查你是否有造假行为。我一直很喜欢互查，我喜欢派其他办公室的交易员来查他讨厌的那个人。这样有助于内部团结。

日本的交易商必须执行互查制度。井口俊英是日本大和银行的一个交易员，他在债券交易中累计损失了 11 亿美元，但这个损失在 11 年之后才被发现。滨中泰男是日本住友银行的首席铜交易员，在 10 年里损失了 18 亿美元而没有被发现。井口和滨中都是十分敬业的员工，从来没有休过一天假。现在看来，他们的这种敬业精神并不奇怪。

黑洞

现在交易商都会设置产品经理和风险控制经理等职位来保证评估价格准确。一些企业提供独立的重估数据；内部和外部的审计师会定期审计产品的价值；监管机构会做风险测试；交易商还常常聘请顾问来鉴证所有的控制程序都在有效地执行。但这真的管用吗？

下面是近些年发生的一些亏损事件：

表 4–1 银行亏损事件

德国中央合作银行	1990 年，这家德国银行通过错误的估值手段掩盖了其在回购交易中产生的 6 亿美元的损失
基德 – 皮巴迪投资银行	1991 年，该银行的政府债券交易部门主管约瑟夫·杰特（Joseph Jett）通过虚假交易虚增盈利，最后造成 2.1 亿美元的损失

(续)

巴林银行	1995年，尼克·利森因为在日经指数/日本政府债券期货和期权交易上损失了9亿英镑而名声大噪。他并没有在估值方法上做手脚，因为期货的价格都是公开的。他是把这些损失都归集在了一个虚拟的客户账户上（也就是著名的8888账户）。这样，这些损失就不是损失了，而是这名客户欠巴林银行的债了
西德中央合作银行	1998年，这家德国银行在外汇期权交易上损失了3.77亿德国马克。这些损失也是由于错误的估值手段造成的
曼哈顿投资银行	1999年，这家美国银行由于互换头寸估值错误而造成了4 000万美元的损失
爱尔兰联合银行	2003年，约翰·鲁斯纳克（John Rusnak）在外汇期权交易中损失了6.9亿美元。他通过延迟交易和自行评估头寸价值等手段篡改盈利数据。鲁斯纳克甚至将伪造的资料放在自己计算机桌面的一个文件夹里，并将其命名为"虚假资料"
澳大利亚国家银行	2004年，一群外汇期权交易员造成了3.6亿美元的损失。交易商利用错误的汇率和虚假交易来掩盖损失

这些只是已知的损失——可知的已知。除此之外，还有一些没有被发现的损失：它们有的通过准备金调节消失了，有的被假账掩盖了。1998年，我和一家银行的交易主管聊天。"真得感谢亚洲金融危机。"他说。我很惊讶。这家银行当时损失超过了10亿美元，然后将责任都推到了这场金融危机头上。"你都不知道我们都减计了多少金额。"他满脸笑容。看到10亿美元的损失时，分析师们舒了一口气。情况比他们预期的要好，于是股价出现反弹。

> 你都不知道我们都减计了多少金额。

20世纪80年代末，一家美国的投资银行遇到了麻烦。他们的衍生品交易利润迅速增长，但却看不到任何现金流入。利润应该最终以现金形式进入企业。最后他们发现了这个问题出在"街角商店"的会计理论。外部审计师发现了这个问题，然后开始询问交易员，而交易员靠蒙混过了关。年收入100多万的交易员才不会理睬年收入5万的审计师，只说那是由于"技术因素"或者"时间差异"导致的。审计师就把这个问题反映给他们的合伙人；合伙人说这个金额并不"重大"，并不会影响公司财务报告的"真实性和公允性"。最后这事就不了了之了。

这个问题越来越大，最后会计事务所的合伙人再也不能用"重要性不大"的借口来掩盖这个问题。他们花了一个半月的时间来拉平差异，但怎么也办不到。最后交易商计提了 2.5 亿美元的减值。当然，交易员的奖金是根据虚增的利润计算出来的，但早已经发了。

1997 年，国民西敏寺银行声称在它的利率期权交易中发现了一个 8 500 万英镑的漏洞。这离他们上次发现 5 000 万英镑漏洞只有几周的时间。这个损失源自利率上下限和其他期权交易。国民西敏寺银行一向以投资风格激进而闻名，尤其是在长期债券交易上。

波动率是评估期权价格的一个重要参数，它是指未来利率变动的程度。但问题是你只有在未来才知道波动率。交易员用隐含波动率对头寸进行计价，这个隐含波动率是其他交易员对买卖的期权报出的价格水平。国民西敏寺银行并不能取得利率期权的隐含波动率，特别是长期债券。买卖这些产品的交易商并不多，所以相应的报价也很少。国民西敏寺就是这些少数交易商中的一个。

波动率会出现"微笑现象"，所以需要进行一些调整。因为定价模型自身的缺点，当价格向上或者向下大幅度变动，出现大规模盈利或者损失的概率就会增加。因此当一项期权处于深度虚值期权或者深度实值期权，波动率就要向上调整。

国民西敏寺银行评估其期权头寸的方法有问题，这就是"漏洞"所在。它显然用了经纪人的报价来评估它的期权。国民西敏寺银行本身是重量级的交易商，它得到的价格数据很可能就是它自己的波动率参数。而且，它也没有对微笑现象做调整，它的系统做不到这点。国民西敏寺银行的问题并不是什么秘密，之前其他交易商也遇到过类似的问题。他们从国民西敏寺银行手里以低价买入大量的期权，从中赚到了 8 500 万英镑。别忘了，交易并没有创造出财富，只是转移了财富。

国民西敏寺银行的总裁马丁·欧文（Martin Owen）一点也笑不出来。"我们认为这样的损失让我们难以承受，而且是以这样一种方式，在这么短的时间里。"

一向自我要求较高的欧文自愿将自己的年终奖从50万英镑减到了30万英镑。但其他的交易员是否采取类似方式来自我检讨就不得而知了。

20世纪90年代中期,一家银行准备购买一家日本银行的衍生品投资组合,于是就聘请我当顾问。随着经济泡沫的破灭,巨额的不良资产让日本银行陷入了困境。日本银行将能够卖的都卖了,把资金撤回到不太安全的日本债券上。我负责收购投资组合的价格谈判,这个投资组合相当简单。标准的做法是先取得交易汇总,然后由我们买方来评估投资组合。买卖双方比较一下评估结果之后,开始价格谈判。

但这次,我计算出来的价值和日本银行采用市值计价法算出来的金额相差甚远。差异的原因是用的折现率不一样。日本银行都用"拆借"利率,也就是一家大银行贷款给另一家大银行的利率。这里的"大银行"是指信用评级在AA或A的银行。

日本银行并不符合大银行的定义。当时,这家银行评级只有BBB,信用等级相当差而且日本银行评级的可信度不高。评级是建立在假账的基础上。在市场上,他们需要多支付0.75%~1%的利息才能借到钱。在折算现值的时候,我就将这个额外的利率算在折现率里面了。这样一来,评估价值就比银行自己计算的价值差了一大截。

这家银行坚持说用拆借利率来给衍生品估价是市场上通行的做法,理由是大多数的交易商都是大银行。他们甚至拿出一段权威性的文字来支持他们的说法,而这些话正是来自我写的书。

这家日本银行开始狡辩,它说我们是一家评级较高的银行(AA级):我们收购资产之后,就能够以互换利率来运作该项头寸,而不需要支付额外的费用。所以,他们的估值没有问题。日本银行为何认为我们会让他们享受较低的融资成本?由于无法在估价上达成一致,这笔交易就黄了。

我研究了一下这家银行的财务报表,它处于亏损状态。衍生品投资组合是赚钱的,任何盈利都是重大的,何况是这么大的收益。一家大型会计师事务所的鉴证报告认为这些报表是"真实和公允的"。这些利润数据准确吗?

数字到底是什么

各种各样的数字，既有你赚到的真金白银，也有会计师算出来的利润，还有真正重要的数字，那就是你能得到的奖金数。内华菲尔和他的同事都明白这点。这就是他们为何要在印度尼西亚和远东开展连环杀戮的原因。

大多数的交易商在 12 月 31 日就结账了，而且大多数的交易员在感恩节之后就不再干活了（11 月底）。在这期间，他们一般都把仓位减到最小，一年到头，是盈是亏也见分晓了。有一年，我们到 4 月份就完成了全年的目标，所以我们就停止了业务，不再做交易了，因为我们没有动力再去冒风险了。我们对提供报价和支持销售柜台的要求置之不理，因为我们的奖金已经进兜了。

奖金通常在次年 1 月发放。从 11 月底到奖金发放的这段时间是黎明前的黑暗。每个人都在那儿盘算自己能够拿到多少奖金。资格老的交易员一脸不在乎的样子，而年轻的交易员难掩焦虑和兴奋的神色。关于奖金总额和如何分配的问题需要闭门讨论好几个星期才能出结果。

等到 1 月中旬，奖金计划就公布出来了。这少不了面对面的谈话，说好听的是业绩回顾。之后会有人升职，被提拔到副总裁或者董事总经理。在这一行里，头衔和办公室大小、是否有权使用总裁洗手间并不重要，重要的是你能拿到多少奖金。你会发现如果老板对你的表扬越慷慨，那么你拿到的奖金就越少。然后，他就会告诉你奖金数，你答应这个数字只有你知他知，因为奖金数要绝对保密。当业绩考核会议结束后，你只要在交易大厅里转一圈，就什么都知道了。

我曾经看到过有人愤怒地把电话给摔坏了，还有人用拳头把显示器砸出个大窟窿。我还听到有人威胁他们的老板。你总是能够一眼看出那些发大财的人：他们提前计划，然后顺利熬过一年，并且一路赚钱。

在奖金发放前后会有许多活动，但都和业务没什么关系。有人在那儿审议奖金，有人在散布谣言，有人在那儿紧张地啃指甲，还有人在做职业规划。在投资公司大厅和外面的街上，成群结队的交易员在用电话或手机和猎头联系，他们在讨论跳槽。在一些交易员不常常光顾的酒吧和餐厅里，交易员正和对手公司接头，希望能在那儿找到更好的工作。没人会在拿到奖金之前走人；在奖金进了腰包之后，你就会收到大量的辞职邮件。有人离开，有人加入，就像早晚轮班一样。

奖金也刺激了消费。豪华跑车销售商的生意取决于银行业的奖金水平：在盈利好的年份，保时捷和豪华越野车的销售额一路飙升。游艇、豪宅、度假村和豪华旅游等其他炫耀性消费品的需求也取决于奖金的多少。

永远也不嫌多

交易员通常有一个底薪，按照银行业内的标准至少还算过得去。高级员工和低级员工的底薪相差不大，他们大部分的收入来自奖金。一个底薪为10万美元的顶尖交易员能拿到100万美元的奖金，因此大家都很关心奖金。

按照大多数的标准，交易员的收入是最离谱的。交易行业是这个星球上投入少，但回报最丰厚的行业之一。2004年在位于伦敦金丝雀码头的汇丰银行总部里，董事长约翰·邦德（John Bond）召开了股东年会。年报中最让人感兴趣的是一条附注。这条附注显示邦德先生当年赚了350万美元，但最吸引分析师眼球的是汇丰投资银行5名成员合计取得了6 080万美元的收入。邦德先生谦虚地说这5名员工的薪酬比他高是因为"他们为股东创造的价值比我大"。这就是行业的美妙之处。交易员是独立的，他们可以赚得比他们的老板还多。

取得高收入的关键在于按劳分配，你可以将你个人的投入和创造的利润挂钩。一个外科医生可以救人一条命，但这条命值多少钱？正因为如此，一些交易员能够获得高得没边的收入。

交易员的职业生涯很短，因此人们误认为交易员是个高薪职业。这个职业高风险，工作时间长，而且你晚上睡觉都得开着屏幕，每隔两个小时就得起来看看市场行情。有时候压力大得不可想象；这样的生活不可能不影响到人际关系和婚姻。这些损失只可能由收入来补偿，如果你的收入足够高的话。但很少有交易员能够赚到上百万的。

按劳分配也会出现一种尴尬的局面。我以前的一家公司使用"自我评价"

单来记录你对公司效益所做的贡献。如果你将单子上每个人的贡献都加起来的话，你会发现银行的收入应该是实际的 100 倍。这里面有重复计算的因素。

在一些银行里，重复计算已经成为一种制度，并被称为"影子记账法"。任何一项收入都被归入到参与交易的每一方，这就出现了新的收入数字，可能是实际的两倍、三倍。

我还记得一个绰号叫"税吏"的人。似乎每个金融机构都有这样的人。只要参与交易的金融机构是他的客户，他就要求对收入抽成。他什么也没做，但他负责的部门是公司里赚钱最多的部门。等到发奖金的时候，他就到处去收他的账，这也就是大家为何叫他"税吏"的原因。

理论上奖金是由老板决定的，但在实际操作中奖金是通过公式计算出来的。你的奖金首先取决于你对公司做出了什么贡献。这大概是你为公司取得净收入的 10%。也许还有其他一些人为因素在里面，但最主要的还是取决于你为公司做了多少贡献。在其他行业，你很难找到这种和公司效益直接挂钩的情况。因此，虚报收益就很自然了，大家都玩起了按市值计价的估值游戏。

如果你能得到，这自然是好工作

交易员要想涨薪水，最常规的方法就是不停地跳槽。在衍生品行业，跳槽的概率越来越高，有经验的员工总是很吃香。还有其他方法提高收入，比如跳槽补偿奖金。如果你愿意在年中跳槽，那么下家就会补偿你因为跳槽而损失的这部分奖金。这个奖金数很难证实。下家怎么来确认你的补偿金？他们会给你的老板打电话问吗？对，没错。如果你十分被看好，或者你的专业技能是市场急需的，你可以拿到不错的离职补偿，或者一到两年的补偿奖金，甚至上下家通吃。

在花旗银行和信孚银行等大公司里就出现了衍生品交易员集体跳槽的现象，整个交易团队从一家公司跳到了另一家公司。对于接收的公司来说，这样比一个一个招人更有效率。而且团队跳槽给交易员更大的谈判筹码：他们能为自己争取到良好的待遇和固定的收入分成。此外，他们还能达成特殊的协议，比如成立单独运作的部门。他们有自己的风险控制经理、会计和产品负责人，而且出自己的盈利报表。这就好像让学生自己出题考试，然后自己评分一样。当他们加入新公司后，他们就马上用老东家的名义将自己与其他人区别开来。

通常还有种做法就是创立新的业务部门。20世纪80年代末，许多专业人士跳到保险公司，成立了衍生产品交易部门。衍生产品专业和保险公司高级别的信用相结合，将带来一个高利润业务。事实上，游戏已经变了。

这些衍生产品专家和保险公司达成协议，他们可以按照固定的比例从公司的收益中抽成，而此时的收益是按照市值计价的，据说这是市场惯例，保险公司再明白不过了，它们可以凭借高等级的信用评级发行期限较长的产品，时间可以长达30年或者更久。由于竞争对手不多，因此收益率相当不错；由于市场价格不容易获取，估值也就比较困难；这是按照模型计价的方法。这种情况下，计提的准备金最少。这些衍生产品交易员很快就富了起来。一家保险公司旗下的衍生产品公司主管据说赚得比董事长还多。但好景不长。这家保险公司的董事长和约翰·邦德不同，他并不认为这些衍生产品交易员比他还有价值。

如果保险公司没录用你，你可以试试银行。交易商之间具有严格的等级。处于第一级交易商队列的有摩根士丹利、美林银行、高盛银行、摩根大通、德意志银行和瑞银。如果你想为它们打工，你就得付出相应的代价；你的收入会相对低一些，大部分的钱是要靠公司的名声赚来的。你可以跳槽到二流银行。它们为了获得一流、资深的人才，不惜血本。如果你脑子活，签约奖金、任职期的固定奖金和固定分红等好处你都能享受到。新闻会说"你接受挑战，敢于开展新业务"。等你把固定奖金都拿到手之后，你可以再回到第一流的银行。你学到了许多东西。你可以赚到更多。带薪学习真是好事。

在早期的信用衍生产品市场上，许多人经常跳槽。跳槽的人超过实际的交易数量。有些人深谙跳槽的技巧：在顶尖的交易商那里短暂工作一段时间后，他们成了信用衍生品方面的专家了。一个交易员这样说过："衍生产品交易商谈起市场来就像一个满脸雀斑的小男孩在那儿对性品头论足一样。许多人都把自己当成了不起的专家，但真到了关键时刻他们就不知所措。"一个专家会在许多家公司之间跳来跳去，每一次跳槽都会给他带来签约奖金和固定奖金等好处。交易员在这段时间里什么也没做。在每一家企业里，他们花了大量的时间建立新业务部门，所以也没什么时间去做交易赚钱了。

危险公爵[一]

银行在交易里赚了大钱，而交易员也从中得到了丰厚的奖金。奖金体系归根到底就是个衍生产品交易。交易员利用这个骗局之母来抽取利润。他们发明了针对利润的看涨期权。

交易员拿银行的资本冒险：他们好比将银行作为赌注进行赌博，用足他们的交易上限。如果他们赢了，他们就能抽走一部分利润；如果赔了，那么只能银行埋单。交易员可能会被开除，但损失的是银行的钱。要是损失金额太大，威胁到了银行的生存怎么办？大多数银行规模庞大，一旦倒闭，后果不堪设想，所以政府会出面干预。监管部门对"系统性风险"相当警惕，注意历史名节的监管机构不愿意看到银行系统在自己的眼皮底下倒塌。交易员总是可以利用"系统性风险"这张王牌。这就是终极的资本主义——赚了钱进自己口袋，赔了钱公家掏腰包。

股东想要更高的利润，董事和首席执行官们希望银行的股价能上涨，如果利润来自交易行为，那也就罢了。在各种激励的作用下，交易员愿意冒着风险，获得短期的收益。精心设计的奖金计划鼓励杀鸡取卵、夸大利润的做法。这种变态体系的症结就在于这种荒唐的薪酬制度。一旦发生问题，顶罪的总是不守规矩的交易员。也就是说，大家都无法阻止问题发生。管理层以此逃脱了渎职的指责。

巴林银行就是一个"道德风险"和"逆向激励"的例子。就在利森造成交易亏损的那年，巴林银行公布的总利润大约为 3 700 万英镑。这个数字里面有 4 100 万英镑是利森赚的"利润"。银行董事长彼得·巴林（Peter Baring）说："在证券行业赚钱没有多么难。"按照巴林银行的制度，50% 的净利润将用于发放奖金；董事的薪酬有 75% 由奖金构成，而剩下的 25% 由工资构成。利森当年

[一] 原文为 Dukes of Hazard，作者借用了 2005 年的喜剧电影《正义前锋》（*Dukes of Hazzard*）的名字。——译者注

的奖金预计达到45万英镑，而管理层的人均奖金预计超过了100万英镑。谁也不会去关心这些钱是怎么赚到的。谁也不想停止这场游戏。

  2004年，美国的一个亿万富翁向曼联足球发出了收购要约。当时，摩根大通在和英国一家私人投资银行（嘉诚银行）进行谈判，希望收购对方的股份。眼尖的评论家发现了这两件事的共同点：在两个收购案中，员工拿走了收益的大部分。在曼联收购案中，球员拿走了大头；在嘉诚收购案中，银行家拿了大头；这两帮人都提到了自己对雇主的价值、他们短暂的职业生涯和受伤的风险。他们总是用加入竞争对手来威胁雇主，而且要求第一个抽成。损失则由股东来承担。我和一个朋友争论这两个收购哪个更好，最后一致认为收购曼联更划算。作为曼联的老板，你至少还能看球赛。在这两笔交易里你都看不到钱。

第 5 章

完美风暴
数字的风险管理

"风险"是一个禁忌词：用"风险管理"可能会更礼貌一些。"衍生工具"也是个禁忌词，"衍生品风险管理"让人听上去会舒服一点。所有的损失都是不可预料的，都是因为一些"不明因素"或者某种"失职"造成的。当然，和成功带来的已知可预见的损失打交道就容易得多。一切不可知因素都可以归结为风险。

　　交易员和银行需要冒险才能赚到钱，风险管理就是要衡量和控制风险。那用停止交易的方法来控制风险岂不更容易？就算你想管理风险，衍生产品也会对风险产生影响。风险管理工具自身也带有一定的风险。每个人都害怕承担风险，他们更喜欢做确定的事情。要想安全度过完美风暴或者万年一遇的大洪水就需要依靠风险管理。

　　坦亚·斯泰伯洛（Tanya Styblo）是衍生产品和风险管理行业中的名人。他曾经说金融市场好比一场大规模的风险围捕行动。[1] 这是许多人能参与的游戏：开始，交易员和投资者掘地三尺搜寻埋藏的宝藏，也就是下一个暴利机会。接着，围捕风险的行动开始了，风险控制经理通过识别和衡量交易的风险，希望能从中抓住赚钱的机会。最后，人们开始围捕知识。通常在一些出乎意料的损失发生之后，分析师会用"占卜"的方式来弄清楚到底哪里出错了，这场奇特的搜寻行动也随之展开。律师、审计师、我和印度尼西亚人一起介入了围捕行动。但问题是在这样的围捕游戏中，你永远都无法将你失去的钱再要回来，永远不可能。

休克疗法

　　在我进入银行业后不久，我就听说了风险控制。我当时是资产负债管理委员会的秘书长罗恩的助手。资产负债管理委员会是风险控制部门的雏形，主要职责是确保银行的风险在有效的控制范围之内。但要做到这点很难，因为管理委员会本身在利率上押注，希望从中获利。私底下，资产负债管理委员会也被称为"赌博委员会",这个称谓才名副其实。

我的职位微不足道。作为一个刚出校门的人,我协助罗恩将利率上下调整 0.5 个百分点,然后分析利率对盈利的影响,编制利率风险报告。假设利率是 10%,我就会加减 0.5%,然后算出这些变动对银行收益的影响。当时还没有电子表格,我只能用会计信息和计算器。一旦计算过程中出现小错误,我就得从头再算一遍。这个过程得花上好几个星期的时间。等委员会知道银行的风险的时候,已经是 6 个月之后了。

有一天,我问罗恩我们为何要用 5% 的震荡比例。他满脸惊讶地看着我,沉默了 1 分钟之后,他严肃地说:"我得想想再告诉你。"看来我提的问题并不简单。过了几天,他来到我跟前,我正坐在那儿赶报告,算数字。"我考虑了你的问题,"他开口道,"如果我们选择一个低的比率,比方说 2%,那么没人会相信最后得出的风险水平。如果选择高的比率,比如 10%,那么风险会非常高,会把大家吓坏的,实在没那个必要。而 5% 就刚刚好,这个数字也是大家希望看到的。"显而易见,设定适当的"震荡"范围是很重要的。不能震荡过头,把大家都吓坏了。

风险管理就像宗教信条:没有人会在公开场合批评,在私底下几乎没有人会完全遵守。所以,交易商如何应对风险?他们就只在数字上做文章。

风险啊!

在 20 世纪 90 年代初,巴林银行和宝洁公司的亏损使得监管部门开始关注衍生工具行业和相应的风险。当时人们都在谈论对衍生产品进行立法,而银行以其一贯的方式做出回应——它们希望行业自治。的确,只有这些人才真的有能力来驾驭衍生品,对吧?

一个名为 G30 的游说团体组建了一个专项研究小组。他们制作了一份报告《衍生工具:实务与原则》,这份报告最后得到的结论竟然是衍生工具不需要监管。监管反而会扼杀创新和影响市场效率。交易商的内控非常完善,行业自治就足够应付风险了。G30 提出了一些风险管理原则,并认为金融机构应该遵循这些原则。

这些原则奠定了我们共同的价值观：银行的董事应当确保风险得到有效管理。这份报告的起草者显然对公司业务不熟悉，因为他们把"董事""责任"和"负责"放到了一个句子里。董事和高级经理应当接触过而且理解风险管理和衍生品业务。大多数专业人员都认为他们至少能写对这两个词。现实世界和风险管理的原则之间的差别有多大，印度尼西亚的面条商就是个活生生的例子。

这份报告为风险管理奠定了基础。中央银行非常喜欢这份报告，因为他们又有事情可做了。这些原则很快出现在了银行监管法规中。风险管理这个新行业就这么诞生了。

银行以其一贯的方式做出回应——它们希望行业自治。

最愿意看到这些的要数咨询公司和软件供应商了。他们很快意识到风险管理带来的商机，摇身一变成了风险管理的布道者。他们夸大风险，大力宣传风险管理是在这个不确定的世界里制胜的法宝，你值得拥有！要管理好风险，你得先买成车的电脑软件和硬件，然后花上百万的钱请顾问来帮你启动这些系统，要运行这些系统还得花更多的钱。专家们就这个专题在各种刊物上发表了无数的论文。

那个时候，在风险顾问公司和科技企业赞助的会议上，风险管理行业的势力非常庞大。我最近参加了一个风险管理的培训，上一次参加大约还是 10 年以前。这个研讨会的名字大概叫"风险管理：新范例"。我之后总结出一条规律，凡是名字中带"范例"这个词的书籍或者研讨会都不值得读或者参加。

从各个角度看风险

讲课的人大步走上讲台，然后躲在讲台后面，一张张地放幻灯片。从一个新的角度看问题总是有好处的，而且对风险管理来说，你需要从不同的角度看待它。这就是风险管理的 DEFCON 等级。

在美国军队的术语里，DEFCON 的意思是防御准备状态。当全国出现紧急状态时，军队会使用 7 个等级的警报状态。这 7 个警报等级可以分为 5 个防御等级和 2 个紧急等级。具体如下：

DEFCON 5 级：和平时期正常状态。
DEFCON 4 级：正常状态，加强情报和安全措施。
DEFCON 3 级：高于正常的战备状态。
DEFCON 2 级：更高级别的战备状态，但低于最高警备状态。
DEFCON 1 级：最高警备状态。

在古巴导弹危机期间，美国战略航空司令部首次启用了 DEFCON 2 级状态。

我不知道 DEFCON 和风险有什么关系；但不管怎么样，我们从 DEFCON 5 级升到 DEFCON 1 级，然后又从 1 级回到 5 级。我的 DEFCON 风险等级就像下面一样：

5 级：去吃午饭。午间的铃声响起，"一切正常"。

4 级：一切照旧。

3 级：酒精测试显示你遇到麻烦了。为了逃脱责任，你小心翼翼地提出问题，避免听到那些你不希望听到的答案而给将来带来遗憾。

2 级：各家媒体给你打电话，让你就某事发表看法。你知道你的交易员损失了一笔钱，但金额不详。你谢谢他们告诉你这件事。

1 级：银行倒闭了。你被开除了。你开始到处演讲，和尼克·利森等风险专家一起分享你的经历。

此外还有快/慢、聪明/愚蠢等等级体系（我感觉演讲嘉宾属于快/聪明类型的）。嘉宾提到了风险"蒙昧"；为了和国防主题搭调，嘉宾还是用了"死亡人数"这样的术语。为了让风险管理看起来像一门科学，嘉宾又用了一大堆术语，如"风险统治""不确定性殖民化"和"有麻醉效用的风险管理"。他还提到了大量毫不相干的名人，比如马克·吐温、约吉·贝拉（Yogi Berra）和巨蟒戏剧团。

嘉宾坦诚地说他的日常工作都是和技术、高深的数学打交道，总也脱离不开偏微分方程。他还告诉大家他周末大都会阅读和质数相关的书或者小说。他提到了巴尔扎克、简·奥斯汀和卡尔维诺（Italo Calvino）。他提到他读小说经常忘了那是为了打发时间的，而不自觉地在故事中寻找起风险结构和随机模式来。大家听了之后，都佩服他知识广博。

我的结论？理论家似乎想说风险管理其实就是常识。你应该照着谚语去做——不要把鸡蛋放到一个篮子里、骄必败、不要孤注一掷、祸不单行。在现实生活中，常识并非每个人都有，尤其是那些风险管理经理。

对风险管理这个话题阐述得最好的要数日本一家银行的高级风险经理。当时是在一场风险管理交流会上，但从这位经理的表现来看，这场交流会就像是风险行业的单口相声表演。显然，西方的企业把精力过多地放在了衡量和理解风险上，而日本的银行却喜欢"消化风险"。

大家原本吃完午饭在课上舒服地打着瞌睡，突然打起了精神。当时，日本银行刚刚因为不良贷款损失了它们大部分的资金。大家一开始还饶有兴趣听他讲述风险管理的新思维，但很快变得警觉起来。到最后，人人都在打手机。日本银行的股票被做空了。日本银行的交易限额被降低了。

那么在实际当中，银行是怎么管理风险的呢？它们靠玩弄数字。

那么在实际当中，银行是怎么管理风险的呢？它们靠玩弄数字。除此之外，风险管理并不简单。

风险关天

我和投资银行的风险经理见了一面。她刚刚上任。她告诉我说她发现了不下1万个的风险。我将信将疑地说这等于每个员工就是一个风险。我提出风险管理要靠开除一些员工来降低风险水平。她很快换了一个咨询师。这位咨询师赞同她那种面面俱到的风险管理观。几年之后，我在报纸上看到这家公司损失了上亿元。我想知道这到底是上万个风险中哪一个风险导致的。

在实际当中存在着四种主要风险。如果你买了股票，股价大跌，你赔了钱，这种是市场风险。如果你借钱给别人，别人还不了，或者对方不履行合同（如衍生品合约），那你遇上了信用风险。你不能把手头的产品卖掉，或者做空之后回购不了了，你没钱来支撑你的仓位或者支付款项，你就遇上了流动性风险。运营风险就是除了上述几项风险以外给你带来损失的风险。风险管理专家们为了能够更准确定义运营风险，花费了许多年的时间。

对银行来说，影响最大的是信用风险，可能之后才是流动性风险和运营风险。市场风险是最小的。奇怪的是银行到现在还是将大量的时间精力花在评估和管理市场风险上。这也许是因为市场风险容易量化。这种精确的量化常常是错的。

风险管理经理每隔一段时间关注一种风险，但他们这样做的原因并不是为了管理风险。最近他们对运营风险的关注是因为一些真实的风险不容易分类，于是都被装到了运营风险这个篮子里。因为风险管理失误而导致的损失可以转移到其他地方。运营风险概念模糊而且很难准确定义。自私自利的风险管理经理、审计师、咨询师和软件供应商都利用这点从中赚钱。风险管理专家可能已经厌倦或者认为他们对市场、信用和流动性风险有着足够的了解以及能够掌控这些风险。

有意思的是，非金融企业比金融企业遇到的市场风险更大。一家国际性的饮料生产企业可能在世界上百个国家都有业务，那么它就会面临外汇风险，同时还有相关的利率风险。它还面临商品价格的风险：铝（用来做罐子）、能源（塑料包装瓶的原料是石油）和农产品（咖啡、可可、蔗糖和橙汁）。股价变动也对它有影响：包括本公司股票和它持有的其他公司的股票。

工业企业从创立到消亡的整个过程都有金融风险的影子。而金融企业却恰恰相反，金融风险是它们选择的结果。经历了从卖方到买方，我对此有更深刻的理解。当初做银行交易员的时候，只要我想降低我的风险，我就能做到，甚至降到接近于零。我能够变得扁平——压低我的仓位。这样做是有成本的，但我能够安安心心地回家。但到了企业，你永远也不可能摆脱风险。你无法了无牵挂地下班。

金融机构经常用"企业"风险，用了这个词意味着你对风险无能为力。为什么？你不能将其量化，管理的成本又太高，你喜欢它。就像"投机"一样，你会慢慢对经营风险产生疲劳感，于是灾难降临了。

1998年，一家亚洲的投资银行倒闭了。在亚洲金融危机之后，银行的信用风险变成了经营风险。常规的信用额度审批流程被废弃了,经理可以自主评估风险,不受任何监督。这出现了很多稀奇古怪的交易,比如一家银行把款贷给了一家出租车公司,有趣的是这家公司没有一辆出租汽车。

风险管理就是将风险量化。风险管理经理的数字告诉那些不愿相信的人,如果他们不愿相信的事真的发生的话,他们将损失多少钱。没人相信屋漏偏逢连夜雨,船迟又遇打头风。印度尼西亚人和交易商之前并没想到卢比会贬值这么多。

风险管理就是一场游戏,在这场游戏中形式早已取代了实质。这和大多数形式的企业治理有相通之处。

现代风险管理让人误以为它很精确,因此贻害无穷。在 20 世纪末 21 世纪初,银行监管机构更加倾向于风险数据化管理。《巴塞尔协议 II》受到一些大银行的拥护,它们认为这能够确保它们的竞争霸权。银行监管机构很喜欢这个协议。当时的格林斯潘主席陷入了对技术和衍生产品的极度迷恋,也开始谨慎地推行用高级金融模型来量化信用风险。

这个协议充斥着冗长的公式和缩写,令人难以卒读——PD、LGD、EAD、EL、CRM、RBA、IRB、SL、CRE、RRE,等等。一家大投资银行的风险管理主管在国会作证时承认要想看懂《巴塞尔协议 II》和风险估计需要具备高等数学知识。大部分银行的经理、董事和监管人员并不具备这些知识。计算风险指数的变量不是无法获取,就是很难证实。这些鼓吹新协议的银行发现计算风险的成本非常惊人。但此时想退出为时已晚。

费雪·布莱克(Fischer Black)是布莱克 - 斯科尔斯 - 默顿模型的创始人之一。他讨厌数据给人造成精确的假象。当信息不准确时,小数点后面过多的位数只会起到误导的作用。风险管理经理和模型建造者大都忽略了这一点。在完美风暴中,带有 16 位浮点数的电子表格只能用来自欺欺人。风险管理本来就是一项具有风险的行业。

安慰剂效应

风险管理中存在许多错误的观念,比如《四点一刻报告》。JP 摩根的董事长每天会在四点一刻收到这份银行风险汇总报告,这就是其名字的由来。他们希望将整个银行的风险简化成一个数字:据说你只要按一下按钮,这个报告就出来了,但实际并没有那么简单。风险管理部门的人辛辛苦苦地从各种准确度和可信度不一的系统中导出数据,然后将它们整理成一个电子表格。这些数据真的正确吗?目前银行所持有的全部头寸都纳入了吗?这些数字到底意味着什么?它们可以用来做什么?问题的答案毫无疑问是含糊不清的。和宗教一样,信则灵。看这个报表的人没有办法来验证这个报表是否正确。你别无选择,只能相信。

风险管理的那一套是建立在 VAR(风险价值)这个概念上的。对 VAR 不感冒的人则将它解释成"多变而且错误的"。此外还有 DEAR——"每日风险盈利"。这些概念都来自卡尔·弗里德里希·高斯(Carl Frederich Gauss)这位 19 世纪不可多得的德国数学天才。高斯分布是现代金融学的基础,尤其是风险管理和金融建模的基础。人们经常会错误地把它称为一种"正态"分布,但它一点都不"正常"。高斯发现大多数的自然现象,比如孩子的身高,都服从正态分布。

正态分布的主要特点是分布曲线上所有的点都能用两个数来表示,也就是中位数(平均数)和方差或者叫标准差(用于衡量个体相对于平均值的离散程度)。高斯指出正态分布还有另一个特点。如果观察值服从正态分布,那么 67% 的观察值分布在中位数加减一个标准方差的区间内。类似的,95% 的观察值分布在中位数加减两个标准方差的范围内,而 99% 的观察值分布在中位数加减三个标准方差的区间里。

现代金融就建立在这两个值上面,尤其是方差。方差或者叫标准差就相当于风险的代名词。它用来衡量价格变化的幅度和快慢;价格变化越大,风险也就越大。一只股票如果价格平均每天上涨或者下降 1%,而另一只股票每天价格变动 2%,那么前者的风险只有后者的一半。

将每日价格变化乘以时间的开方,我们就可以得到年波动率。那么 1% 的日变动率就相当于 15.81% 的年波动率($1\% \times \sqrt{250}$)。在高端金融行业,一年大约有 250 个工作日(52 周 × 5 个工作日 – 大约 10 个法定假日)。这就是均方根法则,它是基于几何布朗运动的统计手段。

几何布朗运动可以描述股价如何随意变动,但最后其价格变动将符合正态分布。平均价格变动的大小和过去时间的平方根成正比。几何布朗运动是由一名植物学家罗伯特·布朗（Robert Brown）提出的。布朗写了一篇名为《1827年6—8月利用显微镜观察花粉颗粒运动的简报》的论文。这篇简短的论文记述了花粉如何在水分子的作用下运动。当花粉向各个方向移动时，这些方向变动的情况服从正态分布。风险管理就是建立在研究儿童身高分布和水中花粉运动轨迹的数学知识之上。

如果市场价格发生变化，而你因此受到损失，这就是风险。所以你用你持有的头寸，来算一旦价格变动一个固定金额，你将受到多少损失。但是这个固定金额取多少合适呢？某个固定大小的变化发生概率是多少呢？

许多年前我问了雷一个愚蠢的问题，这个问题也是VAR的核心。VAR的值总是反映以前价格变化的分布情况。举个例子，如果你观察一只股票在一年内的价格变化，你会发现大多数时候它的价格只会小幅上涨或下降。在某些日子它的价格会变化较大，而偶尔它的价格变化会非常大。你把价格变化从跌幅最大到涨幅最大进行排列。如果你假定价格变化满足正态分布，那么你就能计算出某个幅度的价格变化的可能性。也就是说，你能解决类似于下面的问题：在100天内，在某个特定的概率水平，比如99%的情况下，单日的最大价格变动幅度是多少？

VAR值表示在一定的时间段里，当市场价格在特定的概率下发生变动，你可能受到的最大损失金额。举个例子，VAR值为10天/5000万/99%的意思是银行在10天内遭受损失不高于5000万美元的概率为99%。这可是风险管理领域的一大进步。本来你只知道你会把内裤都输掉，但不知道你会输掉多少条或者输掉的概率是多少。

JP摩根首先使用VAR来帮助客户量化风险。现在，VAR和它的衍生手段成了衡量风险的唯一标准。银行监管机构也十分推崇它。它用量化的"精准"来描述这个变幻莫测的世界。

牛顿是高斯的偶像。传说牛顿在苹果树下思考，树上的苹果掉下来砸到他的脑袋，由此他提出了伟大的万有引力定律。但高斯并不喜欢这个故事，他认为牛顿编出这个故事是为了打发那些愚笨、爱指手画脚的家伙；这个故事也满足了一些人的好奇心，他们听了之后心满意足，深受启发。现代的风险管理和这个故事有相通之处。当 VAR 数值算出来之后，大家都毫无疑义地认可它。他们常常忘了，高斯提出正态分布的原意是为了检验误差，而不是测算精确度。

那些怀疑者

VAR 并不完美，因为它的基础并不牢靠。观测对象呈正态分布必须满足两个条件：首先，样本的数量必须足够大；其次，这些值必须相互独立，互不干扰。就像掷骰子，每次掷出的结果和上一次没有任何关系。在实际工作中，这两个条件经常不能同时满足。

市场价值并不服从正态分布。大幅度的变动比理论预测的要多，价格变化很少是随机的，价格变动通常一波比一波大，而且经常是朝同一方向变动。本来损失 5 000 万美元的概率是 1%，现在损失 1 亿美元的概率迅速上升为 5%。这就是"肥尾效应"。它像一种可怕的疾病。我们印度尼西亚的面条商得的就是这个病。

不同资产之间价格变化的关联程度也会影响到 VAR。如果纽约的股价变动 1%，那么日本的股价就会变动 0.6%。这个比例就是协方差或叫作相关系数。风险经理需要在上百个金融资产之间找出这个协同关系，准确计算出 VAR。

计算 VAR 的前提是假设未来就是过往的翻版。现在所看到的一切，只不过是之前的东西变换了一下组合而已。交易员、数理分析专家和风险经理都埋头于历史数据当中，希望从中找到规律，只是目的不同。交易员为了获利，而风险经理是为了预测未来完美风暴的大小和时间。和物理学相比，金融市场的规律并不确定，也没有坚不可破的定律。

莱斯特·哈特利曾经说过："过往就是异国他乡，那里做事方式都和现在不一样。"法国诗人保罗·瓦莱里（Paul Valéry）则有另一种说法："未来就像其他任何东西，但就不是它以前的样子。"市场的结构时常在变，参与者来了一拨又走了一拨，法规也时常改来改去。过去并不是总在重复。

风险模型具有自我调节功能。如果市场变得波动不定，那么风险就会加大。在现实中，这意味着银行将要拿出更多的资本金用来应付风险。这是法律规定的。当市场陷入恐慌，大家都在割肉撤离时，银行不得不拿出更多的钞票或者减少它们的风险敞口。它们会毫不例外地减少头寸。正当交易机会出现时，银行不得不撤离了。

但相反的情况也出现过。在2003至2004年间，市场不像之前那么变幻不定了：由于市场波动率下降到历史的最低点，在许多市场降幅超过一半的情况下，VAR指数也随之下降。这个低风险值意味着银行可以扩大它们的风险敞口，它们现在可以成倍增加头寸。由于经历了亚洲金融危机、俄罗斯违约和科技泡沫的破灭，交易商的风险降低了。它们又"重新调整仓位"，变得更加"以客户为中心"。现在，每家银行又重新进场了。"随着市场形势变好，投资者信心恢复"，银行将"提升交易水平，利用风险资产"。

银行让经验丰富的交易员冒更大的风险：交易员反映说低波动率是一种假象，市场上没有多少交易机会，他们"不愿意"把银行给押上。他们的这些担心被认为是妇人之见。在经历了大灾大难之后幸存下来的交易员意识到这是风暴来临前的平静，但风暴迟早会在不经意间到来。他们知道谁也躲不过"肥尾"的横扫。

风险模型也会对交易商的行为产生影响。为了符合监管机构的要求，交易商用的模型都大同小异。他们就像群居动物一样，同时去冒风险或者同时平仓。受热衷多元化投资效益的交易商青睐的投资项目都有一个共同的特点：回报高，但和其他市场的关联度低。他们成群结队涌入市场。可笑的是，风险模型实际上让市场变得更加不稳定。

此外，还有置信度的问题。风险测算的置信度通常是99%，意味着这个风险测算出现错误的可能性为1%。也就是100天里总有一天是错的。但是，如果你的模型是准确的，你每100天里面有1天的损失应当超过你预测的损失值。

一个风险经理被叫到董事会跟前，他们要求他解释为何银行一天之内损失超过2.5亿美元，而VAR显示只有7 500万美元。"一定是模型错了。"一个董事不满地说。"不，不对。"风险经理反驳道，"我们的风险模型置信度是99%。我们这天实际损失超过预测值正好证明了我们的风险模型是完美的，完全符合我们预想的方式。我们应当每100天就有1天的损失超过我们的预计值。但事实上，这种情形几年来才出现过一次。这明显说明我们的风险模型太过保守。"这些董事彻底懵了。

风险崇拜

每一种宗教都有不同的分支和流派。那些怀疑者提出了 VAR 模型的替代模型。压力测试分析极端价格变动所产生的影响，检验银行能否承受一些可能发生但极端的市场情况，比如完美风暴或者是《圣经》里那种万年一遇的洪水。

如果历史会重演，那么让我们来看看以后会发生哪些灾难。表 5-1 列出了我所记得的一些具有代表性的历史事件。

表 5-1 风险事件（1987—2005 年）

年份	事件	细节
1987 年	股票市场崩盘	道琼斯指数在一周内下跌了 31%，全球其他几大股票市场也遭遇类似的股价蒸发
1990 年	垃圾债券危机	德崇证券公司倒闭，垃圾债券市场崩溃。美国存贷款机构遭遇倒闭潮
1991 年	第一次海湾战争	油价出现剧烈波动
1994 年	美国利率变动	美国利率急剧上升，持有高杠杆率衍生头寸的投资者损失惨重
1994 年	墨西哥危机	墨西哥市场崩溃，引发新兴市场大规模的流动性危机
1997 年	亚洲金融危机	亚洲股市和外汇市场崩溃。一大批公司随之倒闭，资产价格跳水，金融机构遭遇大规模坏账损失
1998 年	俄罗斯违约	俄罗斯债务违约，新兴市场崩溃
1998 年	长期资本管理公司破产	长期资本管理公司倒闭。在美联储的主持下，几家银行联合对公司进行注资。市场和交易的流动性迅速恶化，信用利差急剧上涨
1999 年	黄金市场	在各家中央银行宣布减少黄金供应量和黄金借贷计划后，黄金价格迅速上涨，市场出现了前所未有的波动。那些参与大额远期销售合约的投机者遭受巨额损失
2000 年	互联网泡沫破裂	市场经历了史无前例的动荡。由于投资者的撤退，纳斯达克指数几乎被腰斩
2001 年	阿根廷	阿根廷债务违约，新兴市场崩溃

(续)

年份	事件	细节
2001 年	"9·11" 事件	世贸大厦遇袭,交易被迫中断,大量资金从金融市场撤离
2001—2002 年	美国企业债券危机	安然、世通等公司倒闭,美国国内市场对会计舞弊现象忧心忡忡
2003—2004 年	第二次海湾战争	以美国为首的联合部队攻打伊拉克。石油价格再攀历史高峰
2005 年	公司信用危机	在信用风险利差遭遇了前所未有的下滑之后,通用汽车和福特汽车的信用被降级为垃圾级别,投资者纷纷抛售手中的证券,对冲基金因此损失惨重

有趣的是,这些都是 1 万年才会碰上一次,但它们似乎每年都会发生。

最近流行的是极值理论,EVT。它建立在水文学等物理理论的基础上。工程师要让水坝或者建筑物能够经受住罕见但有可能发生的自然现象,比如洪水和地震。风险经理似乎只是按照字面意思来理解万年一遇洪水的比喻。

压力测试和极值理论只能说明要么你赚得盆满钵满,要么就倾家荡产。没有人把这当回事,大家都以为自己不会那么倒霉。到最后,风险管理只是弄明白哪些是不可知的,可恰恰是那些你不知道的未知才是最重要的。

在 1997 年至 1998 年间,完美风暴终于来临,亚洲市场崩溃了,俄罗斯债务违约了,而长期资本管理公司接受了注资。VAR 模型显然严重低估了风险。以往的波动水平比较低,在某些情况下,这是人为干预的结果。亚洲的货币与美元挂钩,利率由国家控制。两个市场看上去毫不关联,但它们的协同系数却接近了 1。它们现在同步进退,但原本它们应该此消彼长。所有的市场都同时下跌,但它们不应该如此,分散投资的道理也就在这里。

> 在撤退过程中,他们不死也得脱层皮。

随着风险加大,交易商要不寻求注资,要不就减少头寸。面对损失不断扩大,他们都想在同一时间从同一扇门里往外逃命。在撤退过程中,他们不死也得脱层皮。

1998 年,当时还在 CSFP 的艾伦·惠特在一次会议的餐后发表了演讲。在演讲中，他坦承"之前有 VAR 模型在的时候一直睡得很香"。CSFP 在不久之前刚刚在亚洲和俄罗斯遭受了损失，在长期资本管理公司的投资也失败了。CSFP 总共损失了 13 亿美元。惠特当时看起来已经对 VAR 没有什么信心了。会议在蒙特卡罗举行。当年，许多信仰 VAR 和风险模型的人都受到了考验。

一位资深的金融市场评论员彼得·伯恩斯坦（Peter Bernstein）在他的《与天为敌》㊀中提出人类对风险的掌控只停留在对风险下定义的能力。[2] 到头来，确定性常常是一种假象。纳西姆·塔勒布这位身经百战的交易员看法则不同。他认为你不应该投资于你不知道的领域。你以后遭受的损失和你之前经历的损失毫无相似之处。市场总是会击倒大部分人，并给他们带来最大的损失。[3]

如果你和变幻无常的市场对着干的话，那你就得有思想准备。风险管理经理似乎不知道这个，但如果你知道的话，你就不会去做风险管理。

从长期来看

凯恩斯说过："从长期来看，我们都会死去。"长期资本管理公司的灭亡证明这句话在短期也是正确的。事实上，他们证明了自我毁灭可以在很短的时间里实现。长期资本管理公司的灭亡是许多不同力量共同作用的结果，这些力量包括量化金融、风险建模和衍生品交易。当然，这也和金融市场两个不可或缺的因素有关：恐惧和贪婪。

长期资本管理公司是一家对冲基金，总部位于美国康涅狄格州的格林尼治镇。在 1994 年约翰·梅里韦瑟（John Meriwether）牵头，和其他从所罗门兄弟银行出来的交易员们成立了这家对冲基金。主要管理人员包括埃里克·罗森菲尔德（Eric Rosenfield）、劳伦斯·希里布兰德（Lawrence Hilibrand）、威廉·克拉斯科（William Krasker）、维克多·哈汉尼（Victor Haghani）、格雷格·霍金斯（Greg Hawkins）和戴维·摩德斯特（David Modest）。长期资本管理公司的主管包括诺贝尔奖获得者罗伯特·默顿和迈伦·斯科尔斯，此外还有来自监管机构的人员，

㊀ 此书中文版已由机械工业出版社出版。

比如曾经当过美联储副主席的戴维·穆林斯（David Mullins）。

公司的管理层之前都是所罗门兄弟银行固定收益套利部门的同事。这些人都不是那些传统意义上脸红脖子粗的交易员。他们大多数人都受过高等教育，拥有经济学、金融学、数学或自然科学等学科的博士学位。这些人能够走到一起，得归功于神秘莫测的约翰·梅里韦瑟。他把这些人召集到了自己的麾下。毕业于芝加哥大学的约翰属于最早接受量化金融的一批人，他发现量化金融是开启财富大门的钥匙。

约翰对下属无条件的支持，赢得了下属对他绝对的忠心。一个故事可以说明他和员工之间的关系。一个交易员正在考虑一笔交易，于是他向约翰征求看法。据说他当时是这么回答的："我的工作就是雇你来上班，其他的就交给你了。"[4]即使用金融市场天价的标准来看，他给他们开的工资也不是一般地高，这也增加了他们之间的凝聚力。

固定收益套利部门的神话起源于一个著名的事件。1987年股票市场崩盘后不久，所罗门兄弟银行的交易员走到一起谈论对策。现实世界的灾难通常会引起市场波动，而在交易员看来这正是交易机会。人们并没有因为灾难而关注人间悲剧，反而猜测灾难过后某只股票的走势，或者汇率和利率市场有何反应。交易员经常还会在灾难发生之后下注赌博。2004年亚洲海啸发生之后，一家银行的交易员在最终遇难人数上下注。

1987年，所罗门兄弟银行内部出现分歧。保守派代表约翰·古弗兰（John Gutfreund）和克雷格·科茨（Craig Coats）认为利率会下降，之前股市崩溃通常都会导致利率下跌。他们买入了大量30年期的债券，希望债券价格能够上涨，从中大赚一笔。

梅里韦瑟主导的套利部门并不赞同这个观点。他们发现市场崩溃减少了交易机会。30年期的债券需要等上30年，利息分60次支付，本金等30年到头才能收回。他们可以以较低的价格分别买入利息和本金。他们还真这么做了，将两个部分分离之后买入，然后卖空30年期债券，利润就这么到手了。

套利部门的交易赚到了钱。古弗兰的交易造成的损失和套利部门赚的差不多。和梅里韦瑟争夺领导位置的科茨为此很恼火。这些交易就像一道分水岭。购买债券的交易代表的是传统的交易模式。套利部门靠量化分析和研究支撑的交易代表了新时代的交易模式。

当所罗门兄弟银行收入大部分来自套利部门的收益时，梅里韦瑟的权力和影响力达到了顶峰。尽管遭到其他员工的嫉恨，梅里韦瑟和他的团队有权享受利润分成制度。这个分成本来应该是保密的，但在交易大厅和金融市场里几乎没有不透风的墙。

债券部门怀恨在心，本想打击梅里韦瑟，不料却最终引发了一场丑闻。所罗门兄弟银行遭到起诉，被指违反美国国债竞标相关的法律。接替科茨成为债券交易部门主管的保罗·莫泽（Paul Mozer）和梅里韦瑟被迫双双辞职。这正是两败俱伤。[5]

运作方式

从所罗门兄弟银行辞职之后，梅里韦瑟组建起长期资本管理公司。他集结旧部，这次他们完全掌控了公司，不像之前在提供全方位服务的投资银行那样，他们的收益不用再去资助那些人浮于事、不赚钱的业务部门。

梅里韦瑟把默顿、斯科尔斯和穆林斯招进公司，这让人很纳闷。默顿和斯科尔斯是埋头做研究的学者，他们虽然顶着交易顾问的头衔，但缺乏交易实战经验；穆林斯一直都在中央银行工作。但他们的名声非常大。

长期资本管理公司倒闭之后，默顿加盟了一家企业。这家企业的创立者之前都是银行家。这家尖端的金融服务公司专注于开发新的金融产品。默顿拜访了一家银行，希望他们能够投点资金；银行的首席执行官接待了默顿。一开口，首席执行官就坐不住了，像见到了帕里斯·希尔顿（Paris Hilton）那样握着默顿的手，激动不已。他毫不掩饰地说出自己如何向往这次会晤，但后来这次见面不得不匆匆结束，因为默顿要出去接听某个亚洲国家中央银行行长打来的电话。默顿对国际资本市场的看法让这个首席执行官赞叹不已。

默顿和斯科尔斯给长期资本管理公司带来了宝贵的声誉，有他们在，投资者更愿意把钱投进来。穆林斯为公司带来了更多的关注，成了开启各个国家中央银行的钥匙。

对冲基金最终从银行、机构投资者和个人投资者手中筹到了 40 亿美元。公司的创始人个个腰缠万贯，也投入了大笔的资金。有些创始人把自己全部的身家都押在了公司身上。

长期资本管理公司的股东中有一些是战略合伙人。20 多个合伙人各自至少投入 1 亿美元，同时他们可以使用长期资本管理公司的技术、模型、分析报告和投资策略。任何和套利部门打过交道的人后来都明白他们的运作方式就像黑洞一样，只见钱进去，不见钱出来。里面的操作严格保密。据传闻，一些中央银行或政府也是他们的战略投资者。竞争对手抱怨长期资本管理公司能够得到绝密的市场信息，并且可以利用特殊的融资工具。

投资者需要为他们托管的资产支付 2% 的管理费用，当他们的收益达到一定金额后还需要向长期资本管理公司支付 25% 的抽成。

秘密交易员的生意

长期资本管理公司对它的盈利模式解释模糊。最常说的是"相对价值"和"趋同"交易。强调研究和复杂的分析，并提到"独特"的建模技术。谁要是说长期资本管理公司是对冲基金，公司高层就跟谁急。

公司对辨识"证券之间定价的细小差别"和"利用价值估差"语焉不详。市场上存在"长期均衡价格"，公司利用"短期市场价格波动"进行交易，赚取两者的差额。长期资本管理公司总是在购入"低价"或者"被低估"的证券，同时卖空具有"相似"特征的"高价"证券。当价格被调整至与价值相当时，公司就赚到钱了。这都是老生常谈的低买高卖和高卖低买。此外，他们也会用税务套利和标准利差交易。

长期资本管理公司的杠杆最高可达 25 倍。单靠交易本身只能赚到小利，要想赚大钱就得利用杠杆效用。公司告诉潜在投资者公司的基金不会承担定向风险或持有过量的仓位，因此风险很低。只要风险低，公司就能利用高的杠杆率。

如果市场没有调整价格或者价格更加背离价值时，后果会怎样呢？长期资本管理公司对此却只字不提。公司将被迫持有头寸，直到债券到期才能实现价格偏差。公司希望持有金额巨大的仓位。他们相信当市场上出现交易机会时，相对价值交易需要持有头寸。长期资本管理公司给市场带来了流动性。

当迈伦·斯科尔斯向他的大学导师默顿·米勒解释长期资本管理公司的策略时，他这么说："我们（长期资本管理公司）就好比是一台巨大的吸尘器，全世界的钞票都被吸进来了。"[6]

> "我们（长期资本管理公司）就好比是一台巨大的吸尘器，全世界的钞票都被吸进来了。"

让好时光继续

一开始，长期资本管理公司表现不俗。在1995年到1996年的鼎盛时期，公司的年投资回报率达到了40%。能够在低风险的情况下取得这样的成绩真是不容易。客户投资长期资本管理公司物有所值。

在这期间，长期资本管理公司主要利用在所罗门兄弟银行时期形成的投资策略。事后看来，这种低风险高回报纯属巧合。长期资本管理公司可谓撞了大运了。除了恰逢欧元的诞生这个千年一遇的时机，它还抓住了税收套利的机会。

1997年，公司的收益率跌到了17%左右。[7]美国股票市场的回报率是33%。1997年的业绩令人失望。长期资本管理公司对投资者说公司的风险水平和股票投资相似。此外，外部竞争更加激烈，一些效仿长期资本管理公司投资模型的对冲基金纷纷杀入市场，投资银行也设立了对冲基金部门。

长期资本管理公司加大了杠杆效应。之前，他们的杠杆率还算适中，但现在比许可的25倍超出了8倍。长期资本管理公司从70亿美元的资本金中拿出了27亿退还给了投资者。大多数人以为长期资本管理公司不要他们了，因此大吃一惊。这意味着他们不再享有长期资本管理公司给他们带来高回报的机会了，他们争着抢着想留下来，新的投资者也希望加入进来。长期资本管理公司仍然是个"香饽饽"。

长期资本管理公司扩大了它的业务范围，业务涉及信用价差交易、波动率业务和证券风险套利。这就是通常所说的"风格转型"。从此,公司就走上了万劫不复的不归路。

完美风暴

1998年,阴云密布。到了9月,长期资本管理公司已经损失了92%的资本金。杠杆率已经超过了100倍。梅里韦瑟依然淡定地说:"虽然我们损失惨重,但总体情况依然良好。"[8]

1998年的危机起源于前一年的亚洲金融危机。亚洲国家货币贬值和股票市场的崩溃给全球市场带来了深远的影响。巨额的交易亏损将许多交易商赶出了市场,留下了巨大的不确定性和对风险的恐惧。这是一场大逃亡。

随着风险和信用价差的增大,长期资本管理公司认为赚钱的机会来了。他们赌信用价差和股价波动水平将会降下来,在上面投入了大量的资金。长期资本管理公司好像成了流动性的再保险商。现在它成了流动性及波动性的中央银行。

危机在步步逼近。在1998年5月到6月期间,长期资本管理公司在按揭债券上赔了不小的一笔。同年8月,俄罗斯债务违约,长期资本管理公司因此在俄罗斯债券上受到了损失。信用价差进一步扩大,长期资本管理公司因此又遭受重创。投资公司和交易商抛售债券,使得价格进一步下降,信用价差进一步拉开。股票市场比之前更加起伏不定。长期资本管理公司在8月21日当天就损失了5.5亿美元。这些损失全都是因为信用价差和股票波动头寸造成的。

1998年9月2日,约翰·梅里韦瑟给投资者写了一封信。他在信中告诉投资者,公司已经损失了52%的价值。"你们也都明白,俄罗斯违约之后,一系列的事件给我们造成了重大的损失,并且全世界的波动性也大幅上升。公司的许多投资策略是向市场提供流动性。我们全线出现损失是因为流动利差的快速上涨。在杠杆效应的作用下,我们的损失也成倍地增加。"这封信希望投资者能够继续投入资金,"由于注资相对保险一些,因此,如果您投资的话,可以在管理费用上享受一些优惠"。[9]这次谁也不会再上当了。

据说1998年9月18日,贝尔斯登(Bear Stearns)要求长期资本管理公司追加巨额保证金,随后又冻结了公司的现金账户。同年 9 月 23 日,美国国际集团、高盛银行和沃伦·巴菲特发出收购要约,希望对其注资 40 亿美元。最终这场收购并没有成功。长期资本管理公司面临大规模违约的风险,到时候它所持有的巨额头寸都会被清算,这将使整个金融系统产生振荡。在纽约美联储的斡旋下,14 家银行向长期资本管理公司注资 36 亿美元,收购了其 90% 的股份。

天气预报

长期资本管理公司的风险管理系统非常先进,能够将风险量化。他们有 VAR 模型。那么他们的预测哪里出问题了?

1998 年年初,长期资本管理公司的风险金额为 4 500 万美元,置信水平为 99%。这就是说公司的损失超过 4 500 万美元的概率只有 1%。自从五六月份出现损失之后,长期资本管理公司就将风险金额降低到了 3 500 万美元。但在 8 月份,每日的盈亏就达到了 1.35 亿美元,远远高出原先预计的 3 500 万。到了 9 月,公司每日的盈亏在 1 亿到 2 亿美元之间波动。

长期资本管理公司已经被市场风险、流动性风险和怨恨拖垮。公司的风险模型低估了波动率,连协同系数也不正确。公司的模型以为可以迅速全线撤退,但问题是本不是所有的头寸都能变现。为了应对损失,公司不得不将那些流动性高的头寸清仓,而剩下的都很难变现。

长期资本管理公司的头寸非常巨大,不愧是市场流动性的提供者。当它准备平仓时,损失就急剧扩大。市场上大家对长期资本管理公司的情况都非常了解。当公司管理层还在所罗门兄弟银行上班时,外人很难猜透每笔交易的目的。一笔交易有可能是替客户做的,也有可能是自营交易。但当他们自立门户时,大家都知道每一笔交易都是自营性质的。长期资本管理公司想瞒天过海,把每笔交易拆开,然后和不同对手交易。但别的交易商一看到这些交易的规模和性质,就明白是怎么回事了。

许多交易商内部都设立了对冲基金部门,这些部门和专门面向对冲基金的交易柜台业务往来频繁。有一些交易商设立了专门面向长期资本管理公司的部门:

他们弄明白对方的交易策略，然后利用自己的账户做类似的交易。但他们风险水平达到上限时，他们把这种策略推广到其他银行和想要模仿长期资本管理公司的对冲基金。1998年年中，当危机来袭的时候，几乎每个人都和长期资本管理公司的情况差不多。也就是每个交易商都做着同样的买卖，他们都争先恐后地想从市场上撤离。似乎只有长期资本管理公司还有点恋恋不舍。

1998年7月，所罗门兄弟银行裁掉了固定收益套利部门。在梅里韦瑟带着他的人马离开后，科斯塔斯·卡帕廉尼斯（Costas Kaplanis）又成功重建了这个部门。但巨额的亏损让桑迪·韦尔（Sandy Weill）又把这个部门砍掉了。所罗门兄弟银行的平仓使得流动性紧缺进一步加剧。

随着危机进一步恶化，交易商和投资公司开始加快速度，卖掉手上的头寸。这样一来，长期资本管理公司的损失更加严重，要想找到下家接手头寸更加困难。1998年八九月间，市场上有关长期资本管理公司的传闻让大家更加疯狂地抛售。大家都想赶在长期资本管理公司出手之前把剩下的头寸清理掉。一些风格激进的交易商据称想趁火打劫，迫使长期资本管理公司违约，从而以低价收购头寸。

头寸的价值受到这些外部因素的影响，市价也受到巨额的流动性溢价的影响。当市场价格无法获得时，人们通常采用很保守的价格，因此出现了更大的市值损失。

长期资本管理公司要求投资者的投资至少要满3年，这样就不必担心有人在这期间赎回。现在公司遇到了另一个问题，基金得借钱才能利用杠杆作用和衍生工具。按照保证金制度，长期资本管理公司需要拿出现金来弥补损失。

长期资本管理公司曾经以非常优惠的条件借钱从事衍生品交易。交易商给其特殊待遇。长期资本管理公司的交易量巨大，能给交易商带来不小的收入，而且对市场价格起到了决定性作用。交易商非常想了解公司的买卖，以便自己也能复制交易模式。但当损失扩大时，交易商开始要账。银行也坐不住了。最后，长期资本管理公司的资金链终于断裂了。

这些聪明的管理人员犯了错误，他们看错了天气预报。希腊字母通常表示风险的大小，长期资本管理公司的管理层是解读这些希腊字母的专家。评论家说管理层也许应该把精力放在 Hubris 这个希腊词上面，它的意思是过分自信或傲慢无礼。

曲终人散

参与注资的银行和公司的管理层花了一年的时间将公司的头寸清理完，并提前收回了资金。之后，约翰·梅里韦瑟又创立了一家新的对冲基金公司，但这次并没有多少管理层跟随他。斯科尔斯和长期资本管理公司的原来几个高层建立了另外一个对冲基金。

公司破产之后，公司的高层人员抱怨交易商如何趁火打劫，这真是吃不到葡萄就说葡萄酸。在金融市场上，任何陷入困境的公司都像案板上的鱼肉。要是有机会，长期资本管理公司也会做出同样的事情。

默顿和斯科尔斯到处做演讲。长期资本管理公司的交易属于防御型的，它们是合理的。从长期来看，价格均衡是主流。"人们真的明白股票市场的波动率达到35%到底是什么意思吗？""信用价差已经远远超越了有史以来信用损失的最高水平。"交易模型并没有问题，是市场出了问题。斯科尔斯还在推销新的金融产品——流动期权。它们能够用来对付打垮长期资本管理公司的流动性风险。

长期资本管理公司的数理金融和风险建模的遭遇并没有让人失去信心。他们将建立更好，更先进的模型。约翰·梅纳德·凯恩斯说过："当市场回归理性的时候，你可能已经破产了。"

中位数风险

风险管理一直处于变化当中，这使得管理的进度或成果很难衡量。目前风险管理的中心是运营风险或者叫企业风险管理，包括人事风险、操作风险、系统风险和法律风险。它本身非常模糊。用精确的数字去衡量一笔冒险交易的风险显然不是件容易的事。

在实业行业流行着瑞士奶酪理论。人们开发出"深度防御体系"：体系内设置了多层防火墙,当前一道防火墙失效时后一道墙就会发挥作用。也就是说只有当所有的管控都失效的时候,损失才会发生,就好比瑞士奶酪里的气孔都在一条直线上。只有当整个监管部门都被蒙骗了,测谎仪也没有测出对方的谎话,同时DNA检测没有测出"不守规矩的基因",运营部门的人又和交易员有暧昧,主管因为对方给自己儿子的骨髓移植手术帮了大忙而对其感激不尽,而审计师是个睁眼瞎的时候,不守规矩的交易员的交易才会发生巨额损失。在现实世界中,这样的事似乎经常发生。金融奶酪比瑞士奶酪的漏洞还要多,更要命的是,它们会神秘地移动并排成一条直线。

一个推销员上门向我推销运营风险数据库软件。他说他的软件和"自营"工具能够轻松算出不守规矩的交易员的出现概率,并且概率精确到万分之一。我当时满脸狐疑。最后他拿出了王牌销售词:"所有的银行都在用我们的系统。"

ERM 将风险整合,为使用者提供一个全局观,比如它能算出信用风险和市场风险同时发生的概率是多少。但这样算出来的是一个叠加的误差,因此结果更加不准确,但这并不影响那些鼓吹者的热情。

大约在 1999 年,我见到了一个 ERM 的忠实粉丝达德利。他是一家投资银行的风险管理部门主管。我也不知道为什么他想见我,后来才发现他用了 ERM 系统。这是最新的理念,具有划时代意义。达德利走在了行业的前沿。他向我展示他正在建模的一个模型。

"假设我们的首席交易员采用的投资策略十分复杂,只有他一人能够明白。"我点了点头,心想只要交易员用了,没有什么策略可以复杂到别人理解不了的程度。更可能是别人不知道,而这个交易员也没有告诉其他人。"假设这个交易员骑着自行车去上班。"我觉得这不太可能,交易员喜欢开着保时捷去上班。为了让他快点说完走人,我也就没有打断他。

"在上班途中,他被一辆汽车撞了。他的手机摔坏了。他昏了过去。假设与此同时某个突发事件使得市场上的价格发生变动。这个事件关系到交易员的头寸。他已经不省人事,其他人也不知道该怎么处理他的头寸。"我点点头。"这还没完。假设在另一家银行里发现了舞弊行为。"这时,我真心地点点头,觉得这比较靠谱。"这家银行就破产了。金融危机开始了。这也影响到交易员的头寸。

他当然无法知道,他休克了。"我着急死了,希望他尽快切入主题。

"与此同时,一家发电厂发生了安全事故,全城漆黑一片。银行的备用发电机出现故障。机械师忘了检查油箱。银行的计算机系统就瘫痪了。此时,这个交易员得不到价格信息,也无法测算出头寸的风险值。"我不得不提醒他这个交易员已经昏过去了,可能已经死了。他高兴地说:"没错。"又继续讲下去。

最后,他把这个复杂的悲剧讲完了,终于进入了主题。"我现在想建立一个模型,能够把这样一个事件发生的概率算出来。"对我来说,为了寻找"全方位的风险",这一步迈得太大了。风险管理好像沦为了纯粹的娱乐。达德利似乎属于那种担心喝口水都会被淹死的风险管理经理。

我很好奇印度尼西亚人是否引进了 ERM 系统。但这没有什么意义。我记得,他们说他们"没有风险"。

极限运动

有人害怕数字,有人害怕金钱,有人害怕财富,还有人害怕恐惧本身。而风险管理包括了所有这些恐惧症。

风险管理现在非常流行。在公司里,除了首席执行官、首席运营官、首席财务官和首席信息官这些职位,还专门设了首席风险官这样的职位。在伦敦以衍生工具交易闻名的一家银行里,风险管理经理据说是个怀揣数据表格、手持棒球棍的大块头。和那个相比,首席风险官可是上了一个档次。

奇怪的是,情况并没有因为重视了风险管理而发生改观。银行虽然有风险系统来预防损失,但损失还是一如既往地发生。这种防御很难说得清楚。你不知道要是不用风险管理系统的话,你是否会损失更多。

2004 年,澳大利亚国家银行在外汇期权交易中损失了大约 3.6 亿美元。一项"独立"的调查显示银行存在许多漏洞。银行的董事会认为风险是个很重要的问题,但似乎对此并不上心;审计委员会似乎更希望走过场,不愿去追究董事会的言行不一;风险管理委员会貌似很少开会,更没有兴趣去关心银行是否超过了 VAR 风险限额。当丑闻发生后,董事会为谁去谁留吵得不可开交。风险管理主管早已经被解雇了。

在 20 世纪 90 年代末,一个猎头找到我,向我推荐一个风险管理的职位。猎头认为我还是可用之才,而未来的雇主觉得我的黑色幽默还没到无可救药的地步。我并不想去,但为自己能被猎头盯上感到十分高兴,我于是决定吊一下对方的胃口。我们开始谈论薪酬。

我提出了一个简单的方案,我的年薪按照以管理层享有的股权价值为标的的看跌期权计算。期权的行权价格就是现在的股价。我的逻辑很简单。如果出现亏损,股票价格就会下跌。我的职责是保护股东的财富,至少是其中的一小部分人的财富。我保护银行高管,让他们的股票不受损失,那么我就应该得到相应的回报。这个期权的价格将使我成为银行里收入最高的员工。

雇主和猎头都笑了,但我并不是在开玩笑。作为风险管理经理,我把自己置身于替罪羊的角色。一旦出现问题,我随时准备切腹以效忠我的主人。我很乐意做出牺牲,但我有我自己的价码。

风险管理是实实在在的,它的目的很明确。银行必须冒险才能够赚到钱。渐渐地,当代理业务不怎么赚钱的时候,银行不得不冒更多的风险。希罗多德曾经说过:"伟大的成就通常建立在巨大的风险之上。"虽然让人难以接受,但事实就是这样:银行必须冒风险才能有钱来支付水电费,最后才有盈利可供股东分红。风险管理是冒险行为的遮羞布,风险管理经理就是保护董事会主席、董事们和经理层的替罪羊。风险管理就是董事会成员和高级经理的保险单。

数理金融让人误以为风险管理具有可信性和精确性。即使那些假装用最传统

> 数理金融让人误以为风险管理具有可信性和精确性。

的方法交易的衍生交易员、量化分析师和风险管理也都失败了。事实上,交易员用来衡量风险的希腊字母 v(vega)都不是希腊字母。

第 6 章

超级模型
衍生算法

> 金融模型也是人们将现实世界理想化之后的产物。

时装模特和金融模型非常相似。它们和现实世界有着非常相似的关系。和超级模特一样,金融模型也是人们将现实世界理想化之后的产物;它们并不真实,不能完全代表现实世界。在时装界和金融界都有明星。但最后,它们总会让你失望。

据说在纽约一家模特经常光顾的酒吧里发生过这样一件事。一名二十几岁的量化分析师在一家投资银行工作。交易员们怀疑这个宅男从来没有和女的约会过。他们带他来到这家酒吧,告诉他这里有他喜欢的类型——模型设计师。年轻人将信将疑,感觉他们在捉弄他。但他迫切地想和这些交易员搞好关系,这样他们才不会无休止地捉弄自己。

他们在酒吧里坐定,等喝到面红耳热时,一个交易员用手臂捅了小伙子一下:"你看那个女孩。"年轻人定睛一看,发现附近的桌子旁正坐着一位高个女子。"她正对你暗送秋波呢,快去。"交易员怂恿道,"去和她聊聊。"

年轻人感到害怕,感觉这样做有点鲁莽。其他交易员也跟着起哄,让他赶紧过去。他没有办法,只好挪开椅子,朝那个女子的方向走去。交易员们开始猜测这场邂逅的结果,最后大多数人认为那个女的会扇量化分析师两巴掌,然后让他滚蛋。

分析师走到那个女人的桌子前,问:"我可以坐在这儿吗?"那个女人打量了一下这个搭讪者,感觉他不像色情狂,就点了点头。

他坐下来,想着如何展开话题。他想起他们都是设计模型的,于是就脱口而出:"我正在设计一个新的模型,希望能够改进布莱克-斯科尔斯模型,让它包含均值反转。"那个女人用奇怪的表情看着他,不紧不慢地说:"我的博士论文也是和这个相关的,但后来我发现穿着内衣在T台上来回走能赚得更多。"说完,她笑了笑。量化分析师咧嘴笑着说:"你是哪里人?"模特/模型有时候会给你带来惊喜。

衍生产品和模型经常会擦出火花。这一章将讲述衍生产品和其数学模型之间的历史,以及它们的成功和失败。

下海

在20世纪五六十年代,决策科学开始兴起。北美大学的研究者开始将科学方法推广到商业和金融决策上,希望能够运用模型来预测结果,并以此来提高决策水平。他们希望人类到最后能够理性地决定是否发布一款新产品或者进行一项投资。应用这种新理论离不开电脑的普及,而早期的计算器非常原始,得靠穿孔卡片来计算运行。虽然受到种种限制,但理性和科学决策的理念还是很快流行开来。

美国政府很早就将理论用于实践。美国国防部长罗伯特·麦克纳马拉(Robert McNamara)带领"出类拔萃之辈"将决策科学用于越南战争。[1]他们使用管理学术语和方法来量化战争过程,比如"双方死亡人数比例""死亡人数"及"炸药吨位"等。这个模型预测美国将取得全面胜利,但历史却和这个预测结果背道而驰。经过这次失败,人们本应该对模型的有效性给予足够的重视。

后续事件将大批科学家推入了金融市场。20世纪70年代,之前需要大量科学家的科研工作越来越少。越南战争、冷战和太空竞赛导致国防开支增加,从而带动理论科学的发展。苏联成功地发射了人造卫星,引起美国民众高度恐慌。随着越战的结束和苏联的解体,资金和工作机会也相应减少。由于公众开始反对将科学用于军事目的,研究经费也慢慢枯竭。

1993年,美国国会取消了超导超级对撞机项目。有着上千名研究员的贝尔实验室因为其上级的重组,也不得不裁减上千名研究员。好几代的科学家只好另谋出路。在20世纪90年代,来自东欧的科学家也纷纷转行,加入了金融行业。苏联和东欧当初为了和美国抗衡,培养了大批工程师和理科生。这些人受过良好教育,具有数理技能。

金融业开始向数理分析的方向转变。石油危机、金本位体系、通货膨胀、高利率水平和监管力度的放松,都让价格产生剧烈波动。像衍生工具等金融产品进

> 这些"精英"从军事领域迈向了金融领域。

入市场,华尔街这样的地方开始需要具备数理技能的人;科学家们蜂拥而至。这些"精英"从军事领域迈向了金融领域。

20世纪80年代,我有一个中国同事,叫多米尼克(Dominic)。他在香港出生,在英国接受教育。听他说的英语,你就知道他从小到大上的是私立学校和牛津大学。他拥有天体物理学博士学位,原本是造火箭的。

多米尼克对他之前的工作经历讳莫如深,这让其他交易员越发好奇。最后,大家才知道他在英国曾经为国防部工作过,将英国的核弹瞄准苏联的战略要地是他工作的一部分。他具体负责摩尔曼斯克港。本来他希望将理论用于实践,但这个工作给他的空间有限,于是他就辞职了。

他和伊曼纽尔·德曼(Emmanuel Derman)同是POWS(华尔街的物理学家)。著名的物理学家德曼属于华尔街最早那批量化分析师。这些缩写还代表了别的意思⊖。

在华尔街,应用的空间稍微大一点;你好歹还有机会来验证一些理论,但想进一步发展理论就不可能了。有个人本来是个数学家,在大学教书。他看到他的学生赚的比他多得多,一气之下,也和大家一样进入华尔街做起了量化分析师。他时常拜访他以前的同事,和他们聊聊最近的研究活动。那些同事对他的工作很不屑:原来的工作多有意思啊。而他构建模型用到的数学知识是多么琐碎,多么初级。他安慰自己说,在效益好的时候,他一年赚到的钱是他们的10倍。他成了华尔街的囚徒。这都是为了钱。

尖端科技

第一批"下海"的科学家大都去了研究岗位,比如所罗门兄弟银行有名的证券投资组合分析部门。长期资本管理公司的大佬们也是从这里起步的。

在建立所罗门兄弟银行债券市场研究部时,西德尼·霍默(Sidney Homer)

⊖ 其本意是战俘的意思。——译者注

起了重要的作用。浸淫债券业多年的他因为对美国债券市场独到的研究而闻名。霍默和他的高徒马丁·勒布维奇（Martin Leibowitz）在20世纪70年代早期出版了著名的《收益实鉴》。这本书主要围绕债券收益和投资策略，告诉投资者如何系统地将量化方法应用于投资和金融工具。

所罗门兄弟银行对研究的投入并不是为了发扬助人精神，而是将研究成果用于交易、定价和分析。还有一些研究是用来推销产品的。所罗门兄弟银行将这些研究报告提供给客户，希望能够培育客户，并说服他们同自己做生意。

过了一段时间，其他公司也纷纷效仿所罗门兄弟银行，建立了自己的研究部门，推出了类似的研究报告。顶着博士学位的研究人员千辛万苦地开发新的产品和交易点子。类似久期、一基点的美元价值、期权调整利差、价差权证和收益率曲线互换等新名词逐渐流行开来。大多数人一直不明白这些词的意思。

量化分析师开始慢慢向交易大厅转移。在交易厅里，量化分析师开发出模型，用于金融工具定价；风险管理和对冲交易都以这些模型为基础。有时候他们会研究交易思路和分析市场价格。这些都是偏理论的工作。

一开始，在交易大厅里的数理分析师身份非常模糊。在研究工作中，他们干得得心应手。有时候，他们也会出去拜访客户或做产品演示，但公司对他们的限制比较多。他们此时会像难得出门的小狗那样兴奋不已，但往往会把事情搞砸。在一次客户交流会上，有人问了研究员一个愚蠢的问题。这个研究员回答说："这个问题问得太蠢了，我都不屑回答。"这个客户就丢了。

交易员并不知道量化分析师能做什么。等到了学校，斯科尔斯和默顿发现自己的计算机技能够帮助年纪大的研究员。在交易大厅，情况也类似。量化分析师给交易员做计算机知识扫盲，有时甚至得教他们如何启动计算机或使用屏幕。

现在的交易大厅并没有进步多少。虽然他们的技术认可度得到了提高，但许多量化分析师还是会经常被交易员叫去帮他们设置掌上电脑、手机、电脑和彭博终端机。这也是意料之中的事。

伊曼纽尔·德曼在他的回忆录《量化分析师的人生》[2]中提到了他刚加入高盛银行后做的一份工作。上司要求他编一个程序，帮助交易员给债券定价。结果非常成功，但并不是因为这个程序，而是交易员非常喜欢新的程序界面，也就是图形用户界面。这样,交易员输入和更新数据就更加方便了。

已故的费雪·布莱克是量化分析师中的前辈。他为建立著名的布莱克-斯科尔斯期权定价模型做出了重要贡献。布莱克在高盛银行工作期间,德曼把自己写的程序拿给他看。布莱克仔仔细细地检查了一遍程序,发现有个字段的名称问题很大。德曼将它标为"远期合同"。布莱克认为应该写成复数形式。但无论是交易员还是布莱克都不怎么在意其中的公式和计算过程。

文化斗争

交易员和量化分析师有着不同的文化。交易员就像两三岁的小孩,他们的注意力很容易被分散,而且想到什么就想立刻拥有。幸运的是,他们没有三分钟的热度。量化分析师就像是同龄人当中早熟聪慧的一群人,陶醉在自我价值中。他们需要别人不断的肯定、安抚和赞扬才能不断进步。要想管理一个交易大厅,就得学会当幼儿园的老师。

越来越多的交易员拥有了研究生学历,但接受高等教育并不是为了获得知识。泡妞、酗酒、吸毒、运动、玩音乐和谈更多的恋爱成了他们攀比的主题。可以想象,量化分析师则是另一副样子。两者的区别就好比斯布林斯顿(Springsteen)和肖斯塔科维奇(Shostakovich)、黑泽明与金·凯瑞、克兰西(Clancy)和席琳·迪翁(Celine Dion)那样巨大。

最早的量化分析师对金融市场如何运行知之甚少,他们对金融工具、交易策略和客户需求了解得也不够,但有些人仍表现出骄傲和高人一等的姿态。这让交易员很不爽,虽然他们没有博士学位,但他们有着良好的业绩和对市场的深刻了解。

一个和我们共事的老量化分析师刚刚四十出头。他在社会主义国家长大,对期权和互换一窍不通,对市场如何运行也一知半解。但在他的专业领域里,他发表过许多论文,受到业内好评。他是个重要的研究人员。

此外,量化分析师经常上交易员的当。在我们的晨会上,债券部门的主管会装出一副漫不经心的样子,对远期收益、均衡利差和风险统计做详细的分析。他装模作样，让人以为他在心算。他没上过大学，但却说他在"垃圾桶"大学读的博士。比他年纪小、念过大学的员工都对他的心算技能佩服得五体投地。但他其实在开会前就拿着计算器，花了好几个小时把这些数算出来。他用小小的诡计就把我们都骗了。

我们的量化分析师团队属于克林贡人㊀，其中一个是"史巴克先生"，我们一见到他就会做出瓦肯人的 V 字形手势。还有一个"莫克"㊁，他的口头禅就是"纳诺纳诺"。我们总是想找一个叫"明迪"的人来捉弄他一下，但现实总是让我们失望，我们这么多年来都没有找到叫这个名字的女性。团队里还有一个"我们喜爱的火星人"。之所以给他取这个绰号是因为他的说话方式很干脆，而且断断续续，和电视里的一个人物很像。量化分析师都很讨厌这些绰号。这样有利于加强内部团结。

一天晚上，文化差异似乎消失了。交易员们去了一家新开的酒吧，莫克离席去剧院看《蝴蝶夫人》。一个做互换的交易员莫名其妙地以为莫克要去一家东方特色的娱乐场所，也想跟着去。当莫克说票已经卖完了，不能带他去时，这个交易员快气死了。

传送带

量化分析师慢慢地成了交易大厅不可或缺的一部分。他们在新产品，尤其是衍生产品的定价和建模当中扮演了重要的角色。其中一些人参与到了复杂投资组合风险的交易和管理当中，而另一些人则成了公司的营销工具，常常被公司拿去忽悠客户。数量分析师加深了对市场的了解，而交易员也开始明白他们能够发挥什么作用。这种共生关系的关键在于交易现在依赖计算机才能完成，而支持交易完成的计算机系统需要量化分析师来维护——他们是不可替代的。

当量化分析师变得越来越重要，薪酬问题也开始凸显出来。交易员利用量化分析师成果的时候十分开心，但对他们的贡献却不愿提及，尤其是到了年底算奖

㊀ 克林贡人和瓦肯人是《星际迷航》中的外星种族。——译者注
㊁ 莫克和明迪是美国电视剧《莫克和明迪》的主角。——译者注

金的时候。交易员的原则是"我的是我的,你的也是我的"。

量化分析师想了各种办法来获得别人的认可。一个分析师在他的程序里植入了一些代码,这些代码能够记录别人使用他开发的软件的次数,这样分析师就能够用这些数据来计算他的贡献和创造的价值了。有些人则干脆放弃,转行做了交易员。长期资本管理公司的许多高层就选择了这条路。

公司已经不像之前那样先招一些科学家,然后按照市场需求把他们训练成量化分析师。现在,公司直接招收量化金融专业的毕业生。他们在学校里学过金融和交易行业中会用到的数学课程。一些科学家可以通过研究生项目让自己成为金融从业者。这就是量化分析师的传送带。

供给远远超过了需求——每一所大学都开了量化金融专业课程。许多人将这些课程看作取得金融行业中高薪工作的敲门砖,因此对课程的需求量很大。在一些大学教育由政府公办的国家里,这些课程有其他的目的:教育机构可以全额收费,用这笔资金来开展研究,还可以用其中一部分补贴像古希腊语等冷门专业。各个大学激烈地抢夺生源,它们请营销顾问来帮忙宣传自己的学校。它们的口号几乎如出一辙:"取得量化金融学位就意味着丰厚的收入。"

杂活

金融模型的秘诀就是没有秘诀。如果你知道如何使用复利计算现值,那么你就能对大部分的金融产品进行定价。从业这么多年来,我靠一个惠普计算器解决了大部分的问题。那是一款经典的手握式计算器,曾经由于其创新的设计而获奖,但现在你只能在纽约现代艺术博物馆里见到它了。如果在那个时候你能有一个能建模的手握式计算器,你就成爱因斯坦了。

远期和互换的定价相对简单。购买远期产品就相当于现在购入产品,然后将产品持有至远期合约的到期日。也就是说,你把资产的市价加上其资金成本,同时减去在持有期间获得的收益,最后就能得到远期产品的价格。这就是持有成本模型。这个模型是由农产品期货交易员发明的,人们通常将其归功于霍尔布鲁克·沃金(Holbrook Working)。那么互换如何定价?互换就好比是远期的一组集合。

　　还有一些细枝末节的问题需要解决。资产产生的收入是已知的已知吗？对于股票来说，分红是个已知的未知，而且常常让人感到痛心。我们需要知道收益曲线，也就是不同时期的借贷利率。我们通常无法获得每一个到期日的利率。

　　数量分析师可以用精密的模型画出一条条"完整"和"节俭"的收益曲线。我不知道收益曲线为何会这么吝啬，也就是"节俭"。量化分析师会引用奥卡姆剃刀原理强调节俭非常重要。

　　奥卡姆（Occam）出生在英国的萨里郡。他是14世纪的逻辑学家和圣方济各会的修士。他的理论就是"如无必要，勿增实体"。量化分析师常常用拉丁文来表述这个原理，给人造成一种真实感。人们用这一原则来证明许多事情，比如世界上并没有上帝。这个观点也是衍生产品的一个重要因素，也被用来说明一切事情应当用最简单的方式解释。

　　画出一条收益曲线就像是把一些点连接起来。你取得了一些利率数据，你得将它们用线连接起来，然后预测在某一天的利率水平。你现在明白了问题的所在。你可以随意取这条线上的任何一点，而且没有人能够证明你错了，这就是验证性的问题。因此我们需要插值模型。

　　我们可以将两点用直线连接起来——线性插值法。此外，我们也可以用曲线将两点连接起来——非线性插值法。量化分析师有大量的技术手段可以将两点连起来——指数拟合法、对数线性模型和分段三次条样法等。市面上有大量的参考书专门讨论收益曲线建模的问题。一个年长的同事习惯采用简单的建模手段，有一次他问我："我们过去用曲线板画的方法有什么不对吗？"

　　金融模型能够反映数量分析师的背景：如果你是学物理出身，那么你比较喜欢确定的方法。衍生产品建模类似于量子力学，它反映的是关键因素的偏差。和原子理论相似，衍生产品可以分解为粒子——资产、远期和期权。此外，它们之间还有许多意想不到的相似之处：和原子一样，如果你错误地将它们分开的话，你就死定了。和其他倒霉蛋一样，印度尼西亚人验证了衍生产品的这种特质。

　　土木工程对收益曲线插值法的贡献很大。有人告诉我三次条样法来源于悬浮桥设计方法。这种方法可以让桥体变得流畅、轻盈，有弧度，桥体的重量就会均匀地分布开来。以前肯定有土木工程师转行进了量化分析师团队并参与建模。

外推法则是一种更加大胆的方法。这种方法就是从一个点出发，漫无目的地向外延伸。在预测美元、欧元和英镑走势时，人们有时候需要预测40乃至50年之后的利率。但好就好在即使你预测错了（这几乎是肯定的），你也大概率看不到那一天了。

在量化分析师看来，债券定价、收益曲线、远期和互换的问题都是些琐碎的小事。如果你让他们建这些模型，他们就会像《银河系漫游指南》中的那个偏执的机器人马文那样。马文身上装有强大的计算机系统和GPP（真实人类性格）。由于人类总让他干一些烦琐的小事，他常常闷闷不乐。他总是用低沉的单音对别人抱怨："我在这里，我的脑容量堪比一个星球，但他们让我带你到桥上。这就叫工作成就感？"[3] 当量化分析师接到他们认为琐碎的任务时，他们的反应和马文如出一辙。

大剧院

在衍生品定价当中，期权定价一直是个可望而不可即的目标。布莱克、斯科尔斯和默顿解决了这个难题，从而赢得了广泛的赞誉。他们的公式如此优美典雅，可以称得上是衍生工具领域的大卫。这是金融经济学领域最耀眼的成就。

期权定价就像围绕着天堂和地狱的古典神学问题。期权购买者处在天堂，他们的潜在收益没有上限，但他们的损失最多是他们支付的期权费。而期权的出售者正好相反，他们身处地狱当中。他们收益有限，但承担着无限损失的风险。期权的价值完全取决于期权到期时标的股票的价格（为了简便起见，我在此选股票做例子，但其中的原理适用于所有的金融资产）。美式期权稍微复杂一点。美式期权的持有者可以在期权到期之前行权。你要知道你购买期权时到期权到期时股票价格的走势。

要想给期权定价，你得能预见未来。但是，如果你真能预见未来的话，你干吗还需要期权？

在快乐三组合出现之前，期权作为金融工具还默默无闻，通常只出现在报纸上狭窄的分类广告栏,就好像粗制滥造的征婚广告。"买家诚征通用汽车看涨期权,为期 1 年,行权价格 40 美元。愿意支付合理的报价。"

期权定价主观性相当强。看涨期权中,当买家认为股票价格会走高,他们就愿意支付更多的钱。定价取决于你预计期权到期时股票的价格。但如果每个人都认为股价会上涨,那么谁也不会把期权卖给你。这就像讨论先有鸡还是先有蛋的问题。期权的价值无法用客观的标准来衡量。布莱克、斯科尔斯和默顿改变了这一状态。

有趣的是,布莱克和斯科尔斯最开始并不打算解决期权定价问题,他们是想给股票定价。恰好,以公司净资产为标的的看涨期权和普通股的股价变动很相似;偶然之间,一个伟大的模型就这样被发现了。

探寻

期权定价的原理很通俗易懂。当期权到期时,它的价格取决于当时的股价,可能一分不值,也可能值一些钱。等到期的时候,你就能够知道期权的价格。但在到期之前,你并不能知道它的价格。我们很容易建立一个简单的模型来给期权估价。

假设:股票的市价 = 100 美元

一年期利率 = 10%

在股票不支付股利的情况下,股票的远期价格应该是 110 美元(当前的市价 100 美元加上一年的利息 10 美元)。我们并不知道一年以后股票的实际价格是多少,但我们假设它的价格在表 6-1 的价格范围之内变动,我们同时还能预计一下每个价格相应的概率。

表 6-1 1 年后股价预计价格

预计价格(美元)	概率	预计价格(美元)	概率
90	10%	120	20%
100	20%	130	10%
110	40%		

现在我们可以给这个期权定价了。我们假设这个期权是个看涨期权，其他相关信息如下：

行权价 = 110 美元

行权日 = 1 年以后

我们可以计算出 1 年之后在特定股价上这个期权的价格。我们知道，如果股票价格在 110 美元以下时，期权就一文不值。买家根本就不会去行使期权。也就是说，在 70% 的情况下，这个期权不值什么钱；有 20% 的情况，它值 10 美元（如果 1 年后的股价是 120 美元）；剩下 10% 的情况，它值 20 美元（如果 1 年后的股价是 130 美元）。由此，我们就能算出这个期权合理的价格了。我们可以将期权的价值乘以相应的概率得到它的价格，也就是期望值，如表 6-2 所示。

表 6-2 期权期望价值

1 年后股票价格的预期值（美元）	概率	到期看涨期权价值（美元）	期望值（概率 × 到期看涨期权价值）（美元）
90	10%	0	0
100	20%	0	0
110	40%	0	0
120	20%	10	2
130	10%	20	2
		合计	4

在这个例子当中，这个期权 1 年以后的价格是 4 美元。由于我们是在 1 年之后才能得到这 4 美元，所以刨除时间价值之后，它的现值应该是 3.64 美元。

但这并不是说我们买了这个期权就一定会拿到 4 美元。实际上，根据实际情况，我们依然会得到 10 美元、20 美元或者什么也得不到。但总体上平均下来，我们会得到 4 美元。换句话说，如果我们不停地买入该项期权，我们的平均收益会达到 4 美元。这就是大数定理。

这个模型告诉我们期权的价格和已知的可知因素相关，如股价、行权价格、到期日和利率。期权的价值取决于一个关键变量——波动率。这是一个重要的已知的未知因素，它要解决的问题就是从现在到期权到期日，股价将如何变化。也就是股票的波动率。

让我们换一个角度来看期权费。你给你的汽车上保险，保险公司就向你收取保险费。保险公司要保证保费收入加上保费的投资收入在支付未来报损的保费支出之后还有盈余。于是，保险公司就反过来算。他们根据之前的历史经验，先计算出他们保险合同可能的赔付金额，然后算出保费的投资收入，最后确定投保价格和利润。期权就是对价格进行投保，它和保险合同的定价原理是一样的。

这个模型操作起来并不容易。你需要知道股价可能出现的和其相对应的可能性。交易一方会向另一方发送一张长长的单子，上面列着每种价格和相应的可能性。他们会来来回回地争论股价的区间和相应的概率，直到双方都满意为止。这样的话，交易商一天可能只能做一笔交易，这样效率太低了。

此外还存在着其他问题。这种方法是建立在大数定理之上的。在保险公司，他们有足够的保单，可以相对准确地算出每年通常的理赔数量；但如果你只有一个期权，你要么赚要么赔，所以交易员需要知道自己面临的风险。那么交易员如何做到这点呢？布莱克、斯科尔斯和默顿给出了答案，他们的名字也因此被写进了历史。

创世纪

布莱克、斯科尔斯和默顿三人是如何得出期权定价的著名等式的？这在坊间有许多版本的说法。布莱克和斯科尔斯做了一个简单的假设，股票价格变动的概率分布是事先已知的。接下来你只需要用股票的市价和市价变动就可以算出期权到期日股价的分布情况。这个设想看似简单，但起到了非常重要的作用。

他们假设价格变动是随机的。这段时间正好是芝加哥学派流行的年代，价格变动遵循著名的正态分布。你现在只需要知道两个因素就可以知道未来期权的价值——价格变动的中位数和标准差。他们假设价格变动的中位数应该等于利率。事实上，股票价格会朝着远期价格移动。你可以忽略中位数。这样期权价值就取决于标准差，也就是股价变动的幅度。

这个论证过程也可以用另一种方式得出，这就是复制游戏。假设你有一个神奇的方程，你可以用它来计算期权的价格。它能够告诉你股票价格的微小变动会对期权价格产生什么影响。假设股票价格变动1美元，期权价格相应变动25美分。这样交易员就可以对期权设置对冲。他们可以买入1张股票，同时卖出4份看涨期权。设置对冲后，投资组合就不会受到股价变动的影响。如果股价上涨1美元，那么交易员就能赚到1美元；与此同时，股票期权就会损失1美元。最后交易员不赔不赚。这样投资组合就不受风险影响，可以像存款那样赚利息了。

这两种方法殊途同归。布莱克运用数学知识得到了一个微分方程。要计算期权的价值，就得先解决这个微分方程。但他对微分方程式不是很熟悉，因此费了很大的劲才找到问题的答案。有趣的是，这个等式和物理学中著名的"热传导"方程式很类似，只不过热传导方程没有解决。最终，这个等式被解开了。

默顿对解决问题做出了巨大的贡献。他引入了连续时间的概念和数学表达式——随机积分。股票的价格随时都在变化，每时每刻都在被交易。因此，他们能用伊藤引理来解开这个方程（伊藤是个另类的日本数学家，他后来完全忘了如何得出这个引理的）。

布莱克和斯科尔斯在他们发表这篇突破性论文时遇到了不少困难。顶尖的学术期刊拒绝发表的借口多种多样，比如太专业了、与金融相关但和经济学不太相关、版面不够、无法发表收到的每一篇论文。布莱克认为学术期刊拒绝发表他的文章只是因为自己不是学者，他当时在波士顿的一家咨询公司（理特管理咨询公司）当顾问。在他的一生当中，他一直对学术生活抱有怀疑和谨慎的态度。

最后，在一些如默顿·米勒和尤金·法玛等著名学者的帮助下，布莱克-斯科尔斯模型最终在1973年被刊登出来，标题为《期权和公司债定价》。[4] 默顿不久也独立发表了一篇《理性期权定价理论》的论文。[5]

下面是布莱克-斯科尔斯期权定价模型的公式：

$$P_{ce} = S \cdot N(d1) - Ke^{-Rf \cdot T} \cdot N(d2)$$

其中

$$d1 = [\ln(S/K) + (Rf + \sigma^2/2)T]/\sigma\sqrt{T}$$

$$d2 = d1 - \sigma\sqrt{T}$$

其中，P_{ce} 为欧式看涨期权价格；S 为资产价格；K 为行权价；T 为距离到期的时间;Rf 为无风险利率;σ 为资产回报波动率;$N(\mathrm{d}1)$ 为正态分布的累积分布函数在 d1 的值;$N(\mathrm{d}2)$ 为正态分布的累积分布函数在 d2 的值;ln 为相关数的自然对数值;e 为指数(近似 2.718 2);$Ke^{-Rf.T}$ 为当利率为 Rf 时,为了在到期日取得金额 K 而需要在 T 期间内投资的现金值。

欧式看跌期权的价格可以用下面的公式计算:

$$P_{pe} = Ke^{-Rf.T}.N(-\mathrm{d}2) - S.N(-\mathrm{d}1)$$

尽管这个公式看起来很吓人,但你只要具备了高中数学知识就能够计算出期权的价值。

要不是之后发生了一系列的事件,这些论文估计到现在还无人问津。1973 年,芝加哥期权交易所开始买卖一些以大公司股票为标的的期权,很快,布莱克-斯科尔斯公式成了期权定价和交易的市场标准。惠普公司推出预装了布莱克-斯科尔斯期权定价模型的计算器,超级模型⊖的时代终于来到了。

由于他们的杰出成就,斯科尔斯和默顿获得了 1997 年的诺贝尔经济学奖;而布莱克早在 1995 年因患咽喉癌去世了,没有得到诺贝尔奖。要想得到诺贝尔奖,除了比学术贡献之外,还要比谁活得长。有人猜测评审委员会曾经犹豫是否将奖项授予期权定价模型的创建者,因为他们觉得这个模型被广泛地当作赚钱的工具,而且创始者积极参与商业活动。

布莱克认为这个模型阐述了他所钟爱的均衡理论,即风险和收益是相联系的。除此之外,他觉得没有其他的意义。在实务当中,人们认为模型的模拟理论(默顿的观点)更为重要。交易员现在可以通过买卖标的股票来调节期权的风险;这个模型可以买卖股票、赚取差价,同时还能够买卖期权。

> 布莱克对模拟模型的态度不置可否,他似乎已经预见到了这种模拟操作的后果。

布莱克对模拟模型的态度不置可否,他似乎已经预见到了这种模拟操作的后果。

期权定价理论大致在 20 世纪 60 年代末 70 年代初成型。那个时代充满了政

⊖ 此处的英文为 model,为双关语,既可指模型,也可指惠普计算器的型号。——译者注

治动荡和社会变革——越南战争、水门事件、黑人和女权运动，以及后来的性解放运动。那个时代最显著的标志就是性、毒品和摇滚乐。有趣的是，标准差（波动率）也从此改变了金融界。

福音

在之后的几年里，期权定价理论经历了许多发展。布莱克-斯科尔斯-默顿模型被奉为圣经。后人的贡献主要是从不同的角度对其做出阐述。

约翰·考克斯（John Cox）、斯蒂芬·罗斯（Stephen Ross）和马克·鲁宾斯坦（Mark Rubinstein）等三位学者建立了二叉树期权定价模型。他们创立这个模型的目的是为了给学生讲解期权定价模型，但不需要学生具备几何布朗运动、积分和伊藤引理等数学基础。他们假想在一个纯粹的世界里，股价在一个固定的时间段中要么涨要么跌，然后算出期权的价格。

假设现在的股价为100美元，你预计它在1年后会上涨或者下跌10%，也就是说1年后它的价格为110美元或90美元。假设有一项1年期的看涨期权，行权价格为105美元，现在你要为它定价。利率假定为10%。按照对股价上涨和下跌的预计，你可以计算出看涨期权的价格，如图6-1所示。

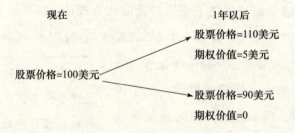

图6-1 股票价格和期权价值

使用模拟的方法建立一个无风险的对冲，我们买入股票来对冲看涨期权。所谓无风险，也就是无论股票价格是跌还是涨，投资组合的价值都不会发生变化。比如下面这个无风险投资组合：

- 假设我们卖出一份看涨期权，我们需要买入Δ份股票来对冲风险。
- 投资组合的价值在股票价格变化前后应当保持不变，因此Δ的值可以通过下面的等式求得。

$$110\Delta - 5 = 90\Delta$$

$$\Delta = 0.25$$

也就是说要对冲一份看涨期权，你需要持有 0.25 份的股票。无论股票价格是上涨还是下跌，在期权到期时投资组合的价值为 22.5 美元。

无风险的投资组合可以取得无风险利率。通过下面的计算，我们可以得到这份期权的公允价值：

- 无风险投资组合的现值，也就是今天的价值

$$e^{-Rf \cdot T} 22.5 = e^{-0.10 \times 1} 22.5 = 20.36 \text{（美元）}$$

- 利用交易开始时股票投资组合的已知价格来计算期权的价值（$0.25 \times 100 = 25$）：

$$\text{股票投资组合的价值} - \text{期权费} = \text{无风险投资组合的价值}$$

$$25 - \text{期权费} = 20.36 \text{（美元）}$$

$$\text{期权费} = 4.64 \text{（美元）}$$

考克斯、罗斯和鲁宾斯坦的方法可以将成千上万个分叉汇总在一起，最后计算出期权的价格。它的思路除了和布莱克-斯科尔斯-默顿模型一样外，还有其优点。原来模型不能解决的问题，新模型都可以解决。而且那些在到期之前就行权的期权或者有着稀奇古怪的行权条件的期权也能对付。但二叉树模型有个缺点，数据量大而繁杂。解决问题的是电脑。随着电脑的普及，解决更加复杂期权定价问题的能力越来越强。期权定价开始和电脑结合在了一起。

以债权为标的的期权带来了新的挑战。在债权到期之日，债权的价格等于它的面值，也就是说你得到的正是你当初投资的金额。要是公司不倒闭的话，大部分都符合这种情况。这样，债权越临近到期日，它价格的波动性就越小，逐渐接近零。债券的价格还和一系列利率相关，并不像股票那样取决于单一的因素。传统的模型无法解决这些问题，它们只适用于固定的波动率和单一的价格因素。研究人员通过将树形图和债券利率变化情况结合起来，终于找到了答案。

标准期权定价模型并不和市场价格保持一致。当行权价和现价相差很远时，期权定价就采用较高的波动率。研究人员设计了复杂的模型来计算期权的价格，

将波动率"曲面"和内置的波动率"微笑曲线"考虑进来了。你应该还记得国民西敏寺银行如何错误地处理了"微笑曲线",最后损失了上百万英镑。

学术界和投资银行里的数理分析师对期权定价模型的研究达到了前所未有的规模。程序主义的时代来临了。不断进步的电脑技术和要求快速找到复杂产品的需求使得人类可以用电脑运行程序。

数值方法受到了重视。人们使用三叉甚至多叉树模型、有限差分模型以及解决定价问题的终极武器——蒙特卡罗模拟。你还需要做一些微调,让模型符合市场价格。技术取代了分析和论证,复杂的数量技术取代了判断。人们唯一关心的理论是大一统理论,也就是如何设计一个模型,用它可以解释一切现象,而不是像现在这样需要使用不同的模型和变量。

凯恩斯很早之前就指出了这个问题。"最近数理经济学绝大部分内容都华而不实,就像它们所依据的假设那样不精确。作者因此迷失在了浮夸和无用的符号当中,而忽视了现实世界复杂性和事物之间相互作用的关系。"[6] 在最终给印度尼西亚人造成毁灭性损失交易当中那些完全无用的公式㊀现在随处可见。

模型经常失效。换句话说,交易商用这些模型遭受了损失。一个新词"模型风险"就产生了。久经战场的交易员不愿让模型取代判断;量化分析师把他们看成是卢德派,现在都靠信仰;交易员变得越来越倾向不可知论或者无神论。交易员和量化分析师之间的自然平衡关系又恢复了,均衡理论最终胜利了。

希腊字母的悲剧

交易员不需要很了解模型。正如伊曼纽尔·德曼所说:"环法自行车选手不知道牛顿定律也照样能在弯道处转弯。"[7] 交易员利用模型来定价,更主要的还是用它来给他们的交易设置对冲。这也是复制方法重要的原因。

交易员用希腊字母来衡量风险:

Delta(Δ):Δ 是期权定价模型方程中期权价格对股价的导数。它衡量的是

㊀ 指那个简化后结果为 0 的公式。——译者注

股价变化对期权费产生的影响。

Gamma（γ）：γ是期权定价模型方程中期权价格对股价的二阶导数，它表示股价变化对德尔塔产生的影响。

Vega（κ）：κ是期权定价模型方程中期权价格对股票收益变动程度的导数。它代表股票收益变动对期权费产生的影响。

Theta（τ）：τ是期权定价模型方程中期权价格对距离期权到期时间长短的导数。它表示当到期日越来越近时，期权费会如何变化。

Rho（ρ）：ρ是期权定价模型方程中期权价格对无风险利率的导数。它表示的是当利率变化时，期权费会如何变化。

通过定价模型，交易员能够得出这些风险系数，然后在市场上通过买卖来化解这些风险。如果模型有错，那么价格和对冲设置也会跟着错。

所有的模型都会做前提假设，否则它们也不会被称为模型。但问题是这些假设很少符合现实情况。期权模型假设资产无时无刻不在交易，但事实并非如此。模型假设价格不会出现跳跃式的变动，事实却经常如此。模型假设价格变动呈正态分布，其实它们并不是这样。模型假设你知道从现在开始到期权到期这段时间内价格的波动率，但你只能做出猜测。这些都是显著的缺点。

此外，使用模型还会遇到一些更加细微的问题。你不但要知道波动率，还要知道资产价格变动的轨迹。15%的波动率可能是由一系列小的变动累加引起的，也可能是由一个大的变动引起的。如果变动率是由于一个大变动导致的，交易员很难化解由此产生的风险。市场变动并不像理论描述的那样简单、有规律。

模型失灵

我仍然记得第一次真正体会到模型失灵时，那种情形造成的巨大痛苦。我之前经受过几次失败，但好在还能够对付，我才保住了饭碗。之后，我和一个优质客户达成了一项为期半年的外汇期权交易，价值10个亿。销售柜台的员工给了我很大的压力，我傻傻地同意了。这项期权看涨美元同时看跌澳大利亚元，行权价格为0.7210美元比1澳大利亚元。对手有权从我手中买入10亿美元，他们相应地支付给我 1 386 962 552 澳大利亚元。他们只有当澳大利亚元兑美元的价格跌到 0.721 0 以下时（比如 0.70），才能行权。

我在外汇市场上买卖，来给我的期权设置对冲。根据我们的定价模型，我得卖出澳大利亚元，买入美元。具体就是让期权的德尔塔和外汇交易的德尔塔匹配。如果澳大利亚元价格走低，对方就很可能行权，那么我就得卖出更多的澳大利亚元，买入更多的美元。这样等到对方行权时，我才能有足够的美元支付给对方，同时可以用收到的澳大利亚元填补之前卖出去的仓位。如果澳大利亚元价格走高，由于对方行权的可能性不大，我就减持对冲的仓位。这种方法叫德尔塔对冲或者动态复制。这个工作貌似十分简单，连猴子都能干。这也是我能得到这份工作的原因。

一切正常，直到到期前的最后一天。澳大利亚元兑美元的汇率为 1:0.733 0。这个期权成了价外期权，没有什么价值。德尔塔接近 0。按照模型，我不需要做对冲。对方在期权到期时不会行使期权。

期权的到期时间是东京时间下午 3 点。一天的交易活动开始了，我正在交易大厅里参加例行早会。突然，我听到经纪人那边传来一阵阵尖叫声。原来一家对冲基金正在疯狂地抛售澳大利亚元。那家对冲基金趁着大家还睡眼惺忪的时候在悉尼早市上出售大量的澳大利亚元。澳大利亚元兑美元的汇率此时跌到了 1:0.722 附近。其他的交易商也跟风抛售。到了 11 点左右，1 澳大利亚元的价格跌到了 0.720 8 至 0.721 5 美元之间。我的心七上八下。

汇率现在接近了期权的行权价，行权的可能性十分大。期权的德尔塔值现在接近 0.5，输赢只在一念之间。由于汇率变动得太突然了，我已经来不及设置对冲。市场出现了缺口，我完全暴露在风险当中，一丝不挂。如果对方行权，每 1 个外汇基点都会导致 139 000 美元的损失，相当于 192 000 澳大利亚元。我被"伽马"了。期权交易员最害怕这种风险了。如果你作为期权的卖方，你迟早会遇到这种情况。

我顿时手足无措。我要判断对方是否会行使期权。如果对方行使了，我就得卖出 10 亿美元，同时买入等值的澳大利亚元。这样刚好能够填补期权的现金流。如果对方放弃行使期权，那么我就不需要设置对冲。但问题是，我并不知道接下来会发生什么情况。

患难见真情。从他们对我避而远之的态度看，我好像得了恶性口臭病，他们感到死亡正在逼近。风险经理好心地告诉我，我已经超过了交易上限，他们得把我违反规定的事向上面报告。量化分析师不敢相信市场竟然会拉开如此大的缺口。交易大厅的负责人是一个没有交易经验的退伍老兵。他在那儿管理和领导大家干活，在此之前他一直大谈特谈他的战斗经历。此时，他惊慌失措，一会儿骂我，一会儿呕吐。我开始考虑我退出金融江湖后的出路，我可能会去开出租。

马蒂救了我一命。他是首席外汇交易员，我们都喜欢打板球。他让我不要对冲期权的德尔塔。"让我们看看事情会如何发展。"我们一直盯着持仓量，就像我每次上洗手间，他们都紧盯着我，生怕我逃跑一样。

与其他交易商和经纪人闲聊一通之后，马蒂发现对冲基金的交易员抱着机会主义的心态建了一个短期的仓位。他们只要投机赚钱。现在该运用《孙子兵法》了：利而诱之，乱而取之。

马蒂等啊等，等到日本的交易商中午吃完面条回来。他试探性地买入少量的澳大利亚元。他随意地通过银行间的经纪人或者直接和其他交易商买卖。他给市场传达一个信号，有人愿意在这些价位上买入澳大利亚元。1澳元的价格逐渐升到了0.7235美元至0.7242美元之间。

惊心动魄的时候来了。马蒂现在让他手下的交易员突然出击，不停地买入澳大利亚元，给市场造成有人大量买入的假象。我感觉我瞬间相信了上帝的存在，并开始祈祷。

> 惊心动魄的时候来了。马蒂现在让他手下的交易员突然出击，不停地买入澳大利亚元。

澳元的缺口开始缩小。那家对冲基金突然发现原本巨额的利润转眼成了亏损，他们也加入了疯狂买入的队伍。他们拼命地把之前卖掉的澳元又重新买回来。马蒂正把之前买入的澳元卖出去，也许接手的正是这家对冲基金，因为对方想把头寸调换过来。我们终于脱险了。

当天澳大利亚元的汇率以0.7308~0.7315美元收盘，跟前一天的收盘价和当天的开盘价差不多。对手没有行权，而我们却从外汇交易中赚了一笔。虽然这场战斗只持续了 6 个小时，但我却觉得我老了 15 岁。

交易大厅负责人打电话到伦敦，报告我们如何在他的英明领导下躲过了一场灾难。马蒂说我们英勇的领导从来也没见过惊心动魄的场面，而我看得已经够多的了。我终于明白以后再也不能搞这么大的持仓量，再也不能弄如此大规模的期权空头了。我承受不了伽马。但别人则从中学到了其他的东西，不过他们的结局都一样。

犯罪现场见证 1：1987 年，"噢，老弟！"[⊖]

将复制法应用到期权定价模型中的想法直到 20 世纪 70 年代末才得到重视。海恩·勒兰德（Hayne Leland）作为一名金融学教授很担心市场行情，特别是他个人的财务问题。在 20 世纪 70 年代，债券市场和股票市场都出现了崩溃；高企的通货膨胀率和不断攀升的利率预示着危机正在逼近。勒兰德想到了设立投资组合保险的主意，这样他就能有钱给他的孩子支付大学学费了。股民们可以缴纳一定的费用，为他们的投资组合投保，将他们的投资风险控制在一定的范围内。

投资组合保险这个名字听起来挺诱人，但这个点子并不怎么样。任何人都可以买入以股票为标的的看跌期权，来达到保值的目的。勒兰德、约翰·奥布莱恩（John O'Brien）和马克·鲁宾斯坦（Mark Rubinstein）建立了 LOR 公司来推销这个点子。在 20 世纪 80 年代早期，公司迎来了大批客户。到了 1987 年，大约有 600 亿美元的投资组合购买了 LOR 公司和类似公司的投资保险。

这个想法很简单：LOR 公司向客户出售以标普 500 指数为基准的股指期货，该股指期货能够保护投保股票组合的价值。事实上，他们是在模拟以市场指数为标的的看跌期权。LOR 公司的电脑忙碌地工作着，根据价格变动一天对对冲做出好几次调整。这种看跌期权也被称为德尔塔对冲。不要去管伽马风险。

[⊖] 作者一如既往地喜欢用影视作品的名字作为章节的标题，希望达到某种效果。老弟的原文为 LOR – DY，原意是 LORD（上帝），作者之所以这样用，是想借指下面的 LOR 公司。——译者注

1987年10月19日，美国股市当日蒸发了20%的市值，而之前一周股市已经下跌了10%。投资组合保险公司极力地对冲，期权市场上出现了抛售。抛售导致价格下降，引发人们进一步抛售，这真是恶性循环。布雷迪委员会指责投资组合保险公司加速了这次股市的崩溃。

投资组合投的保险并不起作用。投资者花钱买个最低保障，但他们最后却没能得到最低保障。他们比那些没投保的投资者稍微好一点，但不管怎样，他们还是蒙受了巨大的损失。

从正态分布图来讲，1987年股市崩盘事件处于20标准差开外的区间，可以说是不可能发生的。市场出现了巨大的缺口。交易并不是持续不断的。看来市场并不理睬有效市场理论。

> 从正态分布图来讲，1987年股市崩盘事件处于20标准差开外的区间，可以说是不可能发生的。

犯罪现场见证2：1992年，欧洲汇率机制

20世纪90年代早期，如果把欧洲货币的汇率连起来，你会发现这条曲线就像一条蛇那样蜿蜒连续，所有欧洲货币的汇率都围绕着某个固定价值，在一个狭窄的汇率区间内变动。汇率会定期进行调整。1992年，英国英镑和意大利里拉面临巨大的压力，这两种货币的交易价格一直处于价值区间的底部。市场预计这两种货币会很快贬值。

我当时已经跳槽到了买方，在一家公司主管资金部门。我们的资产以英镑和里拉计价，而我们的负债则是以德国马克计价。一旦发生货币贬值，我们必死无疑。我马上向我的老板建议买入一些期权来对冲风险，接着我的老板再向上面传达，最后首席执行官把这个建议报告给了董事会。经过漫长的考虑之后，我们终于决定买入一些行权价在固定汇率区间以下的期权。我的老板对买期权的花费很不高兴，像机器人马文一样埋怨说："它们没有用。"

美国的银行对这笔生意并不上心。交易员是个精明的加利福尼亚人，他想方设法要来澳大利亚拜访我们，这样他就能到邦迪海滩冲一下浪。"哥们，非常危

险！如果它们贬值了，短期内很难反弹。我可不想强撑着坐在这儿，这会要了我的命的。"他的话一语双关，但意思却十分清楚。

> 你在白白给我钱，你这个彻头彻尾的傻瓜。

欧洲的银行交易员是一名法国工程师，他毕业于法国一所顶尖的学校，和许多法国领导人是校友，但他似乎是个例外。他沉默寡言，对我们的愚蠢表示惊讶。"你们想以低于价格区间的下限买保险，你们真是蠢透了。价格不会跌到那么低。"我坚持己见，更让他觉得我蠢了。"你在白白给我钱，你这个彻头彻尾的傻瓜。"

我回应说如果这件事不可能的话，这个期权应该免费，至少会便宜。这个法国人似乎对这一点视而不见，然后开始抱怨起模型、资金费用、对冲成本和其他杂七杂八的事，但我们最后还是买了期权。我们买了看跌英镑、里拉兑德国马克的期权，金额大约1亿美元。这个价格接近理论模型价格加上利润。银行的模型似乎没有考虑由于货币贬值而引起的价格陡升。这个自负的交易员在成交的时候还告诉我说，他还没见过我这么愚蠢的人。

两周之后，欧洲汇率机制垮了，英镑和里拉随之贬值。市场陷入了一片混乱。这两个期权都成了价内期权。连我的老板都很高兴，显然是他提出来要对冲的。成功的时候往往有许多人出来请功，失败的时候，承担责任的人只有一个。事实上，我们并没有赚钱，我们只是避免了巨大的损失。这次可以说是名副其实的对冲。

犯罪现场见证3：1998年，英国论磅买

1998年，英国的养老基金遇上了麻烦。在英国，当人们退休的时候，他们通常会拿到退休金，同时买入年金。英国的寿险公司提供保底年金期权合约

㊀ 英文原文为 hold on to my balls，ball 本意为睾丸，也引申为勇气的意思。——译者注

㊁ 作者在此又玩弄了双关语，在英语里，pound 既可以指货币单位英镑，也可指重量单位磅。——译者注

（guaranteed annuity option，GAO），保证退休的投资者在有生之年可以每年拿到高出最低收益的回报。由于当时的利率很高，所以保底的利率也高，大约在10%。事实上，寿险公司出售了长期利率期权，但他们当时并没有意识到这一点。

法律规定寿险公司要确保公司的投资能够支付可能向投保人赔付的金额。要做到这一点，保险公司主要靠精算和谨慎性原则。寿险公司通常买入英国的国债来对冲保底年金合约的风险。

到了20世纪90年代，这些寿险公司开始为这些合约头疼了。英国的退休老人并没有那么快去世：退休后预期寿命从十五年提高到了二三十年，这样保险公司需要支付的年金也相应地增加了。精算师撅起了嘴：寿险公司需要购买政府债券来对冲年金风险。而同期英国的利率下跌，导致保险公司收入下降。由于撒切尔夫人的私有化，政府还清了许多债务，发债的数量也大大下降了，因此债券的供给短缺。

由于利率下降，保险公司出售的期权变得越来越值钱。寿险公司麻烦大了。他们没有对内在期权做对冲，但这个问题并没有很快地浮现出来。精算师通常以10年为单位来考虑问题，他们不愿意匆匆下决定。最后，这个问题暴露出来，保险公司不得不按照法律规定来对冲风险。

这个对冲涉及利率期权，或者称为互换期权。在买方互换期权中，原本按照浮动利率取得利息的买方现在有权取得固定利息。如果利率下跌，购买者就能获利，而利率下跌会让保险公司在保底年金合约上受损失。这样，两相一抵，风险就对冲掉了。

交易商非常喜欢这项业务，因为他们又有大笔的钱可赚。一家保险公司从一家银行手中一下子购入了30亿英镑的互换期权。这些合约的期限非常漫长，长的能达到30年，有些时候能到40年。比较典型的10年期的期权转换成期限在20~30年之间的互换。这可是座金矿，但是要从里面挖出金子来还是要冒风险的。交易商很难为这些交易建模和设立对冲。

由于已知的利率数据覆盖不了这么长的时间段，模型的设计师需要推断出合约期内的英镑汇率。这完全是凭空想象，现在完全没办法知道。期权购买者可以在某个固定的日期行使期权。人们将具有这种特征的期权称为百慕大期权,就像百慕大的位置位于美国和欧洲之间。交易商驶入了百慕大三角。

模型设计师使出了他们所有的暗器:均值反转、多因子、细网树、蝶螈之眼和毒芹菜。他们为使用哪种模型展开辩论——BDT(boring dervish tantrums)、HW(hog warts)还是 TFM(the full monty)。他们比较各种实施方法,这真是太有趣了。

最后,市场迫使交易商设计出了一个并不完美的对冲。他们运用了所有能够派上用场的方法,因为再多的工具也不够用。他们买卖政府债券或者政府债券远期、他们做了远期英镑互换,甚至还用了欧元计价的债券、互换和期权来对冲英镑的头寸。这就是古老的基差风险。

当交易商正和苏格兰孤儿寡母保险公司(Scottish Widows and Orphans,一家真实存在的保险公司)谈判时,对冲基金出场了。包括长期资本管理公司在内的对冲基金嗅到了价格差异。英镑 10 年和 15 年的远期互换价格差为 80 个基本点,而德国马克的价差只有 20 个基本点。如果英国放弃英镑,改用欧元的话,这个价差就会消失。英镑期权波动率在期权互换和最高上限之间也不同。交易员盘入了大量的头寸,希望把这些价格差异纠正过来。看好英镑的交易商很乐意做买卖,迅速地积攒了大量的头寸。

1998 年年末,这场游戏结束了。8 月份,长期资本管理公司倒闭了。英镑和欧元的价差并没有缩小,反而拉得更大了。英镑互换期权的波动率从每年 11%上涨到了每年 17%。那些模型突然不起作用了,它们需要做出调整。之前模型认可的对冲现在又都被模型否定了。交易员得重新调整对冲,并清理他们的头寸。当达到止损点时,对冲基金开始卖出;市场流动性降低,头寸更加难以降低。谁也不知道交易商损失了多少,但据说每家银行损失不下几十亿。

犯罪现场见证 4:1998 年,亚洲狂热

20 世纪 90 年代,亚洲的掘金潮给低俗小说家带来了一个绝好的题材——稀奇古怪的金融产品、神秘的东方世界和花花绿绿的钞票。衍生产品突然涌入了运

作不灵的当地外汇市场；这一切都是当地为了表现出现代化和摆脱落后的面貌而产生的。西方的投资银行鼓励发展亚洲的衍生品市场，希望用他们的知识来赚钱。他们想尽办法让那些本地人来和他们做买卖，然后轻轻松松地大赚一把。

他们无论怎么也想不到他们会如此成功。我现在每天花时间来研究印度尼西亚面条商和美国投资银行之间的交易，这笔交易就是他们成功的实证。

在亚洲市场上，原本一张支票好几个星期都不能兑现，现在突然出现了衍生产品交易。亚洲到处都是赌徒，而且衍生产品和赌场相差不多。如果你输了，你可以说对方耍老千。如果你对亚洲外汇市场缺乏热情，那么你就是打压新兴国家的殖民主义者。

每个人都嗅到了钱的芳香，毫不犹豫地冲进市场。利润率急剧下降。交易员冒着风险，但他们的报酬却和风险并不对称。不过他们丝毫不在乎。

我曾经问一个交易员他们是如何设置对冲的，他一脸迷茫。他只是按照市场情况设置相反的持仓量。"有足够的交易量吗？"当然！亚洲外汇市场上本地和国外的投资者经验都很丰富，而且资金相当充足。在他看来，我似乎很愚蠢。"我们用复杂的交叉对冲和代理模型，你们那会儿不是用相关对冲吗，老前辈？"

交易员用了一篮子的美元、日元和欧洲货币来对冲亚洲市场。亚洲货币的汇率由中央银行管控，并与其他外币挂钩。这种情况很快就到头了。1997年，货币挂钩制度崩溃了，市场达到了新的"水平"，交易员被横着抬出来。模型设计师开始思考"模型转换"和"间断市场"。

一些银行比较聪明，它们将两个具有自杀倾向的玩家撮合到了一块，但这并不起什么作用：那些参与交易的人都得了健忘症。这可能是损失对他们造成的打击太大造成的。如果他们能够想起来，他们的记忆也不会和你的一样；你曾经说过他们不会亏钱；损失一定是评估错误造成的。如果你证明损失是他们造成的，他们会使出最后一招——他们拒绝付款，并申请破产。

一些谨慎的银行在交易中让当地银行作为中间方。他们以为当地银行会付钱给他们，但他们想错了。面对本地客户和外国银行发生争议时，本地银行只会做一件事情，即他们会说他们什么都不知道。他们把手续费往自己兜里一装，然后让双方自己直接解决。当地的法院也持这种态度，但外国的法院则截然相反。当地法院拒绝执行外国法院的判决。这些银行还不够老谋深算。

模型攀比

量化分析师现在是交易大厅的重要成员。他们躲在电脑屏幕后面，为了给衍生产品柜台叫卖的衍生产品定价而绞尽脑汁。他们为交易员提供对冲的工具，并测量头寸的风险。量化分析师"内置"在交易大厅里。面红耳赤的交易员和稳重的学者走到了一块，这种组合真是令人匪夷所思。

我曾经在大学里教过书，干得不是很愉快，只做了很短的一段时间。那时，我决定参加一个"实证金融研究研讨会"。我想融入大学里，贡献出我在实务工作中的经验。

主讲的访问学者开场就花了很多时间列出了他的假设。我听得很认真，并做了笔记。他列出了大约 20 个假设，其中有 18 个是错的，而且大多错得离谱。我觉得我可以做点什么：我把这些假设从头到尾过了一遍，解释它们在现实世界里会带来什么问题。我简单解释这些假设会对结论的有效性产生什么影响。我只想帮个忙。那个主讲人开始激动起来，看来我不明白这里的规矩。他打断我说："假设所有列出的假设都有效。"为了加强效果，他还瞪了我一眼，把我晾在那儿。现实是错的，而他则是对的。

一家德国银行从一所顶尖大学聘请了一名教授，让他帮忙衡量风险。这位教授花了好几个月终于把风险算出来，并将它汇报给董事会。经过仔细的分析之后，他得出结论，认为银行"完全没有风险"。银行的交易部门主管回应道："我很希望您是错的，教授先生[⊖]。如果您的结论正确，我们就赚不到什么钱了。"教授先生一脸迷茫。

每个星期，这个地球上总有一场衍生工具相关的会议：培训机构用它们来赚钱。有时候，即使会议桌是椭圆形的，他们也把会议叫作"圆桌会议"。很多会

[⊖] 先生的原文为德文。——译者注

议都是围绕各种模型展开的：普通模型、高级模型和超级模型。

所有和模型相关的研讨会都被特意安排在重要的金融中心里，比如巴黎、维也纳、瑞士阿尔卑斯山和梵蒂冈，而且是在六星级酒店里举行。参加会议的人员大多数是来自投资银行的量化分析师。这些出席会议的精英都想用自己的风头盖过别人，让别人知道谁才是宇宙的真正主宰。初级量化分析师希望能够从中取到经，竞争对手想来了解对手的"专有"模型。此外还有一些来找工作的学术界人士。学术界人士内心看不起那些从事实务的量化分析师："他们搞的不是真正的科学，他们是群巫医。"

这些会议常常让人失望：讲课的人为了给奇怪的结论做辩护，会抛出各种术语。会议的时间也很短：但足够他们推导出至少一个偏微分方程，然后对与其相左的理论进行挖苦讽刺。在走廊上，唇枪舌剑十分激烈。他们抬出一大堆名人，自吹自擂。他们按照奇怪的偏好结成帮派，如快速傅立叶变换和鞍点方法等。这里到处是模型攀比——我的"模特儿"比你的"模特儿"更性感。

遗漏的变量偏差

数学在金融中的应用非常取巧。它假设了许多我们不知道的东西，这包括已知的未知和未知的未知。假设你对利率和汇率之间的关系感兴趣。你可能通过历史价格发现两者存在正相关关系，利率越高，汇率就越高。但问题是这种关系并没有什么意义。

你可能忽略了变量偏差——股价比利率对汇率的决定作用更大。利率和汇率可能存在反向的决定作用；汇率可能影响利率，而不是利率影响汇率。这个答案准确吗？能经得住时间的考验吗？用来验证这种关系的原始数据是准确的吗？模型得以建立的真正的因果关系是什么？

费雪·布莱克认为交易员应该会讲"故事"，能够讲明白他们为何进行某笔交易。赚到钱并不能说明什么问题，你可能纯粹靠运气。一个精彩的故事并不能让你百战百胜，而一个糟糕的故事说明你在碰运气。量化分析师更加努力地"挖掘"大量的数据来"证明"他们的模型是正确的。只要有足够的数据，你就能证明任何事情。

混沌理论认为世界就是由无数块碎片组成的,就像著名的曼德尔勃特集合那样。在大众科学里,混沌理论被描述成亚马孙森林里一只蝴蝶扇动翅膀就能造成一场完美风暴。实际上,它是非欧几里得几何的一种形式(你在学校里学的是欧式几何)。人们用混沌理论来模拟复杂的现象,比如喧闹的金融市场。

为混沌建立模型,在极度混乱中找到规律这本身就是个可笑的事情。但量化分析师却不这么认为。他们缺少幽默感,但这并不是自嘲。他们的能力并不体现在他们是否能够解释某种现象或预测结果,而是让对方相信他们和他们对世界的解释。

模型风险也就是模型失误的风险。模型是对复杂世界的简单复制。罗伯特·默顿准确地解释了这个理念:"有时候我们会因为模型的计算太有趣了,而忘记了模型的最终目的。我们可以利用模型的公式准确地计算结果,但模型本身并不能准确地模拟真实的世界。它们模拟真实世界的准确程度在不同的时间和地点相差很大。在实务当中,我们应该谨慎地使用这些模型,同时也要意识到它们的局限性。"[8] 有趣的是,这话说了还不到一年,长期资本管理公司就破产了。

1995 年,默顿在他写的一段话里预见了长期资本管理公司 3 年之后的遭遇:"任何美德到了极端都会成为恶行。"在长期资本管理公司破产之后,一名公司员工说:"模型会告诉你 5 年之后事情会如何,但它不会告诉你这中间会发生什么事情。"

作为现代科学的奠基人之一的艾萨克·牛顿,也曾经糊涂过。因为南海股票泡沫的破灭,他在股市上损失了 2 万英镑。这在今天看来也是一笔不小的数目。牛顿痛心地说:"我能算出天体的运行轨迹,却搞不明白人类的疯狂。"

第 7 章

无国界的游戏

结构化产品的反转世界

利奥·梅拉梅德是金融期货市场的创始人之一。2005年在一次会议上,他的发言让听众疑惑不解:"互换(swap)到底是什么东西?要知道,在以前的新泽西,互换可不是什么好词。"[1] 衍生产品发财机会并没有持续很长时间。早期的利润空间在竞争的冲击下越来越小。衍生产品交易员在高利润率的驱动下,勇于创新。他们不是创造出复杂的衍生工具组合,就是开发新的市场。这些组合被称为"结构化产品",交易员并不希望客户看到产品的打包过程。内华菲尔和他那些投资银行的同事就是这样走过来的。

我们将这些结构化产品吹得天花乱坠,对客户保证他们可以按照他们自己的投资或对冲需求订制个性化的风险和收益组合。如果这些都不能说服客户的话,我们就会用上必杀绝招:"你的竞争对手也买了这些产品。"那些印度尼西亚人一定是听信了这些推销说辞:在这些产品的诱惑下,他们从此走上了不归路。

衍生产品的标的突破了利率和外汇的范围,开始引入股权、信用和商品等标的。但问题是每个新市场都很快达到饱和状态,利润随之下降。这就需要开发新的标的。交易员甚至把买卖的标的扩展到了灾难和天气。

到20世纪90年代,交易员一直在卖出和飓风及地震相关的债券。如果太平无事,你会得到更高的利率,但一旦某个地方发生了什么灾难,你就会赔钱。东京迪士尼乐园发行过一种债券,如果乐园遭受了地震,乐园就不需要将债券赎回。这个债券关键卖点是"零贝塔",地震和其他投资的收益并没有什么联系。谁也不知道投资者对地震和对里氏震级了解多少。

和天气相关的债券也在市场上出现:投资者兴致勃勃地聊着温差、降水量、河流流量、风速和浪高。在日本,和湿度关联的结构化产品非常受重视,反映出大部分日本人具有洁癖的习惯。一个推销天气衍生产品的推销员不带讽刺意味地说:"天气衍生产品的出现意味着答案已不在风中摇曳。"⊖许多投资者最后在冷

⊖ 原文为 blowing in the wind,借用了鲍勃·迪伦的歌曲《随风飘逝》(*Blowing in the Wind*)。——译者注

风中哆哆嗦嗦。

衍生产品也进入了新的市场：新兴市场带来了诱人的机会。那里的财富等待发掘。交易商都冲向拉丁美洲、亚洲和东欧。

我听过一个交易员向美国的基金经理推销业务的故事，但其真实性还有待考证。这笔业务是一笔债券业务，它的收益跟泰铢和日元的利息差挂钩。这个债券的利率非常高，有10%左右，而通常美元债券的利率只有5%。这名基金经理非常感兴趣，但他想进一步了解泰国。于是销售人员从一本旅游手册上弄了一张泰国地图和一段历史简介，传真给他。很快这笔生意就敲定了。

结构化产品就像一个童话世界，即使隔着千山万水，买卖双方也依然能够在一起嬉戏。但游戏的结果并不美妙。下面就是几个悲剧。

乐观的投资者[一]

橘子郡位于美国加利福尼亚州，衍生产品曾在这里造成了轩然大波，堪称金融行业的曼森谋杀案。橘子郡由于买卖结构化的衍生工具而损失超过15亿美元。

整个事件的主角是罗伯特·西特伦，一位堂吉诃德似的人物。他在橘子郡工作了大半辈子，最后经过选举成了该郡的财政局长。在他任职期间，投资组合回报丰厚，因此选民之后毫无疑问地又将选票投给了他。

橘子郡的管理委员会十分保守，他们对投资的范围做出了严格限制，只允许将资金投放到信用较高实体发行的债券（通常是政府债券）。而且为了降低风险，委员会只允许做短期投资。有了这些限制，生活在这里的富人晚上才能睡得踏实。

祸根在20世纪80年代末90年代初就已经埋下了。美国的利率急速下跌，收益曲线变得更加陡峭，短期利率非常低。橘子郡艰难地保持住投资回报率，而西特伦中了投资银行衍生交易员的邪。他们在他耳边念起了魔咒："收益增厚、

[一] 原文为 *Driving Over Lemons*，为书名，其中文译名为《吉他、羊奶、天堂》，系一名英国退役乐队鼓手记录自己在西班牙农村定居时候的生活经历。——译者注

收益增厚、收益增厚。"

橘子郡开始将资金投资于结构化产品。这次的大规模杀伤性武器是逆向浮动利率票据，我们在之前已经提过它。当末日来临的时候，投资组合里充斥这种产品：标准的、加了杠杆的、涡轮增压的、有毒的，此外还绑定了助推器。

西特伦利用这些逆向浮动利率来提高收益。他们支付的是固定利率（10%）减去短期利率（3%）。这意味着橘子郡的收益是7%。如果他们中规中矩地进行投资，收益远远没有这么高。当然，这也是有风险的。如果利率上升，收益就会急剧下跌。逆向浮动利率债券还暗含杠杆效应，这样它们对利率变化更加敏感。西特伦并没有就此止步，他用这些证券作为抵押，借入了更多的资金。他用这些资金又买了更多的证券。正如谚语所说：不入虎穴，焉得虎子。

这些投资符合橘子郡严格的投资政策吗？这些证券的发行方都具有较高信用等级，而且大多是美国的政府机构，比如房地美和房利美。这些票据都是短期的，因此符合规定。肉眼很难发现嵌入的衍生工具，杠杆效应也披上了外衣。而且你最多赔光本金，不会有更多损失。那么问题出在哪里呢？

到了20世纪90年代初，橘子郡在结构化票据和回购市场也算是数一数二的玩家。西特伦在回购市场上用他的证券作抵押，从中借入资金。每个银行家和交易员都对他大献殷勤，希望能够和他做生意。橘子郡就是一座金矿。

交易员在向橘子郡卖出的票据上赚一笔，他们在用衍生工具对冲结构化产品时又赚一笔，他们将钱借给橘子郡时再赚一笔，这样他们周而复始。橘子郡就像传说中的摇钱树：发行者得到了成本低廉的资金，但不承担风险，因为他们相信他们的风险都被对冲化解了。那谁在为这场狂欢买单？答案就是橘子郡的纳税人。

最好的时代……最差的时代㊀

20世纪90年代早期，橘子郡干得非常成功。他们的投资得到了丰厚的回报，

㊀ 作者在此引用了英国作家狄更斯的名著《双城记》里的开篇语。——译者注

回报率在 10% 左右，而同时期其他投资者的投资回报率只有这个数的一半。在灾难发生之后，这些主管似乎对当时到底发生了什么事情一无所知。他们并没有因为投资回报率高得离谱而产生怀疑。

到了 1994 年，西特伦管理的资产规模到达了 70 亿美元。在 3 倍的杠杆作用下，投资组合的规模大约为 200 多亿美元。橘子郡投资组合里的 60% 左右都是结构化产品，这些产品大部分又是逆向浮动。由于使用了结构化产品和贷款，投资组合对利率的敏感度大大增加，相当于 20 年期的债券的敏感度。这远远超出了规定允许的范围。

一些和橘子郡交易的交易商开始担心起来，尤其是那些向橘子郡卖出很多产品的交易商。交易商内部开始争论是否需要限制和橘子郡的交易额。有一家投资银行勇敢地提出了他们的担忧，并马上采取行动，决定不再扩大和橘子郡的业务往来。但大多数和橘子郡有业务往来的销售员并不愿意就此停止和橘子郡的交易。他们赚了太多的钱，他们不想杀死这只鹅，他们还想让它生蛋。他们公司的利润很大一部分来自橘子郡。

只要利率维持低位或者跌到更低，逆向浮动利率债券就能够带来收益。收益曲线也需要保持在盈利的水平——西特伦当然持乐观态度，他确定一切都没有风险。1993 年 7 月，西特伦信心满满地预测利率不会上升，并说出了他的理由："我是美国最大的投资者之一。这些事情我很清楚。"[2]

> 我是美国最大的投资者之一。这些事情我很清楚。

事实真相更加离奇。西特伦在南加州大学没有念完大学就辍学了，在高端金融方面的知识和经验十分有限。他用索引卡片和日历来记录他的交易日志。腕表计算器是他最复杂的分析工具（有趣的是，已故的费雪·布莱克也钟爱腕表计算器）。

在生活中，西特伦也举止怪异。他喜欢青绿色：他爱穿青绿色的衣服，戴青绿色的领带。他喜欢佩戴青绿色的首饰，开着一辆青绿色的克莱斯勒敞篷轿车。至少在那些经历过嬉皮士时代的人看来，这种行为在加利福尼亚大概不算出格。

之后的法庭记录披露了西特伦投资过程中的细节。他做出的财务决定大多依赖通灵大师和占星师邮寄的建议。西特伦承认他花了 4.5 美元从印第安纳波利斯的占星师手中买了一个星盘，然后用这个星盘来打理橘子郡的资金。

1994 年，格林斯潘在短时间内提高了美元利率，收益曲线变得平缓。橘子郡投资组合中的结构化债券价值下跌；同时借款的成本大幅度上升，导致收益迅速下滑。投资组合这下损失了大约 15 亿美元。

偏偏祸不单行。在回购市场上，橘子郡的短期贷款是拿这些结构化债券作抵押的；由于债券贬值，抵押物的价值也随之下跌。橘子郡需要追加抵押物，但没有充足的资金来满足保证金要求或者偿还借款。橘子郡需要卖掉金融资产来偿还。而卖掉这些逆向浮动利率债券会把投资组合的市价浮亏变成实际亏损。橘子郡将重蹈长期资本管理公司的覆辙。无奈之下，橘子郡申请破产保护。

不过在某一点上那个占星师的预言还是相当准确的，1994 年 12 月不是个吉利的月份。橘子郡是在 12 月 6 日申请的破产。

驱鬼人

橘子郡指定了几家财务咨询公司来帮忙管理投资组合，其中也包括一家投资银行，这让人忍俊不禁。其他的交易商之前和橘子郡交易频繁，因此已经构成了严重的利益冲突。这次委任只不过表示这家投资银行之前错过了发财的大好机会。

橘子郡清理了所有的结构化产品。这一举动遭到了几位诺贝尔奖得主的非议。卖掉投资组合虽然能够确保之后不会再有损失了，但它使原来的浮亏变成了实际亏损。

利率上升让逆向浮动利率债券的利息收入减少，但初始投资并没有受到影响。发债主体资信状况良好，到期时橘子郡拿到投资的本金不成问题。如果橘子郡能够将债券持有至到期，它可以将损失降到最小；利率波动产生的浮亏并不是什么大问题。橘子郡在债券到期之前肯定要经历利息收入的减少，但能够保住本金。但如果立即将债券出手的话，浮亏就成了实实在在的亏损了。

继续持有债券至到期的话，如果利率下跌，橘子郡还有希望获利。距离到期还有一段时间，橘子郡还有希望能减少损失。出售债券就意味着你损失了，即使将来利率跌了，你也没有机会挽回损失了。

借款让事情变得更加复杂。那些借钱给橘子郡的交易商要求偿还贷款或者追加抵押物。而这个问题是可以解决的，双方可以将贷款展期，延至债券的到期日。

不管怎样，橘子郡还是将债券平仓了。投资银行加入了这场血腥的厮杀。这些债券被重新组合打包出售，那些购买者是最后的赢家，他们以非常诱人的利率买到了优质的债券。这些交易商还设立了许多特殊目的实体来收购这些债券，比如有一个叫信托投资丰厚收益证券公司。真正流泪的是橘子郡的纳税人，他们为这场灾难付出了代价。

不是我的错，先生

橘子郡最终损失了超过15亿美元。人们对事件的原因做了大量的反省，但最后得出的结果大部分都是"除了橘子郡，谁都有错"。

按照一部电视纪录片的说法，物理学家难辞其咎。华尔街上的物理学家创造出了谁也不懂的结构化产品。承受了巨大压力的衍生品销售员像海妖那样将西特伦引向了暗礁。橘子郡将美林银行告上了法庭，称对方"恶意地、毫无人性地"将高风险的产品卖给他们。

法庭听证会变得越来越不可思议。西特伦说他大脑有缺陷，这对他理解数字、做出理性决策产生了影响，因此他被助理马修·拉比（Matthew Raabe）和所有投资银行误导了。西特伦称他的大脑缺乏辨别能力。他悔恨不已。"由于我的经验不足，我太依赖专家的意见了。我真希望我能够多参加一些和复杂政府债券相关的培训。"[3]

他还是当初那个"知道事情"的人吗？西特伦应该读过《圣经》中的《申命记》："你的牛羊加多，你的金银添增，并你所有的全都加增。你就心高气傲……恐怕你心里说'这货财是靠我力量、我能力得来的'。"一个幽默作家对橘子郡事件评论说："他们在其他项目削减了预算，把钱用来扩建这个游乐园。"

冰火两重天

对结构化产品来说，日本是一片特别肥沃的土地。20世纪80年代中期，嵌有衍生工具的债券在那儿如火如荼。在那儿，以信孚银行为首的美国证券公司与日本同行展开了一场竞争。

1985年，信孚银行和长期信贷银行（Long Term Credit Bank）做了一笔业务，从此进入了日本市场。在那个时候，长期信贷银行是日本最有名的银行之一；作为一家长期信贷银行，它为日本战后的产业复兴提供了资金。它还被评为AAA级，属于最高信用等级的银行。之后10年，长期信贷银行和其他许多日本银行一样遭遇了严重的亏损，最后被收归国有。

这场交易和一个离奇的债券有关：我的老板把条款书发给我，上面还附了一张纸条："请解释！！！"这个债券的利率很高，比一般债券高出1个百分点。而作为投资者一方的日本保险公司则承受了日元汇率上涨的风险，也就是日元兑美元的汇率超过169:1的风险。如果日元升值、美元贬值的话，投资者将受到损失。如果日元汇率上涨到84.5:1的话，那么他们将血本无归。投资者将大笔的赌注压在了未来10年日元汇率的走势上。

这种债券叫作指数化外汇期权票据（Indexed Currency Option Note），从名字上看，投资者卖出了一份外汇期权，也就是美元的看跌期权或者说是日元的看涨期权。后来这种债券也被叫作"地狱债券"，因为当日元汇率走强时，投资者就会下地狱。它的盈利空间却很有限，就是债券支付的额外利息。

这种期权的期限为10年。在1985年，市场上交易日元兑美元期权的期限很短，通常为6个月。尽管有模型，但谁也不知道这个为期10年的期权的价值是多少。不管它价值几何，投资者得到的回报永远也达不到它真正的价值。这笔交易十分"新颖"。信孚银行在这上面赚了一笔。

日本的证券公司把日本的投资者和债券发行方看成被动的客户。他们需要做一个声明。

就在长期信贷银行交易过后不久，日本有名的券商野村证券（Nomura

第 7 章 无国界的游戏：结构化产品的反转世界

Securities）推出了新的交易。这个交易是为 IBM 量身打造的，这意味着日本人在这场竞争中获得了胜利。IBM 当时是美国著名的借贷方，这笔交易后来也被称为"冰火两重天"，因为如果日元汇率升值超过 169:1，投资者就得下地狱，损失本金，但如果日元汇率跌破 169:1，投资者就能上天堂，本金能够得到升值。

你方唱罢我登场。越来越多的创新产品涌向市场：熊市/牛市债券，可赎回逆向双重外汇债券。这些都是二重唱，现在每个人都追着新的潮流。这是"内嵌"衍生工具的债券的时代。今天，我们叫它们结构化产品，但其实都是换汤不换药。

基本的原理早在那时都已经定型了，这些年来没发生什么大变化。形式上都是在债券里嵌入一些衍生工具，通常是将利息支付或本金返还和别的因素的变动相挂钩，比如利率或者汇率。债券的发行人获得了低利率的资金。此外，他们还另外做了一笔交易，让交易员把里面的衍生工具拿掉，他们就能得到成本低廉的资金。投资者只希望拿到更高的利率。为了得到更高的回报，他们承受了利率或者外汇风险。

一些投资者按规定并不能涉足衍生产品投资。当然，他们还是会投资的，只不过他们做了那些他们可以做的业务——购买债券。这些债券恰好有一些特征使它们看起来十分像衍生工具。当然，法律意见书也认为它们仅仅是债券。

这些交易从许多方面反映了日本这个国家的特点：这是一个奇怪的国家。它奇怪的地方并不是东京街头那些装扮成猫王唱摇滚的孩子，也不是越来越多的日本人为了购买世界上的豪宅或印象派的画作而支付离谱的价格，而是他们的金融市场让人摸不着头脑。

投资者受到各种各样规定的限制，让其他国家的人无法理解。比如说，日本投资者可以投资外国债券，但有数额限制。但根据规定，**日本企业发行**以外币计价的债券就不属于外币债券。他们有五花八门的机构，每个机构各自为政。这就为设计结构化产品来规避监管创造了条件。

没人能够真正弄懂这些规定。在一次交易中，我向一名律师咨询意见，此人据说是最棒的律师。他仔细地听我们解释业务，最后他觉得没有问题。按照典型的西方做法（我是在印度出生，所以他们很纳闷），我要求他给我个书面意见。

我们的律师大笑，说他无法给出书面意见，他也不会出具任何的书面东西。但他认识财政部的人，他们不会有意见。这样，这笔交易就完成了。

另一个与法律意见书相关的极端例子也发生在亚洲。我们需要咨询和印度尼西亚相关的法律意见，于是联系了一个别人介绍给我的律师——也没问出个什么来。我们给他打电话。他说如果我们能够把问题写下来给他，这样会更方便。于是我们的律师就把问题写下来，发给了他。对方当即就做出了答复。

第 1 个问题：是。

第 2 个问题：不是。

第 3 个问题：是。

第 4 个问题：也许是。

第 5 个问题：我们也不知道。

答复只有一页纸，和我们预想的完全不一样。一般情况下，他们会胡说一通，说了也等于没说，然后加入几页纸的限制条件和免责声明。他们这样做的目的就是让你不要依赖他们的意见，而你恰恰只能如此。最后，我们的英国律师替我们的印度尼西亚律师把法律意见写出来了；印尼律师高兴地签上了自己的大名，然后向我们要了一大笔钱。有一次，一个律师给另一个律师写信说他"只想做一般性的咨询"。对方也同样回复说："我也给你一般性的答复。"日本就是这种情况。

日本的投资者总是对日元充满了悲观情绪，认为它要么原地不动，要么就会下跌。他们也坚信日本银行有能力抑制日本汇率上涨来促进出口。

《广场协议》葬送了这些投资者，迪士尼也在其中。日元开始了漫长而又缓慢的升值之旅。大多数的日本投资者都没能走到终点。

人格分裂

双币种债券是那个时期保存下来的创新产品之一。在一般的债券投资中，你收到的利息和本金与你原来投资币种是一样的。但在日本，情况就不一定是这样了。这就是双币种债券，一种具有双重性格的投资。

1985年，R.J.雷诺兹烟草公司为了收购纳贝斯克公司，需要筹集49亿美元的资金。作为筹资项目的一部分，R.J.雷诺兹烟草公司发行了日元/美元双币种债券。日本投资者购买了250亿日元的债券（当时相当于1.05亿美元），他们每年可以获得7.75%的日元利息。等到债券到期日，投资者一般情况下能够拿回他们之前投入的250亿日元，但这次，他们将得到115 956 000美元。

这些投资者都是日本的保险公司，他们将宝押在了日元未来的走势上。如果日元兑美元的汇率保持在215.6日元兑1美元以下，那么他们就能获利。如果日元汇率升值，以日元计价的话，他们的本金就会受到损失。在债券到期日，他们收到的美元金额将低于他们投资时250亿日元等值的美元。这种债券的利率比他们购买日元债券要高1.5%。

R.J.雷诺兹烟草公司并不在意具体的金融操作，他们只知道他们的交易商JP摩根给他们的借款利率很低。JP摩根已经将雷诺兹烟草公司因持有日元而产生的风险都对冲掉了。

你对这场交易了解得越多，你就觉得它越离奇。投资者将收回约1.16亿美元，而不是250亿日元，这意味着5年之后，当债券到期时，投资者将250亿日元以215.6日元兑1美元的汇率兑换成美元。因为市场实际的远期汇率是197.6日元兑1美元，投资者为得到1美元多支付了18日元，这太奇怪了。

多付的这部分金额其实以利息的形式返还给了投资者。这就好比你把钱给了别人，然后那个人又把钱还给你，于是你就说你取得了收入——这实在让人费解。其实答案就藏在日本保险法规中那些晦涩难懂的条文里。

按照规定，日本的寿险公司只能拿投资收益来发放红利。实际的资本利得和损失只能计入资本公积账户，在计算收入时，不予考虑。按照这个奇怪的规定，在计算收入确定红利时，外币汇兑损益也被排除在外。

日本的保险公司通过发放高额奖金和红利来争夺员工和投资者。他们总是努力地增加投资组合的收入，这样他们才能维持较高水平的股利分配率。双币种结构正是为这个目的而量身打造的。在投资期间，保险公司取得了更高的收益，而植入债券的预期汇率损失冲抵了这部分收益。汇兑损失不是收益，因此并不影响收入和红利的计算。

如果日元贬值，结果就更好了。保险公司既能够取得高收益，又不必承受汇兑损失。这就是日本会计制度的古怪之处。保险公司并不用将债券成本和市价相比，他们一直用历史成本计价。怪不得它们都大量地购买双币种债券。

奇怪的事还不止这些。当时北美的利率很高，在10%以上，比日元利率高出不少。日本投资者对高利率十分热衷；他们特别喜欢到期一次还本付息的债券。在一般的债券投资中，你会定期取得利息；但在一次还本付息债券投资上，你只有等到到期时才能拿到所有的利息。比如说，你有一张面值100美元的债券，期限10年，年利率为10%。一般情况下，你每年会取得10美元的利息，等债券到期时，你会拿回原来投资的100美元。如果这是一张到期一次还本付息债券，你只能在10年后拿到259美元，而期间你得不到任何利息。这259美元相当于100美元的本金加上159美元的利息。159美元是这10年里利滚利得到的。

从收益上看，这两种债券没有任何差别，但在其他方面还是有些差别的。到期一次还本付息债券对利率变化非常敏感，正因为如此，日本投资者才喜欢它。这样一旦日元利率下跌，他们就能够获得最大的收益。此外，这种债券还能够享受税收优惠：如果你收到的只是普通债券的利息，那么你需要交税；但到期一次还本付息债券，你今天投入100美元，10年之后你拿到259美元。这159美元是利息吗？答案取决于你在哪个国家。在当时的日本，这159美元被视为资本利得，不用交税。

这种免税收入让投资者更加趋之若鹜。

不难理解，日本的投资者青睐美元到期一次还本付息债券，并大量购入。这种赤裸裸的避税手段引起了财政部的关注。但他们的应对方式也很有日本特色：财政部表明了态度，希望投资者能够控制购买的数量。投资者也服从了。这就是日本公司做事的方式。绝大部分都是这样的。

在双币种债券上，如果你不去管日元利息，相当于你买了美元到期一次还本付息债券。日本投资者买入双币种债券，卖掉里面的日元息票，保留美元本金部分。这显然没问题。

高尔夫假期

双币种债券和澳大利亚似乎时刻都联系在一起。日本人和这个国家形成了一种奇怪的关系。在第二次世界大战中，日本人试图吞并它；战争结束后，他们又想买下它。

日本是澳大利亚最大的贸易伙伴之一。澳大利亚向日本出口原料，收回制成品。澳大利亚也是日本人的度假胜地。他们去澳大利亚旅游大多是为了举办婚礼（悉尼是日本年轻一代举行婚礼的第二理想地）或者打高尔夫球。日本人也是澳大利亚债券的主要投资者。

逆向双币种债券很受日本人的欢迎。在普通的双币种债券投资中，你最后收回的本金是外币。在逆向双币种债券投资时，你用日元投资，到期后收到的也是日元；但在持有期间收到的利息是外币，比如是澳大利亚元。由于本金并不受汇率波动的影响，这种逆向双币种债券的风险要小一些。唯一受影响的是利息。高额利息像海妖的歌声那样吸引着投资者。

因为保险合同的原因，逆向双币种债券受到了日本保险公司的追捧。和它们的英国同行一样，日本保险公司也保证最低收益，大约在3%～4%。不幸的是，在日本3%～4%的收益就好比是富士山的高度。

在"泡沫"经济破灭之后，日本开始进入通货紧缩时期。利率降到了0，股票市场的价值相当于鼎盛时期价值的20%，房地产价格急剧缩水。作为日本经济的健康指标，高尔夫俱乐部的入会费也没能幸免。投资回报率根本没有办法达到规定的3%～4%。

托尼·布莱尔（Tony Blain）推出了"酷不列颠"；克林顿和格林斯潘吹奏着萨克斯管，描绘"新经济"的美好未来；日本还笼罩在无尽的黑暗当中。发型各异的领导人轮番上台，但没一个能够让经济有所起色。在投资者眼里，他们只有靠像逆向双币种债券这样的结构化产品了。

虽然有风险，但保险公司要么坐以待毙，要么硬着头皮采取行动，或许有一丝求生的机会。他们做出了和其他理性投资者同样的选择。

日本的经济形势激发了金融业五花八门的创新。比如，银行推出了还款期限为100年的按揭贷款，你可以将它传给你的子女，这让"遗产"多了一层含义。

日本的财政官员并不相信经济遇到了麻烦。有一名官员认为"情况有了改善"，他以前去时尚的银座区买衣服，到处是人挤人，而现在那里没那么拥挤了。普通的日本民众并不这么看：他们把钱存到银行，拿不到一分利息。为了取得点回报，他们把目光投向了海外，投向了结构化产品。普通日本投资者开始慢慢接受逆向双币种债券。

在这个过程中，日本投资者给这些债券取了个新名字，叫"高尔夫假期债券"。名字的由来是因为你的投资始终是日元，所以本金不会受损失，唯一受到风险影响的是你的澳大利亚元利息。如果你有每年去澳大利亚度假打高尔夫球的习惯，这种债券就是绝佳的对冲产品。你可以用收到的利息来支付你度假期间的费用。

日本证券公司的销售员踩着脚踏车在无垠的东京郊区向潜在投资者兜售债券。他们一定干得很成功。与澳元关联的双币种债券卖得非常火爆。

双币种债券起初期限普遍为10年，利率大概在4%~6%，这和日本当时的零利率形成鲜明的对比。但如果你做过风险分析的话，你会发现如果日元兑澳元的汇率升值，投资者就会损失。假如你购买债券的时候1澳元可以兑换118日元；澳元要是价格稍微跌一点，你还能够忍受，因为债券支付的利息很高。你可以忍受澳元每年下跌6%~7%，这样仍然比你投资日元债券划算。按照这个跌幅，到了10年之后，1澳元可以换56日元。

澳大利亚在体育方面很有成就，这种造诣体现在许多方面。2004年年底到2005年年初，东南亚发生大海啸之后，澳大利亚人争当最无私的救援者。在逆向双币种债券上，这种超常的趋势十分符合理想主义。投资者预想1澳元的价格在未来10年里会从118日元跌到56日元。而实际上只用了4年左右的时间。澳元肯定是超常发挥了。这些投资者发挥失常，逆向双币种债券和市场价格相比出现了巨大的损失。

日本投资者加倍投资，买入更多的债券。如果在118日元的价位买入划算的话，在56日元的价位买入就更划算了。他们做了正确的决定：1澳元最后回到了 80 日元的价格。投资者赚了。不管怎样,如果情况变得糟得不能再糟了,他们还可以多去澳大利亚度几次高尔夫假期。

洪水

到了 20 世纪 90 年代,结构化产品已经在市场上占有一席之地,购买量也不断增长。交易商推出的产品越来越多,渐渐呈泛滥的趋势。每个星期"新"产品都会被推出来,但事实上,它们毫无新意。我们一直交易的基础产品也就那么几个:逆向浮动利率、延期重置互换、外汇关联债券和其他一些产品。推出这些产品的目的只有一个:找到投资者愿意承受的风险,然后用这个风险创造出他们在别处得不到的高回报。

不同的产品在不同的时期作用不同。有一种产品叫区间债券,也叫区间计提债券或者走廊债券。当利率处在某一个特定的区间内,比如美国的利率在未来 3 年内保持在 3%~6%,那么投资者用它可以得到高利率。如果利率超出了这个范围,那么你将一无所获。你可以将这些票据和任何事物关联在一起:外汇汇率、黄金价格、股价或者你想要的任何东西。喜欢用高尔夫球术语的日本人把这种债券叫作"球道债券"。你应该让球笔直地从球道中间通过。打出左旋球或者右旋球你就输了。

还有一种目标赎回票据,当你的投资期间达到 10 年,或者等到你收到的利息达到某一个固定的金额时,比如达到本金的 13%。你的第 1 笔利息收入能够达到 10%,数目很大,而当时的市场利率非常低,只有 1% 左右。剩余的 9 次利息金额取决于和逆向浮动利率类似的利率:3.5% 减去短期利率。

你拿到的第 1 笔利息非常高,之后只要利率不上升,你的收益也相当不错。假设利率保持在 1% 的水平,第 2 笔利息的利率就是 2.5%。只要你的总利息收入达到了本金的 13%,这项交易就结束了,你就拿回你的本金。

利率上升就会产生风险。如果利率超过 3.5%,按照公式计算,你就得到负利率。在实际操作中,交易商会很大方地不向你要利息。如果你投资了目标赎回债券,你就求上天保佑利率不要升高,这样你就能拿到可观的收益,而且还能很快收回投资。如果上天没理睬你,那你就只能在10年里每年得到可怜的1.06%的利息。

此外,投资项目还包括延期重置互换、雪球和顺势债券。不断增加的产品名目让人无所适从。同一种产品由于交易商的叫法不一样,投资者更难做出选择。投资者需要花时间才能弄明白交易的实质。

许多结构化产品包含了许多流行元素。我认识的一个银行家买了一些目标赎回债券;我问他是否认为利率会保持在一个低水平。他并没有认真考虑过这个问题,他只是喜欢第1笔高额的利息:10%!现在你到哪儿去赚这么高的利息?那利率升高的风险怎么办?他也像西特伦一样"了解情况"?他至少不穿青绿色的衣服。他承认他买这些债券是因为他的私人理财顾问建议他买的,说其他人都在买。

目标赎回债券的日子在2003—2004年之间差不多就到头了。到了2004年年末,美国的利率开始爬升,目标赎回债券的收益慢慢枯竭。每个人都想将手里的债券脱手,但是要全身而退是不可能的。那些投资目标赎回债券的人并没有得到救赎。

权力属于人民

交易商头疼的问题是如何在竞争中比别人抢先一步。产品周期十分简单而又残酷:有人想出一个不错的点子,用它赚了不少钱。之后,别人也明白了产品的构造,也跟着做相同的产品,他们开打价格战,这样利润率就下滑了。接着,新的产品又开始了新的轮回。

你无法保护你的知识产权;每一个产品都遭到了无耻的剽窃,而且客户没有一点保密的观念。将一个独特的想法告诉一个客户就相当于在新闻发布会上公布这个点子,或者把点子发到互联网上。

在新兴市场国家,人们并没有知识产权和保密的意识。在韩国,一个银行家接到客户的电话,客户让他将一份方案直接传真给他的竞争对手。这个投资者想从银行的竞争对手那儿得到同样产品的报价;如果对方能够直接拿到方案的话,能够节省不少时间。这个银行家是个美国人，听到这个大吃一惊。如果客户能够在收到方案之后，将原来的投资银行的名字隐去，偷偷将它传给竞争对手，这样更能让他接受。

激烈的竞争意味着结构化产品的利润率在下降。交易商只有承受更多的风险才能赚到可观的利润。

当初随处可见的双币种债券又卷土重来了，这次它们换了个面目，叫作强力反向双币种债券（PRDC）。不同的人对它有不同的定义，谁也说服不了谁。有多少投资银行做这项业务，就有多少个版本。

这种交易的实质是债券，而它的利息以汇率变动为杠杆。利息计算方法如下：

$$\mathrm{Maximum}[\,C(\mathrm{US\$}) \times \mathrm{Notional}(\mathrm{US\$}) \times FX/\mathrm{Strike} - C(\mathrm{yen}) \times \mathrm{Notional}(\mathrm{yen})\,;\,0\,]$$

其中：C（US$）为美元利率（年利率10.5%）；Notional（US$）为按照债券发行当时的即期汇率将日元名义本金折算成的美元名义金额；FX为息票支付时美元兑日元的汇率；Strike为预定美元比日元的汇率；C（yen）为日元债券利率（年利率6%）；Notional（yen）为票据面额的名义日元金额。

投资者如果没有被公式吓倒，而参与到交易中，他就会明白这个交易是如何操作的。投资者的本金并不受到外汇变动的影响，受影响的只是利息部分。他们能够得到固定的外币利息（通常是美元或者其他高收益的货币），同时以日元支付固定的利息。

按照这种利率结构的设计，投资者的收益受到美元与日元即期汇率波动的影响。如果日元汇率保持在原来的水平或者持续走低的话，他们就能赚取高额利息。投资者对日元未来走势做出判断。

严格地说，投资者是在买卖外汇期权，事实上他们买入了以外汇为标的的看涨期权。投资者同时卖出一个日元看涨期权。这个结构化产品是带杠杆效应的。较高的外币息票利率和较低的行权价格增加了内嵌在产品当中的杠杆效应。对某期息票来说，当外币和日元的息票差额减少而外汇行权价格降低时，它的杠杆效应也会增强。

这种产品还附有可赎回条款，通常发行人要等产品发行之后一两年才有赎回权，以后每年有一次行权的机会。也就是说，票据的发行人大约在1年之后就可以提前将资金还给投资者，尽管PRDC的最终到期日可以是30年之后。具有这种赎回权的期权被称为百慕大期权，它是所有期权当中定价和对冲最麻烦的。

可赎回条款很难对付。这种把戏有个公认的名字叫作"金融工程"。PRDC并不是长期结构化产品；它是为了短期交易而设计的。

> 这种把戏有个公认的名字叫作"金融工程"。

每个投资者都期望发行方会尽早将产品赎回。因为发行者需要支付非常高的利息，除非利率大幅上升，否则他们会赎回债券来降低融资成本。在现实中，这个决定权在交易商手中，但这对赎回并没有影响。债券的寿命最多持续一两年。这是个了不起的理论。

所有人都很高兴。投资者有1~2年能够获得高利息，只需承担日元兑美元汇率上涨的风险，这个风险很小。债券发行方可以在这段时间里以较低的成本使用资金。交易商赚到了大把大把的钞票。对交易商来说还有个好处，交易期间很短。当债券到期后，开心的投资者会购买更多的债券。交易商就可以拿到更多的手续费。PRDC芝麻开门了。

单单在2002年，PRDC债券的发行金额就达到了200亿美元。接着，意想不到的事情发生了。这是件好事。经历十数年沉寂之后，日本的经济开始苏醒，脉搏非常微弱。任何的增长都比黑暗的20世纪90年代中的负增长要强，甚至是温和的通货膨胀。经济形势的好转对日本是件喜事，但对PRDC债券却是祸事。

日本的利率很快升高：10年期的利率从微不足道的0.45%蹿到了惊人的1.7%（相当于之前的4倍），30年期的利率翻了一番，从1.1%上升到了2.2%。日元兑美元的汇率开始强势上涨。随着新经济的失败，美元价格也一路下跌。

发行方没有将PRDC债券赎回：原本1~2年铁定可以完成的交易现在要花上30年才能结束。势头强劲的日元让原本高利息的愿望泡了汤。交易商陷入了大麻烦。按照他们过时的会计准则，日本的投资者不需要确认未实现的损失。公允价值会计准则对日本的海关来说还是违禁品。日本的投资者面临的是这样欢乐的一幕：别人可以在30年里免费使用他们资金。这真是快乐时光。

发行方也很不爽：他们不能赎回这些债券，因此暴露在30年期的信用风险当中。而交易商需要将他们的风险对冲，才能提供成本低廉的资金。他们想要退出，因为他们只有1~2年的授信额度，而不是30年。但他们无法脱身。

最伤心的要数交易商了。PRDC债券没有回头路。投资者想要高回报，发行方想要低成本的资金。交易商要想方设法控制交易的风险。世界上没有百分之百的对冲。交易商承担了大量的风险。

参与PRDC交易的投资者买入卖出期权。这些期权最终会体现在交易员的交易账簿上，而且理论上期限可以长达30年。交易员需要买卖期限长达30年的期权来对冲手上的头寸，但市场上买不到如此长期限的日元/美元外汇期权。这样，对冲难度很大而且成本高，交易商就买入期限较短的期权；一旦期权到期，他们再滚动买入。对冲利率期权也很难，成本高昂。大多数的交易商只是大致地设置一下对冲。英镑互换期权的游戏又开始了。

对冲的前提假设是发行方会在这些PRDC债券首次可赎回日行使赎回权，也就是在发行之后的1~2年。按照这个假设，对冲并不难；你几乎可以不去管赎回日之后发生的事情。交易商都没有做好充分的准备。每个交易商手中的头寸都一样，现在要采取相同的措施来管理他们的风险。

当汇率上扬，日元变得坚挺，PRDC债券并没有被赎回；噩梦开始了。投资者和发行方都发出尖叫。交易商也遭受巨大的痛苦。

> 噩梦开始了。投资者和发行方都发出尖叫。

他们都没有设置对冲。当所有的交易员都争先恐后地去设置对冲时，价格又开始和他们作对了，让对冲成本变得离奇的高昂。他们都身受重创，损失惨重。

每个人都对此麻木了。通过从这项业务完全撤出的交易商的数量，你就能发现这场失败的惨烈程度。新闻稿都非常简短。"我们重新审视了我们在PRDC市场上的定位。我们高度重视最近日本市场的动向。鉴于这些情况，我们决定退出PRDC业务。我们相信其他市场上还有许多机会，能够让我们更好利用现有的资金和资源。我们还会保持现有的头寸水平。目前的投资组合还是盈利的，而且我们将谨慎地管理这些组合。"谁也不是傻瓜。

PRDC的失败再一次提醒人们正视金融市场上的一条定律：风险守恒定律，

而它必然导致苦难的守恒。风险守恒定律是说风险的总量是恒定的，它并不会人为地减少，只能在不同的投资者之间转嫁。苦难守恒定理也是同样的道理。市场上痛苦的总量一定，并且在不同个体传递。交易商的把戏就是避免持有风险，从而免遭失败的痛苦。在 PRDC 事件中，交易员无法将风险转嫁出去。于是交易商就遭受了相应的痛苦。

回收垃圾债券

每一个行业都有猫腻。在金融工程和结构化产品行业中，"重新包装"是一个非常重要的工具，通常被简称为"重装"。重新包装的思想来源于"虚荣"债券的发行。这个词来自"虚荣或自助"出版。但遗憾的是，虚荣债券大多数是"瘦狗"[⊖]。

通常公司出于提高声誉的考虑会发行虚荣债券。他们渴望举行签字仪式和拿到"墓碑"。但是投资者并不买账，结果负责发行的银行最后只能把所有债券都包销下来。衍生品交易员想到一个绝妙的点子，可以把这些债券处理掉。发行方的银行很乐意把钱借给公司。因为债券支付的利息是固定的，所以他们不愿意购买债券，而更喜欢浮动利率的贷款。这种需求上的不匹配催生了"资产互换"的机会。

资产互换将债券重新包装。你使用衍生工具将利率、外汇或者两者都做调换。比如，你可以利用资产互换将固定利率债券的利率变成浮动利率。

假设一个交易商手里有价值 1 000 万美元的固定利率债券，期限 3 年，年利率为 8%。一家银行希望购买这批债券，但希望利率是浮动的。交易商将债券卖给银行，同时和银行达成一项利率互换协议。银行需要将债券的利息支付给交易商；作为对价，交易商向银行支付浮动利率的利息。互换能让银行将原本利率固定的债券变成一项浮动利率的资产（类似银行贷款），年利率被调整为伦敦银行同业拆借利率加 0.75%。这项交易如图 7-1 所示。

⊖ 按照波士顿矩阵模型，瘦狗是指风险高、收益低的产品或投资。——译者注

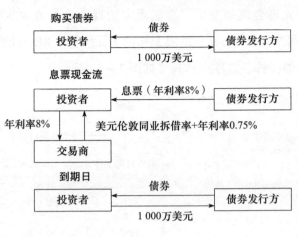

图 7-1 资产互换

资产互换就像魔术一样，能够让交易商将各种垃圾债券重新包装，再将它们从一个市场转到另一个市场，直到最终买家。这把戏并不复杂。但可惜许多投资者都不能参与到互换当中。1985年，希尔塞缪尔投资银行的员工想出了一个聪明的方案；这家英国银行早已不复存在。这个方案是历史上第一个大众重装的载体，成为重装游戏的开端。

英国政府发行了 7 年期的浮动利率债券，筹集到 25 亿美元。政府按照季度伦敦银行同业拆入率（比伦敦银行同业拆借利率低 0.125%）向投资者支付利息。整个交易实际期限是 3 年；英国政府可以在 3 年之后赎回债券；投资者也可以在 3 年之后要求政府回购债券并支付本金。

在政府宣布发行债券之后，希尔塞缪尔银行的销售团队注意到投资者对政府发行的美元固定利率债券表现出强烈的兴趣。但英国政府当时并没有发行以美元计价的固定利率债券。于是，银行的债券及互换交易员就着手重新包装英国的浮动利率债券。

希尔塞缪尔投资银行购买了价值 1 亿美元的英国浮动利率债券，随后将其卖给了一个名为无记名欧洲美元抵押证券有限公司（BECS）的特殊目的实体。同时，希尔塞缪尔投资银行和 BECS 及一名互换交易员达成利率互换协议。根据协议，BECS 每 3 个月按照伦敦银行同业拆借利率向这名交易员支付美元利息，对方按照9.375%固定年利率向它支付利息。在这个安排下，BECS原本从英国政府手中获得的美元现金流就变成了金额固定的现金流。希尔塞缪尔投资银行帮BECS安排发行利率为9.375%、期限3年的美元债券。BECS用1亿美元的浮动利率债券和互换做抵押。这项交易具体如图7-2所示。

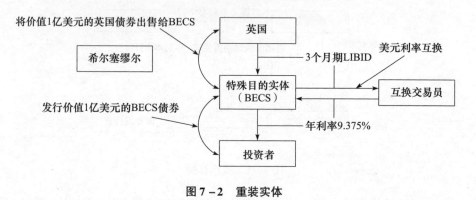

图7-2　重装实体

六个一包

BECS债券受到追捧，很快就被抢购一空。投资者非常看好这个产品。美林银行很快仿照这个模式，建立了同样的特殊目的实体，并富有创意性地将其命名为可供出售欧洲美元抵押债券有限公司。重新包装的时代来到了。

在接下来的几年里，这个模式被不断地复制。ＪＰ摩根建立了星条旗信托公司，信孚银行建立了信托责任参与证券公司。最佳重装命名奖毫无疑问被法国人拿走，巴黎银行的资本市场部门建立了意大利共和国欧元重组资产有限公司（绰号法拉利）。这种商业模式在20世纪90年代蒸蒸日上。有意思的是，橘子郡在其中发挥了重要作用。

橘子郡庞大的资产组合要被处理掉，但没人想买逆向浮动利率债券；人们觉得它们有毒，因此需要重新组装一下。一家银行于是成立了名为TIERS的特殊目的实体。这家实体从橘子郡手中收购这些债券，然后利用衍生品交易将债券的结构清洗一遍。TIERS将利率进行互换，并卖出利率上限期权，这就将原来生成浮动利率债券的衍生工具的作用抵消掉。在新对冲的作用下，逆向浮动利率债券被改装成普通债券，按固定利率或浮动利率支付利息。这就是金融工程的另一面——逆向解构。

这个重构后的债券被卖给了银行和投资者，他们可以收到的利率也非常具有吸引力，大约是伦敦银行同业拆借利率加 0.05%~0.25%。逆向浮动利率债券的发行方都享有最高的信用等级，也就是 AAA 级别。对于这样的风险水平，收益是非常高的。这是按照最有利的条件回收债券。在回收债券业务上，交易商和投资者就像强盗那样回报丰厚。

橘子郡的重组业务推动了重组实体向前发展。交易商开始用它们来创造新的结构化产品，而不是用它们来重组旧业务。他们不再找银行来发行债券，而是通过重组实体直接发行债券。这样做的动机很简单，交易商想把更多的利润留给自己。

基本的形式都一样：在投资者有新的需求之后，交易商就将市场上现有的产品改装一下。如果你今天想要逆向浮动利率债券，你就找到交易商，交易商写好合同，你签字同意即可。接着，交易商就去市场上向你认可的发行方买入普通债券，将它卖给实体，然后发行衍生工具。对于逆向浮动利率债券，实体会进行利率互换，并买入利率上限期权；然后实体就向你发行债券。你投入的钱就用来支付发行费。你会得到债券的利息和衍生产品交割的价款。这就像结构化产品世界里的干啤：现榨现喝。

交易商有他们自己的实体，如 SPARCS、SNAP 和 CRAVE。为了给自己的实体想出一个响亮的名字，交易商相互展开竞争。一个英国结构化产品从业人员似乎是个虔诚的保皇派，他给他的实体取的名字是 EARL（伯爵）、CROWNS（皇冠）和 CORNETS（小皇冠）等。

和首创的 BECS 交易相比，这些实体的基本要素没有什么变化。最重要的一点是这些特殊目的实体都注册在避税天堂，通常是开曼群岛或英属维尔京群岛。它们的架构都是"孤儿子公司"，也就是说投资银行并不拥有和控制这些实体。这也就是为何它们不受破产影响：无论投资银行发生了什么事，你的资金都是安全的。当然，如果你在大豆远期价格上押错了宝，你还是有可能赔钱的。

这个实体通常由一个具有慈善性质的信托控制，有些是慈善机构所有。你向他们支付一小笔费用，捐一笔款；他们拥有股权；他们自然对这个实体的业务一无所知。投资银行是在做好事,为了做点好事他们不得不用结构化产品来做点"坏事"。你甚至可以建立你自己的慈善信托。有人就建了一个,并将它命名为"醉生梦死姐妹花"。这让担心公司声誉的合规部门吃了一惊。

> 这些特殊目的实体大多游离在监管体系之外。今天,数以万亿的美元资金沉淀在这些实体名下。

这样的安排是为了不让这些实体反映在资产负债表上,它们不会出现在投资银行的报表上。这些特殊目的实体大多游离在监管体系之外。今天,数以万亿的美元资金沉淀在这些实体名下。

不留一个活口

这些坐落在异域的奇怪实体没有实质业务。投资者一开始很谨慎。重装实体不但有法律风险,而且资料保存也是个问题:交易商鼓吹的"方便灵活"和"独特的全球投资平台"说服不了投资者。在交易商出具了连篇累牍的法律意见书之后,投资者上钩了。"额外"的投资回报让他们动心了。他们本不应该这么心急。真正应该担心的是交易商。

交易商想方设法地降低成本来提高利润。理论上,你可以为每项交易都设立一个新的特殊目的实体,但这样做成本太高,而且管理起来极不方便。于是,交易商就使用一个实体,这样一个单一的实体可以发行上百种结构化的产品。这样的实体被称为"项目"发行主体。

但如何在同一项目发行主体内部区分不同资产池和每笔交易背后的衍生工具呢?律师采用了一系列的抵押、款项收取和无追索权协议来为每一种结构化产品划分相应的资产池。无追索权协议规定投资者的索赔金额不得超过与该项投资相关联的资产和衍生工具,这相当于一道"防火墙"。律师觉得这样的条款可谓万无一失,但谁也不知道这些协议是否真的起作用。

亚洲金融危机之后,一家律师事务所找到我,希望我能够在一些事情上帮点忙(这场危机给律师和顾问带来了生意)。他们的一个客户购买了一种结构化产品,而该产品赌的是亚洲国家的汇率,杠杆率十分高。随着各国汇率崩溃,投资者损失了大部分的投资。现在投资者声称他们并不知道风险——是交易商，一家声名显赫的投资银行误导了他们。

我看了相关的材料，发现这个投资者胜算很小，他们只是赌了一把，赌输了。这可以说是酸葡萄心理。交易商可能强调了风险，也可能没有。毕竟，他们想要把产品卖给投资者。我告诉律师他们的客户实际上是在上吊，只不过交易商帮忙借来凳子让他踩上去罢了；我觉得他们不可能胜诉。他们的客户最好和交易商谈谈，让对方相信自己也有责任，这样也许还能够挽回一些损失。

之后，我们和交易商见了几次面；交易商很强硬；我们都打算放弃了。还有最后一次会议，如果还没有什么进展的话，我们就放弃尝试了。这次会议开得非常糟糕。看到自己将要胜利了，交易商的律师开始变得非常强势，并且对我们进行人身攻击。现代律师和专业顾问都是有人格尊严的。

从法律角度上说，我们处于劣势，该是采用"同归于尽"的策略了。我们安排了最后一次会议，声称我们掌握了新的证据。他们怎么会知道我们其实什么都没有呢？我们准备采取暴力催要手段。

在会上，我们表明了我们的态度。我们的客户准备将这件事告到法院，为了证明我们的意图，我们已经将相关的材料提交给了法院。这种结构化产品是通过项目发行实体发售的，我们准备推倒"防火墙"。我们要求用实体内的其他资产来赔偿我们的客户。他们气急败坏地说："你们做不到。"我们回答说："我们会做，而且会做到的。"

为了确保他们听懂我们的意思，我们指出这场官司带来的后果：如果我们起诉这家实体，并且不采信所谓的"防火墙"，那么其他通过这个实体发行的结构化产品都会受到影响。其他的投资者都会被通知到，为了保护他们的投资，他们会加入到诉讼当中来。我们知道购买产品的投资者有上百人。他们都会不高兴的。

交易商的律师这次用了新词来辱骂我们，包括"敲诈犯"。我们已经被逼急了。我们可能会输掉官司，但是交易商和他们的客户会被卷入不光彩的诉讼当中。他们重装实体的"品牌效应"都会被摧毁。我们显然要把对方杀个片甲不留。

> 他们重装实体的"品牌效应"都会被摧毁。我们显然要把对方杀个片甲不留。

一个星期还不到,交易商就提出了和解方案。最后,这个投资者收回了大部分的投资。这本来是拿不到的。

大约 6 个月之后,这个投资者的律师接到了另外一个投资者的案子,类似的情况,还是同一家投资银行。我们和交易商安排见面。当对方的法律顾问见到我们的时候,他们直接表现出郁闷的脸色。"你们不是准备敲诈我们吧?"因为大家非常了解这种游戏,于是我们就不用再像之前那样按部就班。我们就开门见山。"如果你们已经知道我们要说什么的话,那我们直接来谈谈和解的金额吧?"投资者律师面带微笑地说。

几周之后,我接到了交易商打来的电话。他们很喜欢我,我能够给他们的结构化产品业务"增加价值",尤其是在提升销售业绩方面。他们提出了一个慷慨的聘用合同。我和他们见了面。这次见面很有趣。我没有接受他们的邀请,也从来没想过要加入他们。他们聘请我是为了防止我和他们作对。即使人渣也有自己的尊严。

普通嫌疑犯⊖

随着时间的推移,结构化产品行业也和其他行业一样,从非标准化向标准化方向发展。用行话说,它们被"商品化"了。业内对于现在什么是"结构化产品"或"小众产品"而争论不休。当价格成为竞争的主要手段时,行业的利润水平开始下降。聪明点的投资者巧妙地利用这一点来为自己多争取点好处。

交易商开始寻找新的方法来提高盈利能力,直接向终端客户销售产品,也就是传说中的孤儿寡母。零售客户现在都是高净值人群和"大众富裕阶层"。这个逻辑非常诱人:你的客户越不精明,你的利润就越高。简单地说,你利用他们的无知狠狠地敲他们一笔。

在欧洲,人们在不逃税的情况下担心投资收益的减少。欧元的诞生带来了新的机会。在意大利、西班牙和葡萄牙的投资者不得不适应投资收益的突然减

⊖ 原题为 *The Usual Suspects*,该标题也是 1995 年一部黑色电影的名字。——译者注

少；一直是两位数的利率突然掉到了微乎其微的个位数。欧洲其他国家之前为了获得高回报，急切地买入这些国家的证券，他们现在也得做出调整。亚洲投资者因为一直担心本国的货币会大幅贬值，都渴望得到美元。美元支付的利息很低，尤其是把它和本国货币的利息放在一起比的时候。结构化产品是不二的出路。

它们的卖点是"投资分红"而不是"创新"；交易商开始以客户为中心；术语叫"品牌"和"渠道管理"。卖结构化产品现在就像卖牙膏，销售方式反映出这种转变。

一天，我走进一家新加坡的银行去换旅行支票（在旅行途中，我保持着网络时代来临之前的做法来处理我的财务）。排在我前面的是一个妇女，她想把她快要到期的存款继续转存。新加坡元的利率只有可怜的0.5%。这个女的很不高兴。银行的职员向她推荐了其他的投资渠道。

"你可以购买特殊结构的存款产品，它的利率是4%。"他们善意地向她推荐道。我顿时竖起了耳朵。这名妇女购买这款产品就能投资于新加坡元；她能拿到4%的利息；在6个月之后，银行将把新加坡元、美元、英镑或者澳大利亚元返还给投资者。每种货币返还的金额在投资开始时就已经确定了，银行有权选择用哪种货币还给投资者。

事实上，这种储蓄并不是真正的存款。它是将新加坡元存款和复杂的外汇期权结合在一起。银行最终会用4种货币当中最不值钱的货币支付给投资者。每种货币的金额是按照投资者存款时的汇率确定的。如果投资者能够在到期时收到新加坡元那就谢天谢地了；但最坏的情况是银行到时候给她外国货币。这笔外币金额按照收到当天的汇率折算成新加坡元，而金额少于她当时存入银行的本金。

高收益来自于投资者当时卖出期权收到的手续费，这个期权比较少见，叫作"四色彩虹"或者叫"四中选最次"期权。对投资者而言，彩虹尽头的那罐黄金的大小取决于新加坡元相对于其他货币的表现。我并不看好她的运气。

这个妇女对这款产品很感兴趣，丰厚的收益起到了作用。销售人员像一个经验丰富的斗牛士,使出了撒手锏。"请问你有小孩吗?"女士点了点头,她有个儿子。"我敢肯定,你一定希望他将来去国外留学。"那女士又点了点头。"这款产品非常适合你。你可以将来用这笔钱给你儿子交学费,因为你不知道你是要美元、英镑还是澳大利亚元。你儿子会去美国、英国还是澳大利亚上学,你现在还不知道,而且这额外的利息非常棒。"女士点点头。她发出了成交的信号。这笔生意就这样做成功了。

2004年,花旗银行在日本的私人银行业务被金融服务管理局查封了。金融服务管理局发现银行存在大量的违规操作,包括误导高净值人群购买结构化产品。根据金融服务管理局的调查,花旗银行并没有向投资者详细说明产品的风险;它向客户做出了投资安全性的虚假保证;而且它通过"不正当的手段"获得了大量的收益。花旗银行在衍生产品报价时没有验证报价的真实性。花旗银行没有对购买结构化产品的客户进行评估。

从瑞信第一波士顿的转移亏损灾难上吸取了教训,花旗银行的高级管理人员飞到日本道歉。大家还争论银行的首席执行官查尔斯·普林斯(Charles Prince)先生是否应该在公开场合鞠躬谢罪。这是日本传统公开表达歉意的形式。如果能在鞠躬的同时失声痛哭就更好了。切腹谢罪也是大家熟知的一种方式。有人担心一个美国金融机构的领导人做出这些举动回到本国将不好交代。

最后,查尔斯成90°鞠躬,他的眼睛盯着地面,痛悔不已,但是大家不买账。也许哭泣或者剖腹效果会好一点。当时还发生了一些流血事件。一些花旗银行的高级管理人员被开了膛,但并不是自杀。他们中的一个曾被看作未来集团的首席执行官,和现任首席执行官是竞争对手。每一朵乌云都有一条银边。花旗银行期待"在日本市场上重新赢得投资者的信任"。

我至今还忘不了当年新加坡银行那个销售人员说的那番"绝对合适"的推销辞令。我一直很担心她孩子的命运。随着汇率的上下浮动,他母亲将收到一种或者几种货币的利息,他是否也得不停地在几个国家之间转学?每当我想到那个可怜的孩子,我就痛心疾首。因为外汇市场上的奇思妙想,他的教育经历和个人发展道路就从此被改变了。

20 年来，结构化产品行业依然是场没有疆界的游戏。20 世纪 80 年代，资本市场上著名的期刊《国际金融评论》拿整个行业开了个愚人节的玩笑。一篇文章的作者构想了一桩结构化产品的交易，其中涉及日本河豚公司。[4] 河豚鱼的美味是出了名的，但如果处理不当，人食用后会中毒死亡。结构化产品也如此。

第 8 章

股票和股票等价物

衍生产品的不平等

20世纪90年代，我转到了股票市场。我只是随钱逐利，因为股票相关衍生产品当时非常热门。就像当初追随结构化产品那样，交易员带着致富的希望都冲向了权益衍生品市场。不久，我就发现了衍生品里的**不公平**。

我之前是做债券的。你投资债券，你知道你到时候能拿多少利息，债券到期你就能把本金收回来。但是和投资债券比，投资股票唯一的相同点是你得拿钱出来。你不能确定到时候公司是否会发红利，就算有红利，你也不知道会有多少；这得看具体情况。你永远也不能拿回你的投资额，除非你能找到买家，把你的股票卖给他。公司还可以发行新股，这样你所持股票的价值就会被稀释；他们能够回购股票；他们还能改变你的权利。如果公司破产倒闭，其他人会比你先得到补偿。你永远是最后一个。

要想炒股赚钱，好像只能依靠内幕交易。这是违法的。那个印度的股票经纪人不相信"市场有效"理论，对如何炒股赚钱有着根深蒂固的观念。他哀求道："先生，你说说，没有内幕信息，我们还怎么赚钱？"

股票这些古怪的特性影响了权益衍生工具，因此它们具有许多不确定性因素。你需要关注股票稀释的风险（新股发行导致的股票数量增加），你尤其要关注红利的消息（发多少，什么时候发，怎么计税）。接着就是那些股票交易所制定的各种规则（什么时候允许你卖空）。这是一个新的未知世界，但对于那些知情人士来说，这里充满了无穷的机会。当初学者踏入这片乐土的时候，他们也带来了许多赚钱的机会。

最近我目睹了名气和认知度很高的两家银行就一只股票达成了5年期的期权，这笔交易很有意思。交易双方都在自己的报表上记录了一笔金额很大的收益。在衍生品交易这样的零和游戏世界里，这样的情况根本不可能存在。但在权益衍生品世界里，你只要稍稍变通一下预计的红利金额和计税方式，利润还不是你说了算？交易员的梦想就这么实现了。好在这只是其中的一个技巧。权益衍生品交易员的口袋里还有许多其他工具。下面我们就来一一揭晓。

十亿美元宝贝[⊖]

20世纪90年代，伦敦的银行据说在权益衍生品交易上损失了大约10亿美元。这个损失全都是因为税务的问题，尤其是因为红利的税务处理。

在英国，税务局要求英国公司在派发红利给境外投资者时代扣10%～15%的税，美其名曰源泉扣缴。理论上，投资者可以在自己国内通过抵免的方式弥补这部分的代扣税金，但更多时候他们得不到补偿。税务局并不愿意你把在国外交的税拿到本国来抵扣，这样减少了税务局的收入。如果投资者在本国不交税的话，他们也不能拿回被代扣的税金，因为他们在本国没有要交的税可以让他们抵。

如果公司在发放红利的时候将这部分税金交了的话，英国的投资者也能够享受到税额抵免优惠。也就是红利所得的税率和公司所得税税率一致，投资者就不用再为这笔收入交税了。这就是预付公司税（advance coporation tax）体系，它解决了公司收入重复征税的问题。但这个税额抵减优惠仅限于**英国的纳税人**。境外的投资者依然不能享受这个税收优惠。

交易商就开始想办法为境外投资者伸张正义，并采取了以下步骤。

- 外国投资者将其持有的英国公司股票卖给交易商。
- 外国投资者从交易商手中买入股票期权。投资者有权用这个期权买入英国公司的股票。这些期权都是极价内期权，目的就是要让投资者行权。你买了这个期权就相当于你拥有了股票，只不过你手里拿的是期权。
- 出售期权的交易商在英国，它购买那些英国公司的股票来对冲期权项下的风险。

外国投资者再也收不到英国公司派发的红利了。按照期权合约，投资者只有在股价高出行权价时才能获得高出的这部分收益。期权产生的收益都是以现金支

⊖ 原题为 *Billion Dollar Baby*，作者套用了电影《百万美元宝贝》（*Million Dollar Baby*）的名字。——译者注

付的。整个操作可以保证不会产生任何代扣所得税。红利被发行期权的银行拿走了，由于银行是英国的公司，因此这部分收入不需要代扣所得税。交易商还能获得税收抵免优惠。总之，它能够全额获得红利，不用交税。

整个操作的关键是期权的定价问题。假设期权的价格是100英镑，等待期为5年，到期时投资者有权以25英镑的价格买入股票。25英镑是在5年之后支付，它的现值是16英镑。只有当股票的价格下跌超过80%，投资者才不会行权；因此投资者很可能行使期权。这也就是投资者所说的德尔塔1期权（在希腊语中，德尔塔为1表示绝对会发生的事情）。外国投资者手里没有了股票，但此时和当初拥有股票的时候并没有两样。期权受到价格上下波动的冲击和拥有股票的情况是一样的。

奥妙就在红利当中。如果你持有股票，你就能获得红利；如果你持有期权，你就得不到红利；红利被那些交易商拿走了。为了弥补投资者损失的那部分红利，交易商就降低期权的价格。你将未来红利的现金流折现，然后从股票的价值中减去这个现值。

按照英国的税收抵免制度，交易商的红利属于免税收入。因此，用于期权定价的红利**相当于税前红利收益**。个红利收益可以通过将红利除以（1－税率）换算得到。交易商和外国投资者共享这部分税收优惠带来的收益。投资者得到了更多的税后投资收益，比之前直接购买股票划算多了。交易商则赚到了手续费。

如果投资者因持有股票收到3.5英镑的红利，按照英国35%的税率，那么税前的红利收益率为5.38%［3.5%/（1－0.35）］。在实际操作中，交易商会用30%的税率，而不用实际35%的税率。这意味着交易商的收益率是5%。两者之间的差额就归交易商了，这就是交易商得到的好处。按照上面的假设，外国投资者购买期权需要花61.45英镑。

期权的价格（61.45英镑）比目前股票的实际价格（100英镑）低。这部分差额就是5年之后的行权价加上5年内投资者放弃的红利收益。在期权的等待期内，外国投资者从交易商那里享受了红利和税金抵免的优惠。交易商以35%的税率计算期权的市价，该市价大约为59.99英镑，交易商可以从中得到1.46英镑的利润（超过了交易金额的2%）。

这相当于天上掉钱,每个人都想分一杯羹;大家不用抢,每个人都有份。唯一有损失的是英国的纳税人。

这种利用税收漏洞的交易带来了意想不到的效果。想出这个交易的交易员帮助客户省了税,赚到了服务费,而且因为替公司赚了钱得到了奖金。英国政府的税收收入减少了,于是每个纳税人被迫多交税来弥补这部分损失。拿个人储蓄账户这个最敏感的账户动刀有点说不通。但奇怪的是,每个人都被征税了。

到了 1997 年年中,英国的税务机关修改了红利税则。和所有变化一样,谁也没有想到它会变。交易商再也得不到税收抵免优惠了;今后所有的红利都要全额征税;之前提到的期权价值一下子涨到了 67.44 英镑。按照 61.45 英镑价格出售之后,交易商现在遭受了巨大的损失。这些期权属于极价内期权,交易商现在陷入了巨大的麻烦。他们把之前赚到的钱又都吐了出来。

每笔期权的损失为 7.45 英镑,但实际的损失要比这个低,因为有之前赚到的利润。但这个利润之前已经入账了,有一部分还作为奖金让交易员拿走了。那些聪明的交易员早已离开了当初的公司。经常跳跳槽才能赚大钱。

交易商的损失达到了 10 亿美元左右。其中一家银行据说赔了很多钱。

这家银行错过了期权衍生品的高速成长期。由于急着想赶上末班车,银行从竞争对手那儿挖了一队精兵强将来"提升市场地位"。"精兵强将"只能按字面意思理解,因为领头的是一个退伍的突击队员。据说他把金融市场当作一个战场,交易就相当于肉搏战。

对于红利税政策的改变,交易商做不了什么,尽管有人提议出钱招人入侵英国。这家银行至少有具备这方面技能的员工。新政府可能会把原来的税收政策改回来。这可是风险管理和对冲的新方法。

自我套利

你本该和其他的交易商对赌,但交易员经常和他们的雇主对赌。在 1997/1998 年的经济危机之后,亚洲的企业普遍资金短缺,即使那些大公司也不例外。一家大公司有一笔大额借款马上就要到期了。它联系了一家大的国际银行,在繁荣时期这家银行给公司提供了很大的帮助。考虑到新经济形势，这家公司提出向银行支付更高的利率，并且以它持有的另外一家大型知名公司的股票做担保。

这家大银行拒绝了，理由是：市场情况已经发生变化，国家信用风险限额降低，以及存在风险因素。总之就是不借。由于担心会面临巨大的损失，他们对和亚洲沾边的事务非常警惕，其他因素都不予考虑（更高的利息和更多的担保）。但这家银行安慰对方说银行依然"很重视它和客户的关系"。

作为保险，这家公司和同一家银行的权益期权部门安排了会晤。权益部门和企业金融部在同一栋大楼，就在他们楼上几层（衍生品交易员通常比一般的银行职员办公室视野要好，甚至比街对面办公大楼里的人视野要好）。公司和企业金融部开完会之后，就马上和期权部门见面了。

公司这次的说辞就不一样了，他们想把他们手中的股票卖掉。"你们银行能帮我们卖吗？""当然没问题。"银行不用承担任何风险，他们只是扮演代理的角色，赚取佣金。这家公司还想购买以这批股票为标的的期权。"没问题。"银行能够提前收到期权费，同样也不用承担风险。

公司拿到了股票的转让款，拿出其中一部分作为期权费给银行，最后拿到了股票款的大部分。公司购买的期权属于极价内期权；在期权等待期结束时，公司很可能行使期权，买回股票。本质上，公司从银行取得了一笔贷款，金额相当于股票价值的60%。他们就是想达到这样的目的。

严格地说，公司并不是在借款；他们只是完成了一系列的衍生品交易。但两者很难区分。很多时候，形式等同于实质。

权益衍生品交易员很开心：他们不需要得到授信额度的批准。按照规定，这笔交易没有任何的信用风险。但事实并不是这样。

无论从哪个角度来看这笔交易，银行是按照股票的价值借出了款项。如果股价大幅下跌，公司就不会行使期权，而是从市场上以更便宜的价格购入股票。交易商用股票来对冲他们出售期权所产生的风险，如果股价下跌，他们不得不卖掉股票。这就是老一套动态对冲。它的风险和发放贷款没有什么区别。事实上，它的风险更大。

如果股票价格跌到了贷款金额以下，银行本来可以要求公司追加保证金。但由于现在卖出了期权，他们就不能这么做。如果股价迅速下跌，银行就来不及对期权的仓位重新设置对冲，就会遭受损失。如果是贷款，银行本来可以收取 4% ~4.5% 的风险利率。通过期权，公司能够得到更便宜的借款资金。权益衍生品交易员毫不关心信用风险，因为他们根本就没有这个风险。

银行的衍生产品交易员和企业金融部的员工进行对赌。客户则跟他们俩和银行进行对赌。他们通过极价内期权完成了这笔美妙的交易。

和他人对赌

巴菲特对大规模杀伤性武器的言论让他的人气受损，其中巴菲特特意点名指出总体收益互换尤其"可怕"。总体收益互换的原理很简单。你并不直接购买股票，而是让交易商购买并替你持有。交易员向你支付红利和因股价上涨产生的收益。你同意承担因股价下跌带来的损失；同时，你愿意向交易商支付购买股票的价款，外加一笔丰厚的手续费。

> 巴菲特对大规模杀伤性武器的言论让他的人气受损，其中巴菲特特意点名指出总体收益互换尤其"可怕"。

通过总体收益置换，你能够得到 100% 的杠杆率。你并不需要任何资金来购买和持有股票。在实际操作中，你不可能获得 100% 的杠杆率，除非你是长期资本管理公司。你需要支付一定的保证金，比例大约为 10% ~20%，你的杠杆率也就是 80% ~90%。你可以拿这部分杠杆购买任何金融产品，尤其是股票。这就是权益互换。

权益互换和极价内期权是权益衍生品交易的标准玩法。你可以将法律意义上的所有权和经济意义上的所有权分离开来。这给交易带来了大量的乐趣。

2000 年，法国的传媒巨头维望迪是投资银行的座上客。它当时拥有英国付费电视运营商英国天空广播公司 22% 的股份。维望迪是让·马里·梅西耶（Jean Marie Messier）的产业，而英国天空广播公司是鲁伯特·默多克（Rupert Murdoch）私人王国的一部分。他的公司新闻集团持有英国天空广播公司 36% 的股份，并将它牢牢控制在自己手中。维望迪手中的股份是通过欧洲传媒业互相吞并得到的。关于梅西耶和默多克之间的关系有不少传闻，流传最广的是梅西耶想影响英国天空广播公司的战略。在某些时候，获得22%的股份并不见得能让你在公司的发展方向上有发言权。维望迪深深地体会到了这一点。

维望迪花了340亿美元收购了西格拉姆公司。这家加拿大的集团拥有环球影视产业。欧盟批准了这项收购，但前提是维望迪必须在两年内将英国天空广播公司的股份转手。维望迪和它的财务顾问想找一个战略投资者来接手它持有的股份，但是没有成功。谁也不愿意陪默多克玩。

随着出售大限的临近，维望迪变得越来越急切。大家预计维望迪会打折出售英国天空广播公司股票，于是就做空了它的股票，导致英国天空广播公司的股价下挫。科技、传媒和电信类股票的春天已经结束。英国天空广播公司的股价一下子跌了45%。

这时，德意志银行出手救了维望迪；它用的手段就是权益互换。权益互换能够帮助维望迪把它手中的股份"变现"。德意志银行以42亿欧元的价格从维望迪手中购入了英国天空广播公司的股份。德意志银行接着和维望迪签订了一份为期4年的权益互换协议。维望迪将从德意志银行取得英国天空广播公司股票的收益，同时向对方支付利息。

奇迹发生了。英国天空广播公司的股份从维望迪的资产负债表中消失了，这样它就满足了欧盟要求它出售这些股票的条件。德意志银行取得了这部分股票，拥有了表决权。维望迪筹措了42亿欧元，回购了自己公司的股票，还清了债务。通过出售英国天空广播公司的股票，维望迪还得到了26亿欧元的收益，这大大提高了当年的利润。但是，维望迪依然承担着英国天空广播公司股份相关的风险。如果股价上涨，维望迪就能盈利，但股价下跌，维望迪就会赔钱。

这笔交易给德意志银行带来了数百万欧元的收入。维望迪和德意志银行打了欧盟竞争规则的擦边球。这就是老一套总体收益互换。

收购

通过权益互换，交易一方可以让股份随时消失并且重新出现。这对并购业务来说太有用了。当公司财务顾问发现权益期权的作用后，他们就会利用这一点。

在 1995 年年初，英国投资公司特法拉佳公司对北方电力公司发起了一场恶意收购。在发出收购要约之前，特法拉佳公司签订了以 4 家区域电力公司的股票为标的的权益互换，这其中包括北方电力公司。通过权益互换，特法拉佳公司实际上拥有了北方电力公司的股权，至少从经济意义上说。这项权益互换恰好是特法拉佳公司和它的财务顾问瑞士银行进行的。当特法拉佳公司宣布收购北方电力公司时，北方电力公司的股票毫无悬念地上涨了。特法拉佳公司因此从中赚到了 800 万左右的英镑。

收购委员会负责监管伦敦城内的并购行为，委员会由一群身份高贵的老顽童组成。在收购开始之前，它批准了权益互换。郁闷的北方电力公司为此提出上诉，认为这项收购违反了伦敦城制定的并购规则。他们认为期权互换规避了买卖目标公司股票相关的规定。而这项权益互换是否构成内幕交易也成了争论的焦点。

委员会的决定在业内引起了非议——这些老家伙有点过分了，不值得信任。还有人提到"内部行为准则"。兼并委员会维持了它原来的决定，认为这个交易并没有违反"基本原则"。

奇怪的是，委员会之后出台了行业指引。只要交易商有理由相信客户知晓内幕消息，因此无法参与实际的股票交易，就不得利用权益衍生品来间接买卖股票。更奇怪的是，1996 年 8 月，英国的证券期货管理委员会对瑞士银行开出了 30 万英镑的罚单，罚款的理由是银行方面没有有效地将企业咨询部门和交易部门隔离开来，违反了市场规范。

股票回购

在 20 世纪 90 年代，公司开始玩起股票回购。股票回购是一切内幕交易的鼻祖，但却是合法的。它能够轻轻松松地提高每股收益。它能够让一些垂死挣扎的企业看起来健健康康；那些原本需要慢工出细活的业务通过它能够出现全新的改观。金融迷魂汤是受过 MBA 教育的经理人所能呈现的最佳点子。它能迅速解决问题，深受人们的喜爱。

交易商深知让管理层有面子意味着丰厚的收入。他们急于抓住每次机会；他们想出了一个诱人的名词：权益资本管理。公司需要管理权益，就像他们管理利率、汇率和商品价格等其他风险一样。创造股东价值就得靠操纵公司自己的股票价格。

1992年，墨西哥第二大实业公司西麦克斯收购了两家西班牙的水泥厂。西麦克斯的股价一下子跌掉了37%；但事实上它的利润增长了。这些收购行为将为今后的利润增长打下基础，而且从战略大局看，是有必要的。但那些投资者当初购买西麦克斯的股票是因为把它当作纯种的墨西哥概念股，所以并不喜欢这次收购。西麦克斯的管理层实际上是做了一个"真正的"商业决策，但投资者的反应迫使他们利用金融工程来提升股价。

1992年10月，西麦克斯出售了800万份以本公司股票为标的的看跌期权。按照协议，投资者可以在1年内通过JP摩根以预定的行权价随时要求西麦克斯回购股票。这样一来，即使西麦克斯股价下跌，期权购买者也不会遭受损失。这笔交易的目的是提升公司的股价。

这个做法非常成功，公司刚将这个消息放出来，西麦克斯的股价就开始上涨。最终，股价达到了新的高点。投资者对西麦克斯和JP摩根的股权管理方法好评如潮。投资者只在乎金融工程，而不看好基本的、近似无聊的商业行为。要是公司管理层能早一点知道好了。就像斯金纳的小白鼠一样，管理者按下了能够得到食物的按钮。当他们的薪酬和通过期权左右的股价越来越紧密地联系在一起之后，企业将会把精力更多地放在金融工程上，而不再关注务实经营。

股票分析师越来越无法分清企业利润是由"真实"业务还是财务欺诈产生的。

安然、世通还有帕玛拉特都在财务欺诈中灭亡了。在许多行业，人们开始依赖金融手段而放弃了努力工作。

谁在愚弄谁

可转换债券（可转债）是一项令人敬佩的发明。可转换债券的持有人可以将债券转换成发行者公司的股票；为了得到固定数量的股票，投资者需要放弃未来的利息收益和本金。它本质上是搭载了股票期权的债券。投资者购买可转债之后就有权购买发行方的股票。由于投资者取得了购买股票的权利，可转换债券的发行方给出的利率要相对低一些。

我曾经参与过可转换债券的发行、设计和交易。发行方通常宣称他们以高于市场价卖出他们的股票。他们获得了比一般贷款期限更长、成本更低的资金。可转换债券能够吸引不同类型的投资者，拓宽了发行方取得资金的渠道。

投资者被告知他们既能获得债券上的保障，还有机会获得股票。如果股价上涨，投资者可以将可转换债券换成股票，然后就可以享受股票增值的收益。但如果股价表现不佳，投资者可以不行使转换权，继续持有债券，直到发行方将本金还给他们。

可转换债券最有意思的地方在于交易双方似乎都赚到了便宜，双方皆大欢喜。但市场规律并不是这样。那么，是谁在愚弄谁？

以可转换债券购入股票时，购买价格通常比股票的现价要高，两者的差额就是转换费。人们因此认为发行方以高于市场价的价格出售股票。这个说法是对的，但也不完全准确。

假设目前的股价是100美元，转换溢价为20%（股价相当于120美元）。如果可转债期限为10年，那么投资者有10年的时间可以将债券转换成股票。发行方也许只能在10年之后拿到钱。如果利率是6%，而股票的红利大约为2%，那么10年之后股票的远期价格应该是148美元。实际上，转换价格相当于远期价格的80%左右。如果你能改变比较标准，你会惊奇地发现你能做到什么。

资金成本低的说法也有道理，但并不准确。你拿到的利息比较低，但只有这样发行方才愿意发行股票。而投资者则享受了股票的优点。因此，这完全取决于发行方取得的期权费。但实际情况是发行方通常拿不到它应该拿到的那部分。

交易商将可转换债券的低成本巧妙地合理化了。金融经济学家帮忙掩盖了这些猫腻。取得期权少付的这部分金额其实并没有少付。可转债可以让投资者出售以其公司股票为标的的期权，这本来是不可能的，至少是不容易做到的。像《公司波动性的货币化》和《股票波动性：公司的一项资产》这样的论文对可转债的优点大加赞扬。这些研究让人误以为发债公司以很便宜的价格卖出期权。

更长的借款期限其实也是忽悠。你的确得到了更长期限的贷款，但股票不是无期限的吗？变换游戏场地总是很有用，可以把事情搞得复杂难懂。对于新投资者来说，可转换债券占了发行公司的普通股投资者的便宜。看起来发行公司吃亏了，但在股权市场上事情远没那么简单。

交易商向投资者保证投资可转债只赚不赔。如果股价上涨，你就抓住机会，获得股价增值的收益。如果股价表现不佳，你可以庆幸自己没有转股，因为有债券，所以还有机会把本金收回来。这就是所谓的"债券保底"。

但是要拿回本金还得取决于发债方的偿还能力。不巧的是，发行方的偿债能力和股票价格紧密相关。低迷的股价通常意味着公司遇到了财务困难。如果你不转换成股票，公司能到期偿还本金的希望就会变得渺茫。

在现实中，许多业绩较差的公司受到可转债所谓优点的吸引，也开始发行可转换债券。他们觉得他们股价很低，他们想得到资本成本低、期限长的资金。如果股价表现差，那么投资者得到偿付的机会很快就没了。在20世纪末21世纪初，这种风险变得非常明显。科技公司和许多新兴市场上的公司发行了大量的可转换债券。股市下跌时，可转换债券的投资者得到了惨痛的教训，同时还尝到了汇率风险的滋味。

> 为这次发行进行承销的是美国的投资银行，也就是现在和我们打官司的那家银行。内华菲尔的权益部门从中大赚了一笔。

20世纪90年代，亚洲的公司发行了大量的可转债。那个印度尼西亚的面条商就是其中之一。布迪和爱德维科又获得了一项"第一"的称号，他们发行可转债的规模是印度尼西亚有史以来规模"最大"的一次。为这次发行承销的是美国的投资银行，也就是现在和我们打官司的那家银行。内华菲尔的权益部门从中大赚了一笔。

这些可转债是以美元计价的。美元可转债的市场是最大的可转债市场。发债公司没有对汇率风险做对冲，一部分出于傲慢，一部分是因为技术问题。

亚洲国家的货币当时和美元挂钩。发债公司相信这种"关联"会持续下去，因此没有必要做对冲。而且，你不知道投资者何时会转股，因此给可转换债券设置对冲并不容易。一旦投资者转股，你就不需要偿还债券本金；只有投资者一直持有债券的情况下，才需要设置对冲。全球的投资者都对亚洲信心十足，十分看好亚洲的公司。每个人都预期股价会上涨，转股是必然的。因此，没有必要偿还债务，也不存在汇率风险。

1997年7月，泰铢大幅贬值，引发其他一些国家的货币也随之出现50%~80%的贬值。股市也做出反应。国外的投资者看到他们投资品的美元价格下跌，于是赶紧卖出。抛售使股价进一步下挫，他们将当地货币换成美元。汇率继续下跌。恶性循环又开始了。

汇率和股价的下跌意味着投资者不会行使转股权。购买了可转债的外国投资者为自己的如意算盘感到高兴；他们不但能拿到债券的本金，而且由于是以美元计价，不会受到亚洲货币贬值的影响。但事实并不是他们想象的那样。

投资者没有转股，加上当地货币的贬值，让发行可转债的公司在美元可转债上损失惨重。由于汇率损失，银行也不愿提供资金，发债方在财务上就好比是具行尸走肉。可转债的投资者得不到偿付，债券保底就成了一句空话。这是债券保底**失败**的例子。与其说这是个保底，还不如说是个陷阱。

这些公司申请了破产。投资者并没有收回他们的投资；相反，他们得到了违约公司的股票。所以，这些投资者最终完成了转股，只是头上没有了蓝天，但脚下多了无底的陷阱。那么，到底是谁在愚弄谁呢？

剥离可转债

你可以将汽车拆卸成零部件，可转换债券也可以这样。可转债的剥离可以追溯到20世纪60年代。1967年，爱德华·索普（Edward Thorp）和希恩·卡萨夫（Sheen Kassouf）合著的《打败市场》（*Beat the Market*）奠定了可转债套利的基础。当时，索普已经因为另一本书《战胜庄家》（*Beat the Dealer*）而走红。这本书讲述了如何在21点游戏中算牌。

索普和卡萨夫在书中简述了如何将可转换债券拆分成债券部分和权益部分，然后分别对它们设置对冲和交易。精明的交易员开始购入可转债，并将它们拆分成两部分。他们把股票期权卖给需要股票的投资者，把债券部分卖给需要它的人。这两项业务的收入总和大于交易员买入可转换债券的成本。钱非常好赚。

20世纪70年代到80年代，可转债的分离交易在资本市场还是比较小众的业务，开展这项业务的主要是几家规模不大的对冲基金。到了20世纪90年代，可转债套利业务随着对冲基金的兴起也开始红火起来。风格各异的对冲基金开始出现。还有下注巨大的大规模基金。乔治·索罗斯的量子基金因狙击英镑而名声大噪。大量的资金涌向了以"相对价值"作为投资策略的对冲基金。这些基金依靠交易员的智慧，用低风险高回报的交易手段来创造价值。可转债套利就是其中一种手段，它能带来良好的收益，而风险却只有中等水平。

流入可转债套利基金的资金大大超过了市场上的套利机会。一般来说，套利行为主要集中针对二级市场上的债券。但市场上流通的可转债数量不能满足剥离业务的需求量。新的问题出现了。雪上加霜的是，交易商的自营交易员也看到了剥离业务的油水。更多的资金冲进市场争夺有限的机会。

到了20世纪90年代末，每次有新的可转债发行，对冲基金和可转债交易员就会疯狂地你争我抢。当欧洲一家移动电话运营商宣布发行新的可转债之后，它收到单单来自可转换债券套利基金的需求量就达到了拟发行规模的5~6倍。

可转换债券能有如此大的吸引力，其原因很明显：可转债被分拆之后，其组成部分的价格之和要大于作为整体交易的可转债价格，可转债套利基金就靠这个价差赚钱。购买股票期权的买家得到了便宜的期权，而债券投资者可以拿到比一般债券更高的投资回报。交易各方都得到了实惠。但这些实惠从哪里来？最后只能由发债方埋单。至少，从表面上看是这样的。

亚洲的情况总是和别的地方不同。许多亚洲企业发行的可转债很快就被分离了。债券部分实际上被卖给了发行方的银行。发行量只够满足他们的需求。股票期权有时候回到了公司管理层或者关联企业的手中。公司发行了低成本的股票和债券。这样的做法离奇而且令人费解。这就是神秘的东方。

越来越多的资金追逐着收益，使得收益必然萎缩。可转换债券套利基金开始冒着更大的风险开展业务：它们不再像以前那样把分离的部分卖给他人，而是自己持有，然后想办法对它们设置对冲。首先，它们做空股票，为股票期权设置对冲，然后它们持有债券，承担发行方的违约风险。

按照金融业的地心引力定律，更低的收益伴随着更高的风险开始显现，并最终发生作用。在千禧年初，随着收益降为了负数，可转债套利基金背负着巨大的损失轰然坠落。许多发行可转债的公司纷纷违约。他们依赖的债券保底再次塌陷。到底谁在愚弄谁？

智慧之言

金融经济学家口中的"证券设计"就是将发行方和投资者的需求统一到一张证券上。因为一些奇怪的原因，澳大利亚成了证券设计的温床。其中流行最广、最怪异的设计要数重置优先股了。

澳大利亚拥有规模庞大、制度完善的股票市场；个人投资者非常活跃。他们通过大规模的私有化交易发现股票。政府给出非常优惠的条件，让他们出资购买已经属于他们的东西，大家都蜂拥前去购买股票。于是，澳大利亚由一个农场主的国家摇身一变成了股票投资者的国度。个人投资者还可以通过强制养老金计划来购买股票，享受到特殊的税收优惠。如果公司已经支付了企业所得税，投资者收到的红利通常是免税的。从20世纪90年代到21世纪初，在低利率的环境下，澳大利亚发行了大量各种各样的证券。

强制转换可转换债券就是一个典型。这个名字起得有点矛盾：可转换债券的投资者原本有权决定是否转股，强制转股似乎违背了它的本意。

银行是强制转股的始作俑者。当时一家由一群实业家管理的银行陷入了麻烦，管理者对银行的具体业务不甚了解。当时流行的管理理论认为如果有一辆卡车很好，那么两辆会更好。延伸到银行业务上，这意味着一笔贷款好，那么两笔就很好，之后更是多多益善了。这就是"资产增长"策略。他们似乎并不关心客户的偿债能力。许多借款数额大的客户也心安理得，到期也不急着还款。

现在这家银行突然急需资金。投资者不愿意继续购买新股，而是希望银行能够保证会把钱还给他们。设计的证券是可转换优先股，假设每股价值10美元。每一份优先股能够转换成一份普通股。当股价超过10美元时，高出的这部分就是投资者的收益。这和一般的可转换债券没什么区别。

但问题是如果股价下跌到 10 美元以下，银行将无法应对投资者不换股的情况。解决的办法就是让投资者以其他方式收回他们的投资。投资者得到的不是 10 美元现金，而是 10 美元等价的股票。也就是说，如果当时每股股价是 5 美元，那么你就能得到 2 股股票；如果股价是 2 美元，那么你能得到 5 股，以此类推。这种强制换股的办法运用了一种聪明的戏法：股票套利。发行方可以将这个交易视为股票发行，因为它不必偿还本金。投资者可以将其视为债券。这就是证券设计之妙。

在 21 世纪初，这种证券结构又得到进一步的提升。银行开启了重置优先股市场。发行第一只 PERLS 股票（Preferred Exchangeable Resettable Listed Shares，可交换重置的上市公司优先股）的公司是我的老东家——澳大利亚联邦银行。

投资者购买了永久优先股。这意味着发行方不需要向你偿还本金。投资者能够按照商量好的金额获得红利，红利的金额会每 3 个月调整一次。投资者的投资回报率比市场同期回报率要高出两个百分点。这个差额回报率是红利通过享受免税优惠而省下来的那部分。

设定的利率维持 5 年，5 年之后将重新设定一次。如果设定的利率低于投资者希望的利率，那么这个证券就相当于看跌期权，也就是说投资者到时候可以要求发行方支付；但发行方有权选择是用现金还是用股票来偿还。如果发行方用股票偿还，那么股票的价值就要等于债券的面值。比如说，重置可转债的面值是 200 美元，而股票的价值是 40 美元/股，那么你将得到 5 股。发行方还有权在 5 年之后赎回可转债。

投资者受到高回报的诱惑，争相前来购买。玫瑰总是带刺的：红利具有诸多限制条件，而且它们是非累积优先股。也就是说，如果你错过了这次红利派发的机会，以后也不能再补领了。而对于利息和大多数的优先股来说，之前未发的红利会一直累加。而这种优先股的红利是在支付完利息之后才发放，如果盈利不足，你也就没份了。

此外，投资者也享受不到股价上涨带来的好处。他们只能按照 1:1 的比例将可转债转换成股票。重置可转债转股的价格都定得很高，这样只有股价升得非常高投资者才能够获利。比方说，发行方股票价格是 25 美元，而重置可转债的价格是 200 美元，股价得在 5 年里上涨 7 倍投资者才能够获得收益。对投资者来说，这样的机会并不多。

发行方简直不能相信他们的好运气。重置优先股相当于普通股，而其筹资成本率大约只有 7%，而发行普通股票的筹资成本率大约在 18%。未来收益增长和股价升值并不会落到重置优先股股东的腰包里，全留给普通股股东享用。管理层一直在强调每股收益增长、股东价值和动态股本管理。

投资者相当于购买了债券并且愿意今后购买发行方的股票。他们这么做就是为了一点额外的收益。如果他们了解这些交易是如何运作的，他们可能会安慰自己说发行方的评级还是挺高的（AA 以上）。

20 世纪 80 年代，日本大银行多数信用评级都是最高的 AAA 级。到了 90 年代，这样高评级的银行已经没有了。除去政府的支持，许多银行都没有偿债能力。优先股的投资者承担了信用损失风险。

重置优先股的市场在扩大。实业公司和银行一样成了发行主体，信用标准下降，投资收益也每况愈下。为了追求零星的额外回报，投资者顾不得什么风险了。

债券设计常常是在钻会计或者税法的漏洞。一种新型的可转债出现了：或有转换可转债。在普通的可转换债券交易中，当实际

> 债券设计常常是在钻会计或者税法的漏洞。

股价高于预定转股价时，你就会转股。在或有转换可转债交易中，只有当实际股价高出预定转股价一定比例时，才能转换成股票。按照会计准则，或有转换可转债的发行方不需要在计算每股收益时考虑未来债券可能转化成股票的数量。这样的规定似乎没有道理，但它确确实实存在。

或有支付可转债利用了神秘的美国税法的漏洞。按照或有支付可转债的协议，当股价超过预定转股价格一定比例时，发行方将支付额外的利息。这样，发行方在计算所得税时就能扣除比实际利息更高的利息费用，没有任何理由。这就是证券设计的把戏。

乌龙球

水往低处流，衍生品也有这个特性。交易员无时无刻不在寻找机会赚钱。通常他们会把目标瞄准那些没有风险意识的个人投资者。针对个人投资者的股权衍生品就应运而生。

一切都是从本金保全类产品开始的。对1987年股票市场崩溃仍心有余悸的投资者希望投资股票，但又不想承担巨大的投资损失。本金保全证券的道理很简单。投资者投入资金；如果股票价格上涨，他们就赚，如果价格下跌，他们能够收回本金，保证一分不少。这是没有眼泪的股票，没有恐惧的投资。

这个产品就是巧妙的拼贴画。投资者购买的是到期一次还本付息债券，在债券到期前投资者拿不到任何利息。投资者按照债券面值打折之后的价格购入债券。比如投资者只需花74美元就能买入面值为100美元的债券。按照5年期来算，它的年利率相当于6%。这打折的26美元就相当于利息。在本金保全证券中，投资者依然需要支付100美元。26美元的利息被用于购买标的股票的看涨期权。如果市场行情上涨，投资者就能够从中受益。如果市场行情下跌，等到债券到期时，投资者就能够收回本金。

这个产品相当受欢迎，交易商一下子卖出了好几十亿美元。交易商利用零息债券和期权从投资者身上赚了不少，产品运转良好。

本金保全债券要起作用，需要有足够的利息来支付看涨期权。随着20世纪90年代利率的下行，推出这样的产品很难。交易商就利用起了投资者对高回报的热情。

在逆向转换债券交易中，投资者投入资金，拿到高利率。等债券到期时，投资者要么收回本金，要么就拿到某一家公司的股票。具体由发行方决定。一个交易商将这个产品命名为GOAL（Geld oder Aktien Lieferung），意思是现金或股票交割。这个名字是为了庆祝1998年在法国举行的世界杯足球赛。投资者很快将球射得到处飞。

这个产品特别阴险。如果股价上涨，投资者就得到现金；如果股价下跌，投资者就会收到股票；而此时股票的价值低于初始投资。投资者相当于卖出了以该股票为标的的看跌期权。高回报其实就是投资者出售看跌期权收到的期权费。股价波动越频繁，投资者的收益就越高。但波动频繁的股价意味着股价下跌的风险也越高，很可能导致对方行使内置的看跌期权。

产品的推销方法也很狡猾。投资者得到了"增厚"的收益；他们将来能够收回本金或者得到一家"蓝筹"股公司的股票。投资者通常能以债券发行时股价的 90%~95% 价格买入。但许多投资者没弄明白的是等到股票交割时，实际的股价会更低。投资者通常是以超出股票市价许多的价格买入了股票。他们最终往自己的球门里射了一个乌龙球。

但这是个股权的时代，股票只会上涨。这一代的投资者相信权益投资能够保证每年 20% 以上的回报率。股价是永远也不会下跌的。如果下跌了，买入的机会就来了，他们就能够以"优惠"的价格买入股票。逆向可转换债券对新时代的投资者来说再合适不过了。

当 10 年股市繁荣景象在 2000—2001 年间结束，逆向可转换债券的风光也到头了。许多逆向可转换债券是拿热门的互联网企业的股票做标的，这些股票股价都大幅地跳水。发行方按协议将这些股票交付给了投资者。投资者发现他们当初的股票购入价格比现在的市价高出 50%~90%。他们像被夹住的猪一样发出尖叫声，他们被误导了。最后，他们被深度套牢，成了长期投资者。他们祈祷未来股价能回升到原来的水平。

个人投资者并没有被暂时的损失吓到，为了高收益继续追逐更加怪异的股权投资产品。有些产品以山峰命名，也许交易商意识到他们需要越过陡峭的悬崖。其他一些产品以宝石命名。据说一家银行将近 20% 的利润来自股权产品的零售业务。

这些产品极其复杂，让人脑子发懵。一种产品的期限长达 10 年。投资者能够得到的收益相当于初始投资的 2 倍加上投资者挑选的一篮子股票里表现最差的一只股票的收益。如果表现最差股票的收益跌到了 0，那么投资者只能拿到他的初始投资。还有一种类似产品，投资者能够拿到初始投资两倍的收益加上投资者挑选的一篮子股票中表现最差的两只以上股票的平均收益。还有一种是 6 年期的。投资者的初始投资是安全的。投资者的收益建立在 6 只股票的平均市场表现上。每过一段时间，组合中表现最好的一只股票就会被剔除掉。

交易商脸上笑嘻嘻地兜售波动性、波动微笑曲线，买卖一篮子相关性，承受远期波动性和相关性风险。量化金融分析师不停地用计算机为这些产品定价和设置对冲。投资者知道他们自己在买什么吗？他们用钱投了票。他们大量买入这些产品。大基金公司的经理都避开主流产品。他们谈论着建模问题，缺乏透明的定价因素，流动性不足。购买产品的欧洲和亚洲的个人投资者似乎没有遇到建模的问题。我一直怀疑那些薪酬不菲、在学校里待得太久的量化金融分析师的价值。证据证明他们完全无关紧要。

课税时间

20 世纪 90 年代是"货币时间价值"的黄金十年。这意味着你可以出售某件有价值的东西但税务局仍然以为你没有卖。权益衍生品交易总会涉及税收问题。这并不新奇。在 20 世纪 80 年代，IBM 作为美国资本主义的拥趸，成了第一批打可交换债券主意的公司之一。这种债券和普通的可转换债券还不完全一样。

> 权益衍生品交易总会涉及税收问题。这并不新奇。

1986 年，IBM 发行了价值 3 亿美元的可转换债券。不同于一般可转换债券的是，这种债券不会转换成 IBM 的股票，而是交换成英特尔的股票。这就是可交换债券。

IBM 是英特尔公司最大的客户，而英特尔是 IBM 主要的零部件供应商。基于这种业务关系，IBM 早在 1983—1984 年收购了英特尔 19% 的股份。不巧的是，英特尔的股票表现不佳，于是 IBM 决定卖掉大部分英特尔的股票。IBM 就是利用可交换债券来处理英特尔股票的。

这里的逻辑很简单。如果不在市价的基础上大幅度打折出售英特尔的股票，IBM 很难将这些股票脱手。而通过可交换债券，IBM 就可以高价卖出这些股票了。英特尔的股价一直来波动幅度都很大。这就意味着可交换债券内含的以英特尔股票为标的的看涨期权价值很高。这对 IBM 来说很有利。

此外 IBM 还有税务方面的考量。如果 IBM 直接在市场上出售这批股票,那么任何收益都会直接反映在账面上,这样 IBM 就必须马上交税。现在有了可交换债券,从税务角度说,只有当投资者转股时,税务局才认为股票买卖完成了。这通常要到可交换债券最终到期时才能见分晓。实际上,可交换债券使 IBM 将因转让股票取得的收入而应缴的税递延了。如果你不能逃税,那你就想办法把税金拖到最后再交。这就是货币的时间价值和税收的关系。

20 世纪 90 年代,货币时间价值化的过程变得更加离谱。因为股市的繁荣,投资者取得了大量的资本利得。他们想要锁定这部分利得,而推迟纳税。

此时,情况已经发生变化。大家都强烈希望互联网企业上市,于是许多企业家抓住了机会。上一辈的企业家靠出售资源来赚钱,而这一代人出售虚拟网络来赚钱。IPO 发行让

> 上一辈的企业家靠出售资源来赚钱,而这一代人出售虚拟网络来赚钱。

这部分人极其有钱。但问题是他们手里没有现钱,只有大把大把的股票。此外还有更麻烦的事情:在 IPO 时,公司原创始人通常要承诺在一定时期内不出售他们的股票,这个禁售期一般为 1~2 年。

纸上富贵、手中缺钱的企业家给权益衍生产品创造了生意。权益衍生产品的鼓吹者包括私人银行家和巨富的企业家。货币化的解决方案绕过了股票禁售的限制。有趣的是,一家公司的两个部门会同时参与进来:一个部门商定股票禁售限制的规定,另外一个部门则想办法绕过限制。这是公司内部中国墙⊖起作用为数不多的例子。

还有一种方法就是"做空股票"。投资者从市场上借入股票,然后将股票沽空。投资者现在同时是多头和空头,这样他们不再受到股价波动的影响。投资者通过做空股票拿到了现金。通常是全价的 90%~95%,剩余部分留给借出股票的一方作为保证金。

⊖ 原文为"Chinese Wall",译为"中国墙",美英等国证券制度中的特定术语,指投资银行部与销售部或交易员之间的信息屏障,以防敏感信息外泄,从而构成内幕交易。——编者注

当然，投资者仍然拥有股票。也就是说原始股的收益并没有当时就确认，而是当原始股买卖完成时才确认。投资者可以无限期地推迟收益的实现。

另一种手段是低执行价格期权（LEPO，low exercise price option）。1996年，澳大利亚地产和金融服务公司联盛集团（Lend Lease Corporation）想将手中9%的西太平洋银行（Westpac）股份出售。它就用了低执行价格期权。这些期权大约4年后到期，行权价为1分澳币。当时西太平洋银行的股价是5.4澳元。这个行权价意味着期权肯定会被行使。联盛集团实际上卖出了这些股票。

期权的买家为每份期权支付了3.65澳元。这1.75澳币的折扣价相当于投资者放弃的股息。

联盛集团做得很成功。本来出售数量众多的西太平洋股票，联盛公司需要大规模折价才能出手，现在它不需要打折得很厉害。联盛公司依然能够从西太平洋银行收到连续4年的股息。这些股息由于免税规定不需要交税。同时，联盛集团将它在股票上的资本增值收益递延到4年以后再交税。

投资者也得到了实惠。境外投资者不适用免税规定；他们从股票转向了期权。期权价格的折扣相当于将股息返还给了他们，而且能够享受税收优惠。国内适用高税率的投资者倾向于资本增值收益，也购买了这些期权。

这是个很棒的金融工程。受损失的是税务部门和普通的纳税人。最后，税务局采取了行动，填补了税收漏洞，但为时已晚，效果甚微。

基金时代

竞争的大潮不可阻挡，像权益期权这些高利润的领域也面临利润不断摊薄的压力。交易商转而开辟新的市场，比如以基金为标的的衍生工具，尤其是红火的对冲基金领域。动机都是相似的。交易商寻找一些不透明的领域，这样才能够赚到更多的钱。基金衍生工具和以股票或股票指数为标的的衍生品差不多。这个产品应该很简单。但事实正好相反。这是个新的不可知的未知领域。

基金只在预先指定的时间点提供资产价值数据，通常以月或者季度为周期。它通常不能不断地进行交易，它的波动性也很模糊。所以很难对基金衍生品进行定价和对冲。但这并没有难住交易商,许多交易商都买了入场券来尝试一下这项业务。

交易商用"缓冲"价格来应对对冲风险,也就是说他们在原来价格的基础上加上一个大的差价。这个缓冲是用来对付风险的。神奇的是,这笔缓冲资金转换成了利润,最终成了奖金的一部分。

交易商表明用代理来为基金设置对冲。他们希望用以代理为标的的衍生产品来对冲基金本身。但问题是大多数的基金并不公布持仓的具体细节;即使基金公布了仓位,这里面还有时间差的问题。代理对冲的基础风险非常大。交易商宣称他们有模型来对付这些风险。

长期资本管理公司的覆灭向众人展示了以对冲基金为标的的衍生品有多么危险。这还和避税有关。长期资本管理公司的合伙人搭上了早期股价上扬的顺风船,获得了丰厚的收益:他们之前1.5亿美元的投资已经变成了14亿美元。大多数合伙人把利润留在了长期资本管理公司里。这可能是有史以来最棒的一次投资。

迈伦·斯科尔斯感兴趣的一个话题是避税。芝加哥学派认为应该尽量减少税收这一投资成本。对美国税法深有研究的斯科尔斯认为避税是一项经济和智力上的难题;每一个纳税人的首要职责就是避税。"没有人会老老实实纳税。"他有一次说。[1]

长期资本管理公司和瑞银集团达成一系列的期权协议来降低合伙人的税收负担。长期资本管理公司也给过其他的交易商机会,但它们不是拒绝,就是承接了规模较小的业务。这些交易商显然很担心风险。

瑞银集团曾经错过了和长期资本管理公司做生意的机会。这次银行方面派出最优秀的团队和长期资本管理公司接触。事后证明这是一次失败的买卖。

这场交易是斯科尔斯想出来的。瑞银集团将以长期资本管理公司的股票为标的的7年期欧式看涨期权卖给了长期资本管理公司。长期资本管理公司为此支付了3亿美元的期权费。瑞银集团购买了价值8亿美元的长期资本管理公司股票,作为卖出期权的对冲。瑞银集团还同时向公司直接投资了2.66亿美元。有人认为正因为瑞银集团做了这笔交易,长期资本管理公司才会作为回报让瑞银集团投资。长期资本管理公司当时不接受新的资金投入,还在不断地缩小基金规模。瑞银集团一直在后悔当初长期资本管理公司成立时邀请其投资,而自己没有参股。瑞银集团希望将之前的战略失误纠正过来。

期权交易的目的是让长期资本管理公司的合伙人避免缴纳高额的边际税金。将股票卖给瑞银集团的话,这部分收益就属于资本增值,适用较低的税率。而且它并不会改变合伙人对股票的所有权属性,仍可以享受经济利益。这些期权都是极价内期权,因此行权的可能性非常大。

这场交易使得瑞银集团在长期资本管理公司身上有 10.66 亿美元的风险敞口。这其中包括 2.66 亿美元的投资,按照基金的规定,锁定期为 3 年。剩下的 8 亿美元投资用来对冲一年以后可以交易的期权。如果刨除期权费,瑞银集团的风险敞口是 7.66 亿美元。

> 如果刨除期权费,瑞银集团的风险敞口是 7.66 亿美元。

以长期资本管理公司股票为标的的期权很难进行对冲。在平常的看跌期权空头交易中,当股价上涨时,交易商需要买入更多的股票来对冲;当价格下跌时,交易商则需要卖出股票。这样做的前提是市场上有股票价格信息,并且能够对对冲不断进行调整。

长期资本管理公司只定期公布股票价格(相当于基金的价值)。基金的具体仓位无法从公开市场中获知。由于长期资本管理公司股票交易受到一定的限制,瑞银集团无法实时地调整头寸。对于没有上市的公司,其股票的流动性很差。

瑞银既不能减少在长期资本管理公司的风险敞口,也不能出售长期资本管理公司的股票。它只能把它的股份转变成一项于 2004 年到期的借款。利率是在 LIBOR 的基础上加 0.5%。如果长期资本管理公司的股价下跌,瑞银集团的风险敞口并不会受到影响。瑞银集团已经变成了债权人,而不再是公司的股东。

等到交易完成时,这些期权成了极价内期权。行权价格被设定为 1997 年的股价,期权的等待期很长,为 7 年。期权的变量(对冲比率)非常高。瑞银集团的投资规模和期权合约规定的风险对冲规模一致。当长期资本管理公司开始陷入危机时,期权的价值和变量值急剧下跌。瑞银集团需要迅速减少长期资本管理公司的风险敞口,但它办不到。

1998年8月,长期资本管理公司破产,瑞银集团为此损失了大约6.94亿美元。之前在讨论这笔交易的时候,其中一个股票交易员看了这个交易。其中一个卖点是瑞银集团能够在这笔交易中赚到2 500万美元。斯科尔斯狡猾地说他愿意支付比理论价格稍微高一点的价格。问题是这个理论价格是在长期资本管理公司很低的历史波动性基础上计算出来的。

这个交易员很担心。他担心瑞银集团的损失将是2 500万美元的好几倍。他是对的;瑞银集团的损失的确是预计利润的好多倍——28倍。这就叫"有福同享,有难同当"。当对冲基金崩溃时,长期资本和瑞银集团共同经受了痛苦。和其他许多交易一样,这是衍生工具不平等的另一个案例。[2]

第 9 章

该赞美的时候就赞美

信用违约互换和债务抵押证券的乐趣

到了20世纪90年代末，资金都进入了信用衍生品领域。90年代初，我第一次接触它们的时候就有一种预感。我随金逐流，来到了"信用时空"。随着新市场逐个饱和，交易员刀耕火种，尝试开辟新的领域。信用也被"衍生品化"了。这是玩弄信用违约互换和债务抵押证券的时代。

事后看来，这很明显，信用就像胶水，把银行紧紧地黏在了一起。银行的每一项业务都和信用风险有关。当银行放出贷款时，银行就得冒着对方不还钱的风险。当银行签订衍生品协议时，它就得承担对方不履行约定的风险。信用就像胶水，黏黏的；你一旦沾上，就很难再轻易地摆脱。所以，在贷款偿还或者合约履行完毕之前，你一直有风险。在信用衍生产品出现之前一直是这样的情况。

长久以来，商业银行和投资银行之间的主要区别体现在信用风险上。商业银行是和信用风险打交道，而投资银行则跟市场风险打交道。后者不喜欢信用风险。它们喜欢买进卖出，它们不喜欢把东西长时间捂在手里，未来有太多的未知的未知。投资银行在创造衍生工具、转移信用风险当中扮演了重要的角色。

信用战争

商业银行和投资银行展开竞争，促进和改变了信用市场。凭借庞大的资产量和业务能力，商业银行通过承担风险来获得业务。它们把钱借给客户，尤其是在收购和并购这样大规模的交易中。这些借款的前提是客户要让商业银行来做利润丰厚的投资银行业务。这种捆绑销售在许多国家是不合法的。在实际操作中，这些法律上的细枝末节无关紧要。客户很明白如果他想继续取得银行慷慨的帮助，他应该将投资银行业务给谁做。套用电影《教父》里老教父的话说："我给出了一个让他无法拒绝的报价。"

商业银行刚开始进入证券交易和其他投行专业领域时，投资银行对其有些看不起，又有些怜悯。"笨手笨脚"的商业银行似乎永远也干不成事。经过几次失败之后，笨手笨脚、反应迟钝的商业银行发现它们可以用绝对优势来赢得竞争。投资银行为此惊恐万分。和其他自由市场的鼓吹者一样，当**自己的**行业受到威胁时，投资银行也做出了同样的反应。它们大喊"犯规"，希望变更游戏规则。

投资银行去找联邦会计准则委员会讨公道，但委员会似乎帮不上什么忙。投资银行的诉求很模糊：它们不赞成商业银行不需要按市场价格对贷款进行计价。他们可以低于市场利率的条件来招揽客户，从而拿到收益更加丰厚的投资银行业务。暗藏在贷款中的补贴并没有反映在报表上，也不会影响利润。相反，投资银行却要按规定将这些贷款以市场价格核算。现在，竞争的压力迫使投资银行不得不提供"搭桥"贷款，才能赢得客户。

顶尖的投资银行哭诉由于不公平的竞争而丢失了业务，这一幕让人感到好笑。这一切，当然是为了保护商业银行股东的利益；投资银行这么做是在保护公众的利益。"有时候，你需要选择站队。"一个投资银行家说。商业银行极力为自己贷款的会计处理做辩护。

最后，这场辩论不了了之。面对市场实际情况，投资银行不得不多借资金才能获得业务。大投资银行扩大了贷款业务，增加了人手，还雇了一些笨手笨脚的商业银行家。它们还得到了更多的资金，可以和商业银行一决雌雄了。

许多投资银行知道灾难即将来临，于是就把自己卖给了商业银行。这些属于全能型银行。大部分银行都葬身沙场。幸存下来的全能型银行对业务模式犹豫不决，因此出现了几次大变动。在银行内部，这就像非军事地带。商业银行家和投资银行家共存。在日常的内部交流中，大家顾不上礼貌。每个人都听从了教父的教诲：和朋友打成一片，和敌人更要亲密无间。

有一次我和德国的一名银行家喝酒。他的银行雇了业务熟练的投资银行家来开拓新的业务。他本人之前从商业银行出来的，他为此很生气。这些投资银行家"薪水过高，而且反客为主"。"到头来一定不好。"他嘟囔着说，"这就是盎格鲁-撒克逊风格。这些投资银行家拿着更高的薪水，他们蹂躏完我们的客户之后就扬长离去。他们总是这样。然后我们将回到真正的银行业务。贷款，这才是正常的好业务。"我笑而不语。

> 投资银行开进信贷市场，催生了以信用为标的的衍生产品。这将是衍生产品诞生以来最大的一次狂欢。

信用战争并没有解决信用风险的问题，只是让更多的资金流向少数几家银行。但投资银行开进信贷市场，催生了以信用为标的的衍生产品。这将是衍生产品诞生以来最大的一次狂欢。

信用顿悟

自罗斯柴尔德时代到现在，信用风险管理几乎没有什么改变。在每一次战争中，罗斯柴尔德都会借钱给交战的双方。战胜的一方必须双倍返还本金；如果借钱的一方不还款，罗斯柴尔德可能会资助一场新的战争来迫使战胜方还钱。这个精明的人很懂风险管理之道。

不久之前，摆脱一笔贷款的唯一途径还只能是卖掉它，通过转让或者债务更替的方式。这种方法烦琐复杂。银行需要得到借款方的许可：在大多数的借款协议中都有这么一条奇怪的约定：在借款方的许可下，银行可以将借款转借给另一方，**借款方没有充分理由**不得拒绝。任何对"合理性的"检测都不可能不带偏见。

当我还在企业当财务主管时，银行就找到我，希望把贷款转借给别人。银行明白提出这样的要求会对银行和客户之间的关系产生致命的后果。客户对银行的忠诚度要求很高。银行希望摆脱贷款或者信用风险会很自然地被认为是一种背叛。其后果是客户会将银行从圣诞贺卡的名单中删除，甚至更糟。

向客户提出要求也不见得一定能成功。我所在的公司从 A 级信用等级降到了 B 级信用等级。一些银行就撕破了脸，想要把降级带来的风险转嫁出去。他们给我发了一封转贷请求的信：我没有给出答复，我既没有说"不"，但也没有说"是"。我要说个"不"字，银行就会说我"无理拒绝"。

我一直在思考这个请求，很用心地思考。一个银行家气急败坏地给我打了个电话；我能否在贷款到期之前给他个答复？这很难说，还有许多复杂的事情需要我认真仔细地考虑，我还在琢磨这件事。

不同意也可以，你可以"参与"一下。银行实际上还是名义上的借款人，它将贷款的利息卖给了别人，别人可以通过银行来行使他们的权利。这是可行的，但在法律上有点风险。总的来说，信用的流动性不强，而且交易不方便。谁能够解开信用交易的秘密，谁就能赚到很多很多的钱。

20世纪90年代初，一些金融机构十分谨慎地将信用风险试探性地转嫁出去。方法就是转移风险但不出售贷款，所以银行就不需要征得贷款方的同意。这次打头阵的是信孚银行和JP摩根。

信孚银行将大量的资金借给了日本的银行和一些主权国家。受到资金额度的束缚，它很难开展更多的业务。他们想卖掉现有的风险，腾出信贷额度。

JP摩根的情况则不同。新董事会主席丹尼斯·韦瑟斯通（Dennis Weatherstone）想要解决一些看似简单的问题。我们的资金都被什么占用了？是信用风险、市场风险还是其他风险？每一块钱的资本回报率是多少？他认为只有弄明白这些问题，才能有效地管理银行。的确如此，但是要想得到答案并不容易。相关的基本工具和信息并不容易获得。这项工作花了很长时间，催生了一些变革性的风险管理工具，如风险矩阵和信用矩阵。信孚银行也创造出类似的工具，如资本的风险调整收益率。

当得知答案后，它们就坐立不安起来：JP摩根绝大部分的资金积压在信用风险上了。投资回报率只有个位数。公司的目标回报率是20%，这样的投资回报率可是个大问题。JP摩根知道自己无法停止借款；这是它维持客户关系的基础，是拿到更丰厚利润的前提。解决问题的办法很简单。JP摩根只需要卖掉贷款上的信用风险，就能够释放出资金，提高收益率。但问题是当时没人知道如何操作。

第一个信用衍生产品

20世纪90年代早期，信孚银行设计了两笔奇怪的交易，答案就在这两笔交易当中。在主席查尔斯·桑福德和总裁尤金·桑福德的带领下，信孚银行成了衍生品的实验室。许多我们现在司空见惯的产品都来自信孚银行内部当年那些天马行空的试验。

第一个交易很简单,就是完全收益互换,这是金融工程师工具箱中常用的工具。银行的一个大客户想要借更多的资金;银行希望满足客户需求但又不想增加自己的信用风险。于是,银行就构建了一个简单的协议:银行发放新的贷款,然后和信孚银行进行完全收益互换;信孚银行向这家银行收取这笔贷款的利息;这家银行获得资本增值,并承担相应的资本损失。作为回报,信孚银行向这家银行支付融资费用,这笔贷款记在这家银行的账上,但不需要承担这个客户的信用风险。信孚银行实际上也不用承担任何风险;它做空了客户公司发行的债券来对冲信用风险。这样的信贷没有什么风险。这种做法已经超越了当时的时代。

第二笔交易更加"前卫",日本银行出售了许多期权给信孚银行,现在这些期权成了极价内期权。这样信孚银行在与日本银行的交易上有大量的信用风险。这些银行也遇到了财务困难:错误的放贷决定导致了大规模的损失,最终使一批银行倒闭,余下的也只能在之后的十多年内苟延残喘。信孚银行迫切希望摆脱这个风险,但问题是"该如何下手"?

当时的市场环境也很关键:利率很低,贷款的利润非常稀薄。投资者都在寻找"收益增厚"的办法。信孚银行提出了解决办法,既解决了投资者的烦恼又帮了自己。投资者从信孚银行买入 5 年期的债券。这债券和五家信用等级为 A 的日本银行相挂钩。投资者能够得到高利率的回报,如 LIBOR 加 0.8%。对于信用 A 级的日本银行,通常投资者只能收到每年 0.5% 的利息。

如果 5 家银行中的**任何**一家出现债务违约,投资者就会遭受损失,他们的投资就打水漂了。违约银行将向投资者发行债券。交付的债券面值等于投资者的初始投资,但它的实际价值远远低于其面值,最多只有初始投资额的 40%。

这就是"首家违约"投资组合。它的结构简单得有点迷惑性。投资者非常喜欢它;看起来同样的风险,他们能够从中得到更高的回报。他们能够在不违反投资规定的前提下完成投资。毕竟,他们能够购买投资组合中的银行发行的普通债券。没有比这更简单的了。额外的收益总是伴随着额外的风险。

首家违约组合的风险和单家银行的风险并不一样。以 5 年为期,A 级银行的**平均违约率**,也就是破产的可能性为 0.54%。单家银行的违约率并不符合**平均**

值，它要么违约，要么不违约（概率是 0 或者 1）。没有一家银行的违约概率会是 0.54%。违约概率是说你将钱借给 200 家 A 级公司，那么这 200 家里平均会有 1 家违约。

我们可以简单计算一下"首家违约"投资组合的违约风险。0.54% 的违约风险意味着企业有 99.46% 的概率能够存活下来（100% − 0.54%）。假设一家银行的违约和其他几家银行的违约彼此无关，这意味着 5 家银行支撑 5 年的概率是 97.33%（即 99.46% 的 5 次方）。反过来说，至少一家银行违约的概率是 2.67%。这个概率相当于 BBB − 或 BB + 的风险等级。这远远高于一家 A 级银行的信用风险，如果你之前这么认为。

"首家违约"投资组合也利用了杠杆效应。如果债券价值 2 000 万美元，投资者就承担了 1 亿美元（5 × 2 000 万）的风险。任何一家银行的违约额都能达到 2 000 万美元。损失最高不超过 2 000 万美元。因此投资者装作没有杠杆效应一样。

投资者还承担了一种新的未知的不可知风险，就是违约相关性风险。违约相关性风险值为 1，表示投资组合里的 5 家银行都同时违约，一损俱损。这和投资单个银行一样。如果违约相关性风险低，投资者承担的风险就大；在 20 世纪 90 年代早期，银行都不提这个风险。当时谁都没有关注这个相关性风险，但 10 多年之后，这成了大家关注的焦点。银行和投资者热火朝天地交易着这类风险。他们仍然不知道它的意义和如何去衡量。

"首家违约"的设计非常巧妙。投资者可以冒额外的风险，而有些投资者还不知道自己冒了风险。其他人心里明白，但很高兴他们能够在规定的范围内进行投机，他们可以不用杠杆获得杠杆效应。信孚银行以非常低的成本摆脱了大量的风险。

谁都很高兴，直到日本信贷银行（Nippon Credit Bank）倒闭的那一刻。大多数日本银行的"首家违约"投资组合里都有日本信贷银行。这并不稀奇，精明的分析师都会把日本信贷银行放到投资组合里。投资者看到日本信贷银行在"首家违约"投资组合中，他们成了第一批痛苦的人。

远程信用

信用衍生品并没有一炮走红,许多衍生品的发明人对衍生品需求量不足感到失望;许多人改行去做其他事情了。直到20世纪90年代末,它们才开始慢慢受到欢迎。利率衍生产品曾经是衍生产品市场上业务量最大的衍生品品种。突然间,人们开始越来越多地谈到了信用衍生产品。那些衍生产品创始人过于超越时代了。

信用衍生产品发展的契机源自信用违约互换(CDS)。CDS的基本原理很简单。假设一家银行把钱借给了一个客户。银行因为在这个客户、行业或者国家上的风险敞口太大,现在想把贷款的风险卖掉。这就是"集中风险",和分散风险正好相反。或者这家银行得到了一些消息,使它拿不准客户能不能到期还钱。不管出于什么目的,银行就想把贷款的风险转移出去。

银行找到了愿意承担风险的下家。他们喜欢这家公司;他们在这家公司、行业或者国家上几乎没有风险敞口。他们觉得这家公司不会违约;他们也没有意识到风险。不管什么原因,这个投资者乐意承担风险。于是双方就达成了CDS协议。

按照协议,银行向投资者支付一笔费用,类似于贷款的利息。反过来,如果公司违约或者倒闭,投资者需要向银行赔偿相应的损失。到那个时候,投资者就付钱给银行。这笔钱是为了补偿银行由于公司违约而造成的损失,具体如图9-1所示。

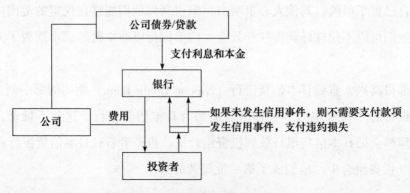

图9-1 信用违约互换(CDS)

这个 CDS 就相当于担保，类似于破产保险。银行实际上为贷款买了个再保险，但你不能把它叫作保险：因为只有获得牌照的保险公司才能销售保险，如果你没有牌照，那你可能会被起诉。最重要的是，这个 CDS 协议**自始无效**，它从来不存在。

它还涉及其他法律问题。保险法里充斥着拉丁术语，uberrima fides 就是其一。这个词的意思是"坦率诚实"。投保方必须告诉保险公司一切可能遇到的风险。信用衍生品交易是**"责任买方自负"**。如果 CDS 协议是保险的话，这个协议有可能无法履行。出售保险的一方可以抗辩说对方没有把所有的风险告诉自己。购买保险的一方明明知道公司马上要申请破产了，却隐瞒了这个事实。

保险法规定索赔的一方必须证明实际损失，来证明"受保利益"的真实性。如果银行有贷款或者信用风险，一切都好办；但如果没有，这就麻烦了。那银行可能预计对方要破产，于是做空了信用，这样它就是在索赔损失的利润。

衍生品行业并不能解决这样的保险问题。它们依靠的是法律意见。它们找到一个律师，这个律师认为，更确切地说，准备起草文书声明 CDS 并不是保险合同。律师认为既然在 CDS 协议下不需要证明受保利益的存在，因此这不是保险。这个论证非常奇怪，并不符合大多数的逻辑规则，却是每个人想得到的答案。

CDS 市场开始起步。CDS 具有许多优势：你不需要对贷款做什么；你不需要告诉你的贷款方，不必征得他们的同意；你不用完全依照贷款的条款。你还可以篡改定价。你可以把贷款放在你的报表上。你摆脱了风险。

CDS 可以让你轻松地做空信用，从一家公司的衰落中获利。在 CDS 诞生之前，这很难办到。由于 CDS 是衍生工具合约，所以它也是资产负债表表外项目。它的杠杆效应可以无限放大。它是王牌衍生品。

CDS 也有一些问题。通常，银行实际是跟客户打交道，用法律术语说这是协议的"默契"。你直接和借款人签订合同。这是银行借给客户的资金。CDS 协议是单独的，完全脱离于这个贷款协议。这是双方在对赌借款人是否会还款。这和贷款并没有太直接的联系。这就是远程操控的信用。有时候，这种操控实在是太远了。

CDS 的问题和文件起草有关。CDS 交易被看作衍生品交易，当交易开始时，交易商会让**衍生品**律师起草合约。大型律师事务所和银行一样分成许多部门，衍生品律师并不精通错综复杂的贷款协议。

作为行业协会的国际互换和衍生品协会将问题变得更加复杂。协会最大的成就是他们制定了一套标准衍生品合约体系。协会希望有一个标准的 CDS 合约，于是成立了一个由市场从业人员组成的委员会来操办这件事。这就是信用衍生品市场交易委员会，被大家不友好地称为"六人组"。

直至今日，一共出现了 3 种标准合约，分别是 1998 年、1999 年和 2003 年 3 种版本。此外还有一些补充条款和说明事项。委员会大部分成员都是 CDS 交易商，他们关注的是交易。他们对信用和借贷市场，尤其是对兴起阶段的信贷市场的了解并不多。交易商希望信用能像货币那样，具有同质性、统一性、可交易、可流动的性质。但信用风险并不是这样的。

魔鬼就藏在标准文本的细节中。律师们并不在乎这些，他们解决问题就能拿到律师费。下面就来介绍文本中的魔鬼。

张冠李戴

CDS 协议的核心就是那些信用风险被反复折腾的企业，也就是"参照实体"。你可能还认为这很容易确定，但事实上要想做到这一点很难。

公司通过各式各样的实体来运作，这大多出于财务考量，比如避税。为了建立有效的对冲，参照实体应当和你贷款发放的实体是同一个。但不幸的是，CDS 市场只针对集团公司中最主要的公司。但你会发现你在用其关联方的 CDS 来对冲你的贷款。这是基础风险！

如果参照实体存在，这还行得通。1998 年 8 月，俄罗斯再次违约。这是它在 20 世纪里的第二次违约。大多数的 CDS 合约以"俄国"这个并不存在的实体为基础，许多实体发行了俄罗斯债券。有以卢布标价的 GKO 和 OFZ；还有俄罗斯外贸银行发行的 PRINS、IAN 和 MinFin 债券。大家都知道俄罗斯违约了。俄罗斯政府也公开地承认了。现在需要确认 CDS 合约中的参照实体是否违约。

如果合约双方就参照实体达成一致的话，那就好办了。2000 年，瑞银集团和德意志银行这两家主要信用衍生品交易商陷入了一场尴尬的纠纷。瑞银集团为阿姆斯特朗世界工业公司的债务购买了保障,阿姆斯特朗世界工业公司经过改组,把股权转让给了阿姆斯特朗控股公司;阿姆斯特朗世界工业公司向法院提交了自动重组申请书。瑞银集团认为参照实体破产了,但德意志银行拒绝赔付。最后这场纠纷在庭外和解了。

如果参照实体突然决定变更,那会发生什么事?如果你直接将钱借给公司,那么借款方需要征询出借人的同意。在 CDS 合约中,任何一方都不一定和借款方有直接的联系。CDS 只会提到借款方。

美国电话电报公司(AT&T)是一家对重组乐此不疲的企业。这家著名的企业将自己一分为三,分别是 AT&T、朗讯科技和 NCR(全国收银机公司)。AT&T 现在宣布它要重新重组,拆分为 4 家企业。管理层似乎喜欢做一些无济于事的补救。一个交易员这样问我,如果你用以 AT&T 为标的的 CDS 买入或者售出保障,那么在拆分之后会如何?借鉴所罗门银行的前例,我回答说 CDS 协议应当拆分成等额的 4 份。如果你有价值 2 000 万美元以 AT&T 为标的的 CDS 合约,那么对应每一家企业,你有 4 份价值 500 万美元的 CDS 合约。那个交易员一脸不信地看着我。这个想法太愚蠢了。

起初,标准 ISDA 的 CDS 协议明确信用保障应当转移到承担了原参照实体"所有或者几乎所有"义务的新实体。大家很难就"几乎所有"的意思达成一致,于是就请来"六人组"做裁判。为了解决这个问题,新"承继实体"的条款将"新"参照实体定义如下:

- 如果新实体承担原实体债务的 75%;
- 如果没有实体继承 75% 的债务,那么新参照实体包括所有承继债务份额在 25% ~75% 的实体,同时原先的 CDS 在这些实体之间平均分摊;
- 如果其他实体继承的份额不足 25%,那么原来的法律实体就被视为承继实体;
- 如果法律实体消亡,而且实体承继的债务份额不超过 25%,那么承担债务份额最大的实体将作为 CDS 合约的参照实体。

我的想法并没有那么傻。这个定义并没有解决问题。CDS 被分成了几份,但你原来的贷款却是由一个**新实体**继承了。如果你买了保障，这个规定意味着尽管你的贷款转移到了另一家实体，仍相当于你购买了一家或好几家实体的保障。如果你售出了保障，那么你就不知道你最终承担谁的风险。资深的信贷审批员常常强调"了解客户"的重要性。在 CDS 交易中，你都不能确定谁是你的客户。

新的规则并不起什么作用，至少不是每次都起作用。2002 年 9 月，英国的酒店集团六洲集团重组为洲际酒店集团和米切尔巴特勒公司㊀，六洲酒店就成了洲际酒店的下属子公司。经过洗牌之后，六洲酒店就几乎没有债务了。因为六洲酒店没有债务，要想违约也很难，所以 CDS 协议的费用就下降了一半。之前购入六洲酒店债务保障的交易员赔了一笔。

交易商争论到底谁继承了谁。律师也没讨论出个所以然来，最后他们认为洲际酒店和米切尔巴特勒公司都没有继承原六洲的债务。标准的文书似乎没有考虑到类似六洲酒店的问题。问题就又回到了起点——身份错位。

小道消息

如果你能够确认谁是继承实体，接下来你就需要解决什么和怎么办的问题了。**什么**是引发支付的事件，而怎么办是你需要怎么做才能收到钱。在贷款业务中，这很直截了当。**什么**就是指你收不回贷款，而**怎么办**并不是问题，因为你就是没收到钱。在 CDS 交易中，这一切都变得复杂起来。

什么是信用事件？最平常的就是违约（你收不回钱来）；破产（法院说你收不回钱来）；否认、拒绝或者延期支付（借款方厚颜无耻地说他们不会还钱）；重组（出借方篡改贷款账面，假装借款人会按期偿还，但实际上借款人并不会或者不能还钱）。在现实中，重组通常一个接一个，没完没了的。

破产很让人头疼，尤其是破产事件发生在境外。1998 年 10 月 6 日，中国人

㊀ 米切尔巴特勒公司经营软饮料和零售业。——译者注

民银行发布公告,宣布广东国际信托投资公司无力偿还债务。中国人民银行要求广东国际信托投资公司停止营业,以保护债权人的利益;同时吊销了其金融许可证。中国人民银行决定中国银行和广发证券作为其银行和证券业务的资产管理人。广东国际信托投资公司的其他业务(大多为非金融业务)是盈利的。这些业务还在原管理层的领导下开展。中国人民银行还成立了清算委员会对广东国际信托投资公司进行清算。

一家公司怎么可以一部分破产,另一部分继续正常营业呢?中国的破产法刚刚颁布不久,之前并没有这种先例。交易员想弄明白按照广东国际信托投资公司的 CDS 合约,这些公告是否构成了破产事实?最后,交易员得出结论,认为这属于拒绝付款。毕竟,中国人民银行已经申明广东国际信托投资公司无力偿付债务。

这个"怎么办"就有点难搞。在 CDS 合约中,你需要依赖公开信息,也就是你能够在报纸上看到的信息。没有其他选择,你需要一个客观的基础才能启动 CDS。此外还有一些常识性的限制——CDS 信用保障的买卖中任何一方不得成为公开信息的唯一来源。

德意志银行和澳新银行在莫斯科市政府的债务问题上发生争议。莫斯科政府违约的消息出现在一家新闻网上;消息来源于大和证券欧洲股份有限公司。这则消息引发了对德意志银行的索赔;德意志银行也凭这个消息向澳新银行索赔。

澳新银行拒绝了德意志银行的要求,理由是莫斯科市政府在到期日向大和证券欧洲股份有限公司偿还了借款的 75%。市政府直到到期日之后的第二天才支付剩余款项。按照 CDS 协议,大和证券欧洲股份有限公司用这个延期支付作为向德意志银行索赔的理由;大和证券欧洲股份有限公司最终并没有受到损失。德意志银行同样向澳新银行索赔类似的付款,赢得了最终判决。信息是如何进入公众领域,或者是否清楚地披露了每一个细节,这些都无关紧要。

保证交付

支付**多少**金额也是个问题。这里面包括两种方式:现金结算或者实物交割。

别忘了，支付的金额是和你在参照实体违约时的实际损失联系在一起的。

现金支付要参考债券的市场价格。假设在破产公告之后，债券的价格只有面值的25%，也就是偿还率。面值100美元的债券，交易员通常是秃鹫基金，或者客气地说，叫财务困难债券交易员，一般愿意支付25美元。这是交易员认为破产法庭对公司进行破产清算后债权人能够得到的金额。如果你持有债券，那么你的损失是75%，也就是说每100美元损失75美元。CDS会按照之前协商好的面值的75%：1 000万美元能够收回750万美元。

关键是如何确定违约后债券的市场价值。这首先得假设参照实体有上市交易的证券，而且有人愿意买卖违约方的债券，把宝押在倒闭或者濒临倒闭的公司上。

亚洲金融危机之后，我帮一家投资银行结算CDS合约。和我一起工作的还有一名律师；交易员都忙着做交易或者做他们该做的事；而后台不愿意了解CDS合约。交易员盲目自信有能力处理这些合约。我们是公司薪水最高的结算专员。

我需要做"交易商调查"，要给一帮交易员打电话，询问他们会在什么价位买入违约债券。我发现要得到价格信息很困难。名不见经传的印度尼西亚、韩国和泰国公司都毫无声息地就破产了，它们的债券也一起消失得无影无踪。大多数交易员会报出一个他们自己都不相信的价格，然后就放声大笑起来。这是他们听到过的最滑稽的事情。

如果没有竞标，那么市场价格就会被定为0。保障的出售方就需要按面值全额支付价款，1 000万美元面值的CDS就需要支付1 000万美元现金。保障出售方并不认为这很好笑。

实物交割的方式是为了弥补现金支付的缺点。销售方向保障的购买方支付了面值，假设是1 000万美元。出售方相应得到1 000万美元面值的违约债券或贷款。当然，这些违约债券不值1 000万美元。支付的现金和债券实际市场价之间的差额就是卖方的损失。对买方来说就是收益。

最早的时候，交付的证券是提前确定的。举个例子，在1997年之前，以韩国为标的的CDS常常用一种由韩国发展银行发行、在2007年到期的债券作为交割用的债券。不幸的是，交易员转不过弯来。以韩国为标的CDS交易量是已发行债券的 6～8 倍。这就造成该债券需求量大大超过了供给。保障的购买方疯狂地竞价来抢购债券，以便交付到 CDS，从而锁定他们的收益。韩国发展银行的债券却在韩国经济危机时期涨价了。

精明的交易商发明了交付篮子，解决了这个问题。只要符合某个条件的债券或者贷款都可以交付。这在当时看起来是个非常聪明的解决办法，但不幸的是，它产生了最便宜交割期权（CTD）。假设参照实体违约。保障的购买方手中有一笔贷款，其损失预计将达到 60%，也就是说清偿率为 40%。在市场上，一种违约债券的价格是面值的 25%。买家更愿意买这种 CTD 债券，然后交付到 CDS，得到 75% 的收益。

大多数保障购买者都会交付 CTD，卖方将承担更多的损失。

更糟糕的是，交割篮子有时候不起作用。2002 年，得州公用事业公司欧洲集团申请破产。许多 CDS 协议都是以得州公用事业公司欧洲集团为标的。交易员事后发现欧洲集团没有任何债券或贷款可供交付。保障的购买方无法结算 CDS 协议来实现他们的收益。2005 年，通用汽车公司的信用等级降到了垃圾债券级别。垃圾债券意味着信用等级差，不适合投资者投资。以通用汽车公司为标的的 CDS 在市场上的交易量非常大。交易员最终发现以通用汽车公司为标的发行的 CDS 总量大约是其可交付债券总量的 4 倍。这和韩国的例子如出一辙。

重重重重组：CDS 结巴了

重组是个富有争议的信用事件。银行拒绝接受借款者的真实情况，他们不断进行债务重组，延长到期日和调整还款时间。这些都是苟延残喘的借款者。这是希望战胜经验的时刻。CDS 协议将债务或债券重组视为信用事件。这是实质战胜语义的时刻。

关键是如何定义"重组"。国际互换和衍生品协会的 CDS 文本一开始使用了"重大"重组一词（比起"合理"，律师更喜欢"重大"这个词）。1999 年的定义又重新界定了重组。它提出客观的鉴别标准：重组包括下列方面发生变化：①债务等级发生变化；②偿付货币发生变化；③利息或本金发生减免；④利息或本金的支付时间变更或者延迟。这些变化还必须是参照主体的信用等级恶化的结果。我热烈欢迎这些定义明确的条款。康赛可（Conseco）公司的例子证明了这些条款有多么的明确。

康赛可公司是美国一家大型的保险和金融服务公司。由于信用等级的下降，2000年公司和两家大银行谈判之后开始进行重大的债务"重组"。重组内容包括延长到期日、提高利率和其他一些新的条件，改善了银行的债权等级。按照康赛可公司的CDS合约，债务展期属于重组信用事件。

参与债务重组的借款方也从CDS市场上购买了信用保障。这就产生了"道德风险"。由于重组事件属于信用事件，所以借款方能从中受益。借款方以"中国墙"为借口，称自己对此并不知情。

康赛可公司还有许多尚未偿还的债务。经过重组，短期债券的价格是其面值的90%。康赛可公司的长期债券的市价是其面值的60%~70%。别忘了，信用保障的购买方可以交付特定篮子中的**任何**一种债券或者贷款。信用保障的购买方利用CTD规则，交付价格低廉、期限较长的债券。信用保障的出卖方损失重大。

市场陷入了混乱。一些交易商不认可重组是信用事件，因此不愿意出售信用保障。这就出现了非重组CDS。一些交易商会同时报出重组CDS和非重组CDS的价格。重组CDS会比非重组的价格高，但是谁也不知道他们如何计算这之间的差价。我听说是"一个愿打，一个愿挨"的原则。于是，监管机构开始介入。对信用保障的买方来说，将重组事件从信用事件中排除将遭到行政处罚。市场上一片混乱。

经过一年的深思熟虑，"六人组"做了两点修改：平行贷款的重组从今以后不再作为重组信用事件；贷款重组至少需要获得4个无关联关系的借款方，并且绝对多数（2/3以上）借款方的同意。一旦出现重组信用事件，信用保障的买方交付的内容将受到一定限制。交付物的到期日应当自从重组日期起30个月、重组债券的最后到期日或CDS的到期日三者中选择最早到期者。这个规定就限制了最便宜交割权的行使。这就是修正重组规定。

修正重组的规定在欧洲和美国引起了争议。美国的银行很欢迎这个规定，但欧洲同行恨透了它。欧洲人认为美国人钻了法律漏洞，欧洲人绝不会这样。在欧洲大家关心一个问题：到时候是否有什么东西可以交付？

国际互换和衍生品协会 2003 版的 CDS 标准合约希望整合现有的合约版本。律师总是想做"改进"。2003 年的标准合约出乎意料地提出了**第 4 种**重组——修正后的修正重组。修正后的修正重组是为了规范在重组后，交付到期日最长可达 60 个月的债券或贷款而做出的规定。

现在重组信用违约互换、非重组信用违约互换、修正重组信用违约互换和修正后的修正信用违约互换在市场上和谐共处。每一种合约交易商都定了不同的价格；谁也不清楚其中的风险；谁也不知道修正重组信用违约互换或修正后的修正信用违约互换是否会起作用。"六人组"在衍生品世界里做着最不讨人喜欢的工作。

你拉我推之外

CDS 虽然不错，但银行只是把风险在行业内部推来推去。在某家公司上承担过多风险的银行会购买信用保障，而另一家风险暴露少的银行则乐意出售信用保障。这就是信用市场的"你拉我推"。

> 另一家风险暴露少的银行则乐意出售信用保障。这就是信用市场的"你拉我推"。

银行只能从其他银行购买信用保障。由国际结算银行制定的银行法规规定，银行需要对信用风险计提准备金。如果银行向一家公司放贷，那么每发放 100 美元的贷款，银行至少要计提 8 美元的准备金。如果它对风险做了套期保值，那么它可以减少应计提的准备金。

银行需要支付一笔费用，这样就会减少它的利润。在一个崇尚股东价值的社会里，银行需要减少准备金，否则它的风险调整后的资本回报率就会降低。除非银行和加入世界经济合作组织的政府或者银行进行套期保值，它的准备金才能够减少。在现实中，你就需要从世界经济合作组织指定的银行购买信用保障。出售信用保障的银行本身需要有良好的信用。如果一家银行很可能在参照实体违约之前就违约了，从这样的银行买入信用保障没什么意义。但加入经济合作组织的银行中符合条件、信用评级良好的并不多。

为了冲破"你拉我推"模式，银行需要把风险转移到投资者身上。一直以来，投资者很乐意将钱赔到政府债券、股票和房地产上。现在要说服他们投资一种新的"资产项目"。银行成群结队地冲向投资者和他们的主人——投资顾问。他们发出了新的死亡召唤：信用是一种新的投资项目。

这是种"分散投资"——信用和其他财产不一样。此外信用投资还有"回报"——信用风险的投资回报高于政府债券。信用投资有"波动率"——风险利差时常会变。福特汽车信用公司的风险利差差不多在1%~6%之间波动。激动的投资者想到凭他们高超的技术，赚钱的时候到了。他们似乎并不担心波动率可能会带来损失，而不是利润。他们也一样"知道内幕"。

真正的原因是这样的。当其他投资资产处于颓势时，信用投资开始崛起。21世纪初股票市场的辉煌时期已经结束，债券收益达到了历史的低点，受到热钱的追捧，房地产价格充满了泡沫。唯一值得投资的项目只有信用和对冲基金了。投资者毫无意外地发现了"信用"。它似乎是新的投资项目。

银行寻思着如何包装信用风险卖给投资者？他们不喜欢 CDS，这是个资产负债表表外项目，而且不需要什么初始投资。他们拿着现金干吗？最糟糕的是它属于"衍生品"，这可是大规模杀伤性武器。衍生品专业人士从过去的历史中拿出一个产品——债务抵押债券。即使经过改头换面之后，它实质上还是一个 CBO（市场流通债券的再证券化）。

债务抵押债券是垃圾债券之父迈克尔·米尔肯和德崇证券的得意之作。债务抵押债券本来是用于包装垃圾债券的。法律规定投资垃圾债券的保险公司必须为这种投资计提大量的准备金。为了绕过这些规定，保险公司将高收益的资产注入债务抵押债券，然后将其中风险更高的部分转让给了他们的控股公司。这样，债务抵押债券以更现代的面貌出现了，被用来重新包装信用风险。此外它还获得了一个新的名字——债务抵押证券（CDO）。

模仿和奉承

20 世纪 70 年代，抵押证券化在美国开始兴起。最早银行发放抵押贷款，然

第9章 该赞美的时候就赞美：信用违约互换和债务抵押证券的乐趣

后等上30年让买房的人把贷款还清。现在，银行发放贷款，等凑够了一定数量，就把这些贷款卖给特殊目的实体。特殊目的实体向银行支付价款，然后在市场上发行债券，筹集现金。这些债券就是抵押贷款证券化（mortgage backed securities，MBS）。

贷款依然由银行负责收回。这些款项之后被转移到特殊目的实体，用来支付其发行债券的本金和利息。事实上，抵押贷款和现金流属于债券的投资者。打个通俗的比方，他们的风险来自于住在奥马哈市的史密斯夫妇。他们的担保就是他们出资购买的小楼房；如果史密斯夫妇不还款的话，债券的投资者就会遭到损失。但万幸的是，违约的情况少之又少，毕竟大多数人还是希望自己有个安身之处。

银行就赚取之间的"利差"，也就是放贷借款人支付的部分和特殊目的实体支付给投资者的差额。这全和资本周转率相关。一旦银行打好包，把贷款转手，它就能发放更多的贷款；整个业务就这样周而复始。

到了20世纪90年代，贷款证券化市场已经非常庞大。交易商比电视厨艺节目里的名厨更懂得如何料理房屋抵押贷款。贷款证券化产品的复杂程度仅次于衍生工具。贷款证券化产品在发行时会借鉴滑雪场的做法，用彩色编码和风险警告来表明危险等级。极少有投资者理解其中的含义。这种方法对信用产品来说太对路了。

最开始，CDO是按照贷款证券化产品的样子做出来的。之后又出现了CLO（collateralized loan obligation，贷款抵押债券）。银行向企业客户发放贷款，然后转手卖给特殊目的实体；特殊目的实体在资本市场上发行债券，用发行收入来支付贷款。整个过程类似图9-2。

银行将贷款转让给特殊目的实体的过程十分复杂。为了妥善完成这个步骤，你需要征得借款方的同意；有些银行试都不敢试。大多数银行尝试了"参与抵押"，由此引发了一系列法律和客户关系问题。一家银行尝试着将借给企业客户的贷款用"参与抵押"的方法证券化；由于经常有客户愤怒地打电话来质问银行是否将贷款卖给了别人，银行不得不为此设立一个呼叫中心。

281

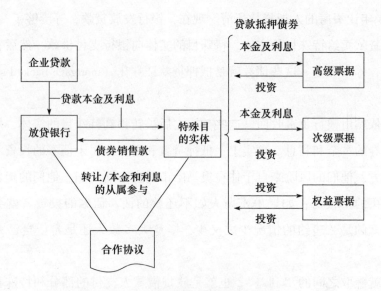

图 9-2 贷款抵押债券（CLO）

许多企业的贷款都是"最高额借款"。借款方可以偿还借款，之后再重新借款，这好比企业版的信用卡。问题是当借款者把钱归还之后，钱就流入了投资者的口袋。等到它再想借钱的时候，这钱又是从哪里来的呢？

CLO 产品只能用来对付简单的贷款。银行的信用风险变得日益复杂。由于和客户进行像衍生品交易一类的业务所产生的风险并不能够用 CLO 产品转嫁出去。他们得使用更先进的工具。这种工具就叫作合成证券化（synthetic CLO）。

合成债券的诞生纯属偶然。JP 摩根的员工当初只是为了得到奖金才做了这样的交易。第一笔交易发生在 1997 年 12 月，6 个月前亚洲金融危机刚刚发生。当时的市场人人自危；JP 摩根全球领先的信用衍生品团队承诺在年底把公司 100 亿美元的信用风险都清理完毕。这似乎不太可能。

为了拿到奖金，JP 摩根的信用衍生品团队创造出了至今依然经典的信用产品。这个产品的名字叫作 BISTRO[⊖]（Broad Index Secured Trust Offering）。投资者可以在信贷投资领域里吃自助餐了。

合成证券化的主导思想就是转移信用风险但不转移贷款本身。这真是个

⊖ bistro 的英文原意是小餐馆。——译者注

第9章 该赞美的时候就赞美：信用违约互换和债务抵押证券的乐趣

天才的发明。合成证券化的原理就像大规模杀伤性武器那样复杂，具体可见图9-3。

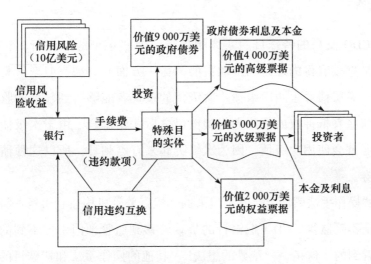

图9-3 合成证券化

银行并没有出售贷款，而是就该项贷款和特殊目的实体签订了CDS协议。当银行因为CDS协议涵盖的实体违约而受到损失，特殊目的实体为了取得收入，同意向银行做出相应的补偿。特殊目的实体筹集资金的方式和它在普通CLO业务里的做法一样。这些钱并没有用来购买贷款，而是用于购买政府债券。如果任何实体违约，导致特殊目的实体向银行做出赔偿，这些债券就能派上用场。

合成证券化克服了标准CLO的缺点。这些贷款还记在银行的账上，只有风险发生了转移。银行不需要征得借款方的同意。你也不需要担心"最高额贷款"。你可以用这个产品转移任何类型的风险，不仅局限于贷款。它还有许多小优点，如价格便宜、杠杆效应十足。

第一笔BISTRO交易让JP摩根卖出了97.22亿美元的信用风险。创新帮了大忙，奖金也自然落到了发明者的腰包。市场也对JP摩根做出了最实在的好评——它们无耻地山寨着这款产品。今天，这是把信用风险转嫁给投资者的康庄大道。CDO就是市场上模仿和拍马行为的实证。

份额战争

参与 CDO 交易的特殊目的实体相当于一个"小型的"银行，它控制着贷款，无论是直接取得的还是间接取得的。另一方面，它拥有股票、夹层债券和一般债券。夹层债券也叫次级债。次级债的投资者能够得到较高的收益，但是他们得等那些有抵押权的债权人得到偿付之后才轮得到。由于次级债比股权便宜，银行通常会使用次级债。因为次级听起来有点刺耳，所以这种债券就被叫作夹层债券。

真正的操作手法表面上是看不出来的。银行监管机构监管银行；特殊目的实体却是完全**不受监管**。CDO 把银行的贷款转移到监管部门手伸不到的地方。正如我们所看到的，这是个"绝妙的想法"。其他的操作手法和特殊目的实体的负债有关。和普通的银行一样，特殊目的实体也发行股权、次级债和抵押债券。这就是特殊目的实体"巧妙的结构"，它能将收益和风险完全分割开来。证券化就是将风险和收益直接传递给投资者，但并不意味着风险和收益是相匹配的。

你可以设计出风险和收益相匹配的 CDO。如果出现损失，所有的投资者都承担相同的损失。CDO 分配风险的**份额**。投资者的风险是不均匀的。一个简单 CDO 的工作原理如图 9-4 所示。

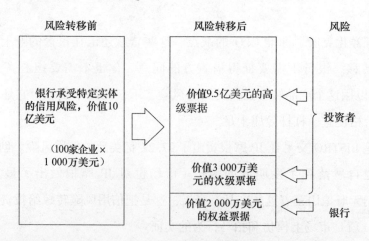

图 9-4 债务抵押债券资本结构

银行通常将所有或者几乎所有的股权都装进了 CDO，然后将夹层债券和一般债券卖给保险公司、基金公司和高净值人群。不知道什么原因，澳大利亚和新西兰的退休老人和富人尤其热衷于 CDO 次级债的投资。

一般债权的投资者最先得到偿付。一旦发生损失，最先遭殃的是股权投资者。如果损失超过了股权投资金额，次级债的投资者就会遭受损失。只有当贷款的损失超过了股权投资和次级债投资金额，一般债权的投资者才会受到损失。由于股权和次级债的投资者承受的风险更高，因此他们可以得到更多的收益。这就是份额分配。

CDO 份额分配是一种用来伪装的巫术。银行告诉投资者他们可以选取信用风险"多样化"的投资组合，配置出完全符合他们需要的信用风险组合。这都是巧妙的误导性陈述。

构成 CDO 的资产组合通常是"多样化"的。比如说，10 亿美元的组合通常是由 100 笔价值 1 000 万美元的贷款组成。每笔贷款的借款方都不一样；这个组合就是多样化的；如果你投资一般债权，你的投资组合也具有多样性。

不幸的是，如果你购买了股权或者次级债券，你就会遇上一个麻烦。你承担了资产组合中某一小部分贷款的风险。假设 100 个借款方中任何一个违约了，那你的损失将是 100%（清偿率是 0）。这意味着股权投资者承担的是最先两家企业违约的风险（2 000 万美元的损失）。次级债券投资者承担的是之后 3 家企业违约的风险（3 000 万美元的损失）。

股权投资者和次级债券投资者承担了 100 家企业中前 5 家企业违约的风险，但问题是他们并不知道哪 5 家企业会最先违约。这样的效果和风险分散完全相反，是将风险集中在了一起。一个英国的监管人员曾将 CDO 股权和次级债称作"有毒垃圾"。最好的方法是投资那些风险完全分散的信用风险项目，而且金额要小。

这个牛！

风险份额分配还能创造出其他类型的信用风险。高级债券通常是 AAA 级别的，也就是最高信用等级。由于股权和次级债券吸收了一定程度的损失，降低了高级债券投资者的风险，因此高级债券能够得到这样的评级。

次级债券具有可塑性，它的信用等级根据权益分配的"厚度"，常常在A等级和B等级之间变化。厚的权益分配能降低次级债券的风险，而薄的权益分配则会增加它的风险。不幸的是，风险和收益是联系在一起的。追求收益的投资者常常会孤注一掷。为了得到高回报，CDO中的权益成分开始降低，风险由此增加。

次级债券的投资者选择评级优良的公司来降低投资组合的风险。不合情理的是公司的信用等级越高，它的权益成分就越低。在上述例子中，次级债券也许是A级别的，但收益却少得可怜；为了得到目标收益，投资者不得不冒更大的风险。权益成分被压缩到了1%（1 000万美元），这样次级债的投资者就能获得更高的收益。如果100家企业里有两家以上违约，次级债也同样暴露在风险当中。这就是赌场上的信用。

合成证券化带来了更加复杂的风险分配。风险分配和之前相比有变化，如图9-5所示。

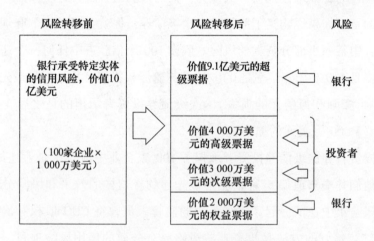

图9-5 合成债务抵押证券的资本结构

在普通的CLO中，一般债券的投资者并不承担太多风险；投资组合通常评级较高。一旦有损失，首当其冲的是股票和次级贷款投资者。极其谨慎的评级机构确保损失超过权益和次级债券的概率非常非常小。这钞票非常好赚。交易商很快就发现了这个秘密。

在合成证券化中,普通债券的比例更小了。等到其他投资者承担各自的损失之后,剩下的部分由承销银行来承担。这是"超级普通债券"的游戏。既然普通债券的级别是 AAA,那么这种比普通债券评级还高的债券几乎和零风险没什么区别。承销银行不需要付钱给投资者让他们来承担不存在的风险。这种债券因此非常非常便宜。

由于监管机构不允许银行无偿地保留超级普通债券的风险,一些银行不得不将其转移出去。他们将这些风险转给了再保险公司,再保险公司能够得到 0.1% 的收益。保险公司的精算师不敢相信有这种好事。他们估计损失风险还不到一个基点(0.01%)。这相当于天上掉馅饼。

超级债券对一般普通债券投资者的风险做了微小的改变。在合成证券化的普通债券内部,一般普通债券承担了**首要损失**,但它的风险更大。投资者似乎对风险的差别并不关心,甚至是态度漠然。交易商在风险分配战争中赢了。

绝好的想法

起初,银行通过 CDO 将贷款的风险转嫁给投资者。我亲眼看到过许多 CDO 策划书,交易商忽悠银行,说服对方把贷款卖掉。这些说辞本来应该是"降低信用风险",但实际上却是"资本管理"。

这个交易并不会减少出售方银行的信用风险;它通常要保留权益的部分。当损失发生时,首先遭殃的是银行,这就是所谓的"切肤钱"或者"荣辱与共"。投资者不希望你卖给他们一大堆烂债,于是想办法让银行先承担损失。通常,第一笔损失设定得比投资组合预期损失要高得多。因此,银行承担了大部分的风险。

通常,银行向企业每发放一笔贷款需要计提至少 8% 的准备金。一笔 10 亿美元的贷款就需要计提 8 000 万美元的准备金。当银行进行 CDO 交易时,它只需要为它持有的权益部分上缴准备金;如果权益部分的比例只有 2%,按照规定,银行需要为 10 亿美元的贷款计提 2% 即 2 000 万美元的准备金。用行话来说,银行释放了大约 6 000 万美元的资金。

在银行目标回报率为20%的情况下，释放的资金每年大约能够产生1 200万美元的收入。按照整个交易规模来算，CDO的成本大约为每年0.35%，也就是350万美元。因此银行净赚850万美元。这是真金白银吗？银行要将释放的资金用在什么地方？假设市场上到处都是赚钱的机会，银行可以投资这部分资金，回报率将超过20%；如果这还不行，银行还能回购自己的股票。CDO释放了资金，提高了资金回报率。

合成证券化能达到异曲同工之妙。它成本更低，大约在每年0.1%~0.15%，也就是100万~150万美元。它价格更低，但效果不在CDO之下。

CDO只有当银行售出信用等级更高的企业的信用风险时才能起作用，通常是投资评级在BBB以上的公司。实际操作中，这些公司违约的可能性更小。银行卖掉了优质的客户，剩下的那些都是不咋样的客户；而且它还有CDO中的权益部分。银行的收益真的变好了吗？在风险调整资本回报率的年代，问这些问题是不合时宜的。CDO只是个绝好的想法。

套利时代

这个盛会差点没有开始，银行在卖出信用风险后不久就住手了。它们其实并没有更好的风险需要用到CDO；这些客户早就绕过银行，自己直接找投资者借了。银行被"晾在了一边"。

想要调遣释放出来的资金很难。投资机会并不多。回购股票的做法没问题，但变得越来越离谱。

CDO减少了报表利润。股票分析师希望银行能够提高风险调整资本回报率，并让收益以不现实的速度增长。对风险调整资本回报率理解狭隘的银行CEO有"被侵吞蚕食"的危险。风险调整资本回报率的神话就是不用投入就能创造1美元的收入。这就是无穷大的风险调整资本回报率。这对CEO来说也是致命的。

CDO时代面临终结。一向富有创意的交易商开启了"套利CDO"时代。最初的CDO是资产负债表交易；银行用它们来转移信用风险，管理资金。现在，银行嗅到了"被低估"的信用资产；他们利用特殊目的实体购入债券，并将其重新包装。交易商想通过这个来赚取债券和 CDO 债券之间的利息差。这个差价归交易商所有。它们是投机者。投资者是它们赚钱的工具。

20 世纪 90 年代末，套利 CDO 得到了前所未有的发展。最后，它又像之前一样，在灾难中灭亡。

宿醉

经历了高速增长之后，CDO 市场终于在 2000—2001 年撞上了冰山。损失巨大，据说其中一个投资者损失超过了 10 亿美元。原因显而易见。

这就是信用周期，傻瓜！投资于信用，你还想得到什么？随着美国经济节节衰退，违约事件急剧上升，会计造假让损失进一步扩大。CDO 都加了巨大的杠杆效应：相比那些一般银行常用的 10 ~ 12 倍的杠杆效应，如果你购买了 CDO 中 2% 的权益，那么你有 50 倍的杠杆效应。损失和杠杆效应并不是一对好搭档。资信良好的公司也会触礁。石棉索赔案件和加州电力放开管制让许多公司成了受害者。

随着信用周期的循环，套利 CDO 损失惨重。它们是以美国高收益债券（垃圾债券）为基础。由于美国经济衰退和科技泡沫破灭，违约事件的数量达到了历史最高点。席卷亚洲、东欧和拉丁美洲的危机也没有造成如此多的违约事件。

信用模型可悲地失效了。平均信用损失的概念看来不怎么样，它比最糟糕的情况还要糟。如果平均值是靠一年大亏、其他年度不亏这样平均出来的，那么这平均值也没什么意义。

银行对一些 CDO 采取积极的管理措施。它们指派一些经理来买卖投资组合，以为靠处置一些不良的信用能将损失减到最小。但他们做出的交易决策常常是错的，反而扩大了损失。

此外还有"道德风险"。投资经理不得不购买一些 CDO 中的权益，来"协调利益"和"克服代理冲突"。这真是个高尚的想法，当信用损失超过股权部分的时候，经理就赔钱了。这是他们自己的钱，和别人无关，但这种激励机制却起到了反作用。他们加大风险；他们买了大量的彩票；有些公司的债券在市场上以面值35%的价格交易,称得上是垃圾公司,但在经理的眼中成了香饽饽。如果这些公司能够存活下来,那么巨大的收益就归股权投资者;如果它们倒闭了,那么这些经理也不会受到什么损失。它们早已经输掉了本钱。次级和普通债券的投资者会为损失埋单。

普通债券的投资者其实并没有赔钱。越来越多的违约事件使得股权和次级债上的保障已经减少了;这就抬高了普通债权的评级。由于权益的消失和次级债权的减少,普通债券也随着降级。原本是 AA 级的债券现在成了 A 级以下债券。证券的市场价值大幅下跌。

和市价相比,CDO 的现值出现了巨大的减值损失。对于一些 CDO 来说,信用评级的下跌意味着这些债券如同一张废纸。转手并不容易。"流动"市场的美好诺言只是个假象:你既不能继续待在市场里,也没法逃离市场。CDO 很快变成了"债务危机"(Crisis in Debt Obligations)的代名词。

不明基金债券[一]

21 世纪初的悲剧并没有让市场停止脚步,CDO 市场向四周扩散。市场上出现了 ABS CDO(基于资产抵押证券的 CDO)。还有 CFO(基于对冲基金和私募股权基金的基金抵押债券),这个名字很容易让人和 CFO(商品基金债券)混淆起来。除此之外还有 ECOs(基于股票期权的股票抵押债券)和 CCOs(商品抵押债券)。我在等 UFO(不明基金债券)的出现。它应该是由不明资产组成的份额化投资组合。谁也不知道是什么资产,它主要是为了给投资者带来惊喜。

在这些新变种当中,最奇怪的要数 CDO^2 了。它是以已有 CDO 债券为基础的 CDO,已有的 CDO 债券通常是次级债券。这是证券化基础上的再证券化。任何带有"再"字的东西都意味着你花了双倍的钱。

[一] 原文为 UFO(Unidentified Flying Object),本意为不明飞行物。作者喜欢玩弄文字游戏,将其改为了 Unspecified Fund Obligations,实际是其生造的一个债券基金名称。——译者注

CDO^2 为投资者带来了更丰厚的收益。他们买入那些被低估的次级债券，然后等待其升值后获利。交易商可以靠它来消化之前剩余的头寸或者存货。CDO^2 交易对建模和分析的要求很高，因此大家对如何完成这项工作都各有各的看法。在 CDO^2 买卖中，同样的成分也会在原来的 CDO 中出现。如果基础的 CDO 受到主动管理，那么基础风险也许会变。你不知道到底你在和谁对赌。CDO^2 也被称为"俄罗斯套娃"，因为你要一个一个打开它，到最后发现里面什么都没有。这和 CDO^2 很像。

当 CDO^2 刚面市时，尼禄和我正听人讲解这种产品。负责介绍的销售人员滔滔不绝地介绍产品。尼禄靠近我，表情严肃地问："你不就是这样得牛脑病的吗？"牛脑病是牛海绵状脑病的简称，也即疯牛病。我们现在正朝着 CDO^3 或叫 CDO 立方的方向发展。这是证券化的证券化的证券化。信用和口吃似乎形影不离。

带希腊字母的极客

市场很快进入了一个更新的模式，信用交易的时代到来了。带希腊字母的极客完成了这个转型。当他们掌握了衍生产品其他方面的知识之后，数量分析师把他们的学识应用到了信用当中，发现可以像利率和外汇那样买卖信用。

你不能准确测量任何一个关键指标：你并不知道某家公司违约的可能性有多大（违约的概率）或者它何时违约（违约的时点）。你不清楚某家公司违约给你带来的损失究竟会有多大。你也无法计算出如果这家公司违约会对另一家公司造成什么影响（违约事件的关联性）。

这就是"数据悖论"。在信用市场上，你无法用实证的方法检验一个猜想。如果你问某家公司违约的风险有多大，那么也就是说当前它还没有违约。你不可能用历史数据计算出这家公司违约的概率。但数据悖论并没有难倒极客。他们接受的并不是语言训练。他们给同事的分析报告总是这样开头："假设以下条件成立，我们可以得出……"

他们的基本思想是利用 CDS（信用违约互换）交易，交易员可以根据投资者的需要创造出任何类型的信用风险。信用交易时代的杰作就是STCDO（单级CDO）。

一般情况下，特殊目的实体通过出售CDS中的债务保障获得贷款或者收购信用风险。然后，特殊目的实体发行证券，卖出信用风险；普通债券和次级债券就被卖给了投资者。在资产负债表交易中，出售风险的银行留下了权益部分；在套利交易中，交易商留下部分或者全部的权益。这并不是现金，这只是它参与交易获得的部分手续费。一般CDO交易的好处在于交易商承担的风险最小。它"方便"了信用风险转移到投资者，只需花一点小钱。

STCDO则完全不同。拼凑出一个完整的CDO变得越来越难。销售和执行CDO需要花时间；要想把投资者的需求统一起来十分困难。STCDO是种"个性化"的产品；它根据**某个投资者**量身定做。投资者选择目标公司、久期、币种、杠杆率和信用等级；然后交易商就根据这些需求定做出产品。交易商用市场上的CDS来对冲风险。这就是"按需"信用产品，或叫订制CDO。

在这儿，对冲显得十分重要。在普通的合成CDO交易中，交易商卖出的保障涵盖了投资组合中所有公司，但在STCDO中，交易商卖出的保障只覆盖基础投资组合中的**某几家**公司。为什么会这样？假设市场上有个投资组合，该组合内有100家公司，每家公司的份额都为1 000万美元，而某个投资者购入了这个投资组合中5 000万美元的份额。现在交易商为这个投资者设计了一个STCDO。为了让这项投资的评级达到AAA级，你需要6%或者6 000万美元的次级债券和权益。假设投资组合中的任何一家违约，损失都将达到60%（600万美元），那么次级债券和权益投资者就得先承受前10家公司造成的损失。普通债券的投资者需要承担接下来的8~9家造成的损失。这样一来，交易商只需要就这前十几家公司来设置CDO交易。

交易商必须用信用模型来计算每家公司违约的概率，这就是风险变量。这个变量表示每一家参照实体违约的可能性。随着时间的变化和市场的发展，交易商会根据市场变化对套期保值进行动态管理。一家公司的状况不是恶化就是变好。交易商靠买卖CDS来赚钱。这就是传统的"投资组合保险"骗局。

套期保值并不容易；公司有时候会"突然违约"；交易商无法及时调整对

冲。这就是模型风险。但只要一家交易商能够提供订制 CDO，其他家也不能落后了。

交易商在"信用交易"时代投入了数以百万的资金。交易商雇用那些从来没有放过贷款或做过交易、头顶博士头衔的人来设计模型。一大批标准信用指数开始出现。它们就像标普 500 或者富时等股票指数。这些指数包括固定数量的公司。市场上开始买卖标准化的 CDO。量化分析师抓住市场上现有的价格数据。你可以利用价格数据计算"隐含关联性"；你可以推导出当 Y 公司违约时，市场认为 X 公司违约的风险有多大。问题是大家对关联性的定义或者应该如何衡量无法达成一致。

计算这些隐含关联性真让人头大，除此之外还有复合隐含关联性。这需要使用高斯联结相依函数模型：如果你知道某个 CDO 分隔的市场价格和单个 CDS 的费用，你就可以计算出一维关联性。极客们如痴如醉地用着这种模型。

> 计算这些隐含关联性真让人头大，除此之外还有复合隐含关联性。

老一辈交易员对此将信将疑。一维关联性是说在一个由 100 家公司组成的投资组合里，如果有一家公司违约，那么其他任何一家违约的概率是一样的。对一个特定的投资组合，相关性可能不止一种。不同的分隔有不同的关联性。有时候它们之间的差异还是很大的。为什么会这样呢？在一个投资组合里这些公司不是一样的吗？

基本关联性是个热门的工具；它仍然是一维的相关性。有时候，你不能算出关联系数。我们这些旧时代的人显然对此不感冒。极客大谈"度量标准问题"。其他人明白他们在做什么吗？当然，没有希腊字母的极客不会知道。真正的原因显而易见："隐含"关联性只是一块遮羞布。交易商可以让投资者相信有个市场。投资者就会按照"客观"的数据定价和交易。交易商还能用它来说服风险管理者接受他们的估值和利润计算。这是最好的"公允价值"。交易商很清楚自己玩的是什么把戏。

> 这是最好的"公允价值"。交易商很清楚自己玩的是什么把戏。

千万不要相信自己的谎言

CDO 的逻辑不合常理。作为银行，你从市场上买入贷款和其他信用风险，然后将它们分解卖给投资者。假设你把所有的份额都买了，包括权益、次级债券和普通债券。实际上，你就拥有了这笔贷款；你获得的收益应该和贷款的市价一样；要想这样赚钱是不可能的。当然，不可能像信用衍生品交易商那样赚得多。那么 CDO 为何还如此利润丰厚呢？

资产负债表型 CDO 之所以能赚钱是因为银行省下了资金。这笔资金数目巨大，他们把这笔资金的收益分给那些投资者和交易商，感谢他们帮助银行完成资本大挪移。监管部门和股东承担了相应的费用。

套利型 CDO 之所以能赚钱是因为一批投资者以极低的价格买入风险，这些投资者通常是次级债券的投资者。普通债券的投资者相当安全。权益投资有风险但也有积极的一面。如果没有违约的话，巨大的杠杆率意味着你可以赚到 20% 以上的回报。次级债券投资者虽然能够取得较高的利率但他们不像权益投资者那样享受潜在的高收益。如果违约情况比预计的差，那他们就得赔钱。他们成了"事实上"的权益投资者。次级债券的投资者低估了风险，为此他们付出了一定的代价。

在信用交易时代，承担损失的既不是资本套利投资者，也不是次级债券投资者，那又是谁呢？答案是交易商。他们承担了巨大的"模型风险"为投资者带来更高的收益。付出代价的是极客和他们的雇主；他们对信用模型信心十足；他们开始相信自己的谎言。但奇怪的是，他们却赚到了巨大的利润。这就是市价模型的魅力所在。一旦模型出错，利润就像幻影一样瞬间消失。

2002—2003 年，信用市场上一派祥和。很少有公司违约；人们开始变傻或者变勇敢，以更低的利率将钱借给别的公司；垃圾债券的信用利差达到了历史低点。信用标准降低。银行家谈论着"开车路过"债券；一些财务状况差的公司从宣布发行到出售完毕这些债券通常用不了几个小时。一家刚走出破产阴影的电信公司急着发行 50 年期的债券。丹麦石油和天然气公司（简称为 DONG）嫌 50 年不够长，就发行了 1 000 年的债券。男权思想浓厚的交易员马上就给它取了个绰号叫"超长的 DONG"。

2004 年，一家银行在一天之内就因为信用投资损失了近 5 000 万美元。谁也不知道原因：这才是个开始。2005 年，通用汽车和福特汽车公司的债券被降级为垃圾债券，由此在信用市场上引发了恐慌。当市场重新意识到风险成本时，信用利差一下子就拉开了。

投资者遭遇了全方位的亏损。他们大量投资于 CDO 的权益部分，因为当违约率低时，收益高。一些交易员卖掉普通债券，用收回的资金投入到权益投资。现在，各个部分开始朝着不同的方向变化。随着违约风险的增加，交易员在权益投资上赔了；在普通债券部分也损失了，因为大家都开始逃离市场，利差也随之缩小。违约关联性就断开了。

对冲基金购买了通用汽车的债券，并用出售权益的方法对其进行对冲。这叫权益对债券对冲，属于资本结构套利。2003—2004 年，这是块投资热点，但现在随着通用汽车债券价格下跌，对冲基金受到了损失。不幸的是，通用汽车股价却上升。一个叫柯克·克里安（Kirk Kerkorian）的股票投资者买了大量通用汽车的股票。几个对冲基金遭受了巨大的损失。银行的信用投资损失惨重。每个人都被算计了。

俄罗斯套娃

2000 年 12 月，巴克莱资本公司（Barclays Capital），这家英国巴克莱银行旗下负责投行业务的子公司做了一笔名为 CORVUS 的 CDO 交易。在拉丁文里，CORVUS 是乌鸦的意思。分层的评级从 AAA 到 B 不等。买家中包括德国的北方银行（HSH Nordbank）。

CORVUS 是只"瘦狗"，很快就出问题了。在 2002 年年末 2003 年年初，评级机构调低了这批证券的评级。到了 2003 年 9 月，原本评级高的高级分层被降至"垃圾"级别（低于BBB级）。次级分层原本在BBB级被降低到CCC级以下。同时巴克莱的另一个CDO产品NERVA也出现了类似的情况。

投资者不高兴了；他们因为高级分层的信用等级最高才购入AAA分层。北方银行找到了巴克莱资本讨论这个问题。由于得不到满意的答复，北方银行就将巴克莱告上法庭，要求其赔偿1.51亿美元。现已被北方银行并购的汉堡州立银行（Hamburgische Landesbank），当时也在考虑是否起诉巴克莱。它在两个产品上的投资额达到了4.2亿美元。据说之前巴克莱和欧洲复兴发展银行达成了赔偿和解。

北方银行起诉称巴克莱"误导"了它。巴克莱将它的产品卖给了错误的对象。其他的八卦消息也流传开来。评级机构罕见地将CORVUS投资组合的信息公布在自己的网站上。投资组合包括美国的航空公司和房地产企业。"9·11"事件发生后不久，CORVUS和巴克莱资本达成了一项交易，在投资组合中加大了飞机租赁公司、财务状况紧张的通信公司和位于新兴市场的公司的比重。CORVUS还收购了巴克莱资本发行的一些CDO。

北方银行称CORVUS的投资组合不佳，而且管理上也有问题。北方银行指责巴克莱资本把质量低下的资产都塞到了CDO当中，而且巴克莱资本没有按照之前协商好的资产组合管理规则来管理CORVUS，此外还有潜在利益冲突等问题。评论员也在考虑其缺乏信息披露和透明度的问题。

巴克莱资本反驳说这些损失的原因是信用市场"意外"出现衰退，而且北方银行作为资深投资者理应知道其中的风险。巴克莱的管理层愤怒地指责"这些指控毫无根据"。银行将"针锋相对"。巴克莱资本"相信这些产品不存在欺诈销售的情况"。

在伦敦法庭受理纠纷之前的几个星期，巴克莱毫无悬念地和北方银行达成了和解。投资银行在开庭之前都会恢复理性：想到这场官司将成为每家商业报纸的头版新闻，它们就立马清醒了。信孚银行和宝洁公司的官司还让人记忆犹新。无论谁对谁错，最终还是现实政治的法则主导一切。

恰巧，美国银行和意大利人民银行由于一系列CDO的纠纷而上了新闻。

美国银行的新闻发言人表达了公司将"不遗余力"为自己辩护。没人相信这些：2005年年中，双方以和解收场。这些突然爆出来的法律纠纷引发了人们的关注：这些曾经风靡一时的"结构化信用产品"中有多少是靠欺诈卖出去的？交易商通过欺诈销售取得的利润中有多少在诉讼中退还给了受害一方？交易员才不关心这些；他们已经赚到大钱了。公允价值会计在这里面起了很大的作用。许多参与这些交易的员工似乎已经改行了。他们躺在某处的沙滩上，享用着他们的奖金。

CDO诉讼案出现了空前的增加。CDO侦探开始出现，他们帮助投资者调查遭受损失的投资项目，希望从中找到起诉的理由。对此抱怀疑态度的人指出一些CDO侦探就是之前设计和推销类似产品的业内人士。他们会像童话里的大灰狼那样说："见到你太好了。"

CDO诉讼也变得越来越让人费解。苏格兰皇家银行旗下的格林尼治国民西敏寺银行把它的法律顾问威嘉律师事务所告上了法庭，原因是事务所在一笔CDO交易的构建和归档过程中没有尽到职责。威嘉律师事务所发现自己还需要请律师来帮忙。一家美国公司的研究分析员状告其公司试图暗示他篡改CDO的研究结果。CDO给律师创造了大量的就业机会。[1]

黑洞

看到安然和世通公司出了事，欧洲人非常开心。他们对美国的会计准则、商业道德和美国投资银行家的偏见再次显露出来。"这种事不可能在欧洲发生。"不久，帕玛拉特丑闻发生了。欧洲的银行家很不好意思：他们将其归咎于"美国势力"和"美国的投资银行"。这场丑闻的主角是一家名叫布克内罗的公司，这在意大利语中是黑洞的意思。布克内罗公司主要是用来掩盖假账的。

帕玛拉特公司经常出现在CDO投资组合中。信用风险的分散化需要来自不同行业和不同国家的企业，而且意大利的食品公司很难找。帕玛拉特公司的违约给许多CDO投资者带来了损失。当投资者和交易商努力维持，避免"跳跃违约"时，许多STCDO分层被降级了。

帕玛拉特案件让人们见识了信用衍生品有趣的用途：这家公司投资于自己作为参照实体的信用证券。帕玛拉特卖出了**以自己为标的**的保障。现在，当出售方是帕玛拉特公司时，即使是大脑有问题的银行也不会参与CDS交易。

> 但是资产负债表上的现金立即消失了。这纯粹是在变戏法。

帕玛拉特在资产负债表上积累了大量的现金，这让债权人感到很安全。财务报表展示的并不是帕玛拉特真实的财务状况。当公司违约后，保障的购买方可以拿这些现金来清算。但是资产负债表上的现金立即消失了。这纯粹是在变戏法。如果当时有CDS的话，我敢保证印度尼西亚人肯定会喜欢这个卖出以自己为标的保险的想法。他们一定挡不住以自己作为参照实体的CDS的诱惑。

信用衍生品为银行业带来了一场革命。现在市场相当广阔。大家不是在做交易就是在渴望做交易。和之前的结构化产品、权益衍生品和其他产品一样，信用衍生品是当下的金钱游戏。市场参与者谈到"信用交易"新千年时就眉飞色舞起来。这股兴奋劲的背后是金额庞大的利润。这是衍生品大篷车无尽旅途中新的歇脚点。

并不是人人都对信用衍生产品有这种热情。我见过一个年纪比较大的银行家。他在信用领域工作。他非常怀念过去借钱给客户的时光，老派的银行业，借钱但收不回本来。我可能当时一脸不信的神情。他为自己辩解道："看看JP摩根和大通。"大通银行刚刚收购了，不好意思，应该是和JP摩根合并了。"看看JP摩根大通。"他说道。我照做了。"大通银行只贷款。JP摩根在信用衍生品市场做得很大。最后大通银行赢了。他们收购了JP摩根。贷款业务比衍生品更好。信用衍生品一点都不好。"我只能笑笑。这些事实证明了一些东西。但我不知道是什么。

这位年长的银行家错了，世界已经发生变化了。在20世纪90年代初，银行拥有80%的贷款，但到了2005年，这个比例已经下降到了30%左右。在美国尤其如此。保险公司、基金公司和对冲基金等投资者现在成了新式的银行。他们向企业提供了大部分的贷款。就像衍生产品对金融市场其他领域产生的影响一样，衍生产品改变了游戏规则。衍生品成功地改变了银行业核心业务的性质——放贷。

这个老银行家并没有放弃，他依然在那里战斗，直到最后一口气。我得赞赏他。在该赞扬的时候就要赞扬，除非这个赞扬和信用衍生品有关。

尾 声

美国投资银行和印度尼西亚面条公司的官司继续发酵:"毫无成见"的会议让快速和解的希望变得渺茫。双方关系恶化,英国司法体系的威严成了众人瞩目的焦点。

投资银行要求我们赔偿。我们也在考虑如何提出我们的赔偿要求,我不知道我们以什么理由提出要求,能想到的只有愚蠢和弱智。我们进行申诉:我们已经做了许多。此外还有许多细节,但也没有披露什么内幕。证人宣誓。还有双方恶语相向。

我们接着就开始了取证。我们查看了谈话录音的文字稿和上千封的邮件,但遗憾的是所获寥寥。在宝洁的案子中,谈话录音的数量非常庞大,法律部门不得不雇人专门来听写,希望能从中发现相关内容。这些谈话包含了内部员工大量不雅的聊天内容,让信孚银行颜面扫地。

在我们的案子当中,这样的资料并不多,因为大部分的录音都被抹掉了。在他们的电子邮件里,我们能够找到和农业相关的只言片语:客户已经熟透,等待收获;他们是压低枝头的果实。交易员显然通过这些交易牟取了暴利;我们看到许多祝贺的邮件说"击掌相庆"。银行的这些交易员偶尔会大发诗兴:"有时我们是狮,有时我们是狐。"我们小心翼翼地把这些邮件保存好。到了法庭上,它们一定会带来喜剧效果。

双方不断向对方施压,要求得到更多的信息。这些借口和保险公司拒绝理赔的借口别无二致:录音带"在运输途中丢失了";文件被伦敦大火㊀焚毁了。但印度尼西亚人编的理由也许是最绝的:他们的交易记录都写在黄色的便利贴上;由于热带地区高温和湿气的作用,便利贴背面的胶水就粘不住了,这些交易记录也就不知跑到哪儿去了。基勒姆·比勒姆事务所的律师的确有理由怀疑。

㊀ 著名的伦敦大火发生在 1666 年。——译者注

莫里森安慰我们说案子有了进展,我不太相信。"顺其自然。"我还是抱着怀疑的态度。

亚洲世纪终极版

亚洲再次火了起来。给印度尼西亚面条商人带来损失的那场危机才刚刚过去5年。他们甚至找到了罪魁祸首:一个名字怪异的人,他叫伦差·玛拉甲暖(Rerngchai Marakanond)。

> 亚洲再次火了起来。他们甚至找到了罪魁祸首。

玛拉甲暖曾经是泰国中央银行的行长。1997年,他领导泰国央行,坚持泰铢不贬值,但最终失败。泰国法院对他判处罚款1 860亿泰铢,约合50亿美元。这个金额就是中央银行为了维护固定的汇率制度,仓促应对而付出的代价。法院指责行长"严重渎职",责令这位职业银行家在一个月内支付罚款,否则就要没收他的财产。玛拉甲暖只是替罪羊。亚洲又故伎重演。

情况有了新的变化,这次的热点与以往不同。东南亚"老虎"这次给中国"老虎"让路了。

大多数公司打入了金砖四国的市场——巴西、俄罗斯、印度和中国。投资者把大把的钞票投进这些国家;生意人每当谈到中国"龙"腾飞升天时,言语里透着一股惊叹之情。

中国较为低廉的生产成本和它巨大的市场前景让投资者赞叹不已。1997年,香港回归成为中国香港特别行政区。临近香港的华南省份成了世界工厂。西方的消费者得到了他们想要的价格便宜的产品。除此之外,华南也对外出口其他产品。

2005年,美国银行以30亿美元收购了中国建设银行9%的股份。这就意味着中国建设银行的市值超过了330亿美元。这个数字高过了好多国际性大银行。

美国银行的首席执行官肯尼思·刘易斯(Kenneth Lewis)老生常谈地说道:"我们一直在寻找机会投资于这个日益发展的经济大国。"[1] 在这之前不久,中国建设银行取得了几十亿的政府拨款来消化银行的不良资产。分析师认为中国建设银行是中国国有银行中最好的一家。那些没有竞标成功的投资者个个垂头丧气。

看到中国建设银行在中国香港上市后市值比美国银行支付的还高，投资者更加痛心疾首。

中国经济的迅速增长带动了全球的商品贸易，商品价格再创新高。分析师聊着新一轮的商品价格周期和之后的通货膨胀。在世界各地上市的小矿产企业，其矿产资源前景不明但估价却达到了荒唐的地步。

以往不靠谱的方案又回来了。有人建议在泰国开凿一条运河，把泰国湾和孟加拉湾连接起来。这将大大缩短油轮往返于中东和中国的运输时间。中国已经成为全球第二大石油消费国，仅次于美国。我上一次看到这个方案是在 1985 年。这个方案是由泰国一个戴着太阳镜的退休将军和一个高利贷商人提出来的。这个高利贷商人之前是向个人提供汽车贷款的；她想从这耗资 200 亿美元的项目中抽取 4% 的介绍费。我们听了之后哈哈大笑。

印度尼西亚也不甘落后。那些触礁倾斜的公司都已经名存实亡。它们的创始人，那些精明的家族企业又将它们买了回来。他们以极低的利率借入资金，然后将这笔贷款变成股本。他们又获得了所有权。这些家族并不为"亚洲世纪"所动。他们的财产早已变成了美国国债，存放在隐秘的瑞士私人银行里。

"新"经济已成过去，"旧"经济又重新当道。我们进入了"新的模式"。

喋喋不休的原被告

正当中国"火"起来的时候，我们都在忙着打官司。面对面谈，电话会议，一场接着一场。我们围绕着最后期限紧追慢赶，一会儿忙着提交文件，一会儿准备法院聆讯。在下一个最后期限到来之前，大家都没动力干活了（少了最后期限的压力，律师变得松松垮垮）。

我们的法律顾问团队不大不小，就莫里森和阿尔伯特：有时候另一个律师也会参与进来，但我们都不知道他叫啥。于是律师和庭辩律师就都齐了。在古老的英国法律体系中，律师通常不出庭，你需要一个庭辩律师。此外还有审计师。合伙人安德鲁斯是每场必到的。那些陪他一起出席的高级经理和经理常常会变，而且他们在那儿从不发一言。最后就是我了，作为专家证人出席。

相比之下，基勒姆·比勒姆事务所似乎是倾巢出动，看了他们写邮件时抄送的人员数量,你就会有这样的印象。这也许是他们吓唬我们的一种手段,或者他们想让外人见识一下基勒姆·比勒姆公司的工作效率。我们的实力差异悬殊。

考虑到官司的严重性和涉及面,我们不得不找一个高级律师来代表印度尼西亚人出庭。"高级"只是说费用高。但你不能只是雇一个高级法律顾问,你还得同时雇一个普通庭辩律师(初级)。这个初级律师年近不惑,承担了大部分的法律工作,高级律师提供法律建议,并在法庭上扮演重要角色。你需要支付两个律师的费用。雇用高级律师一天的费用就超过了印度尼西亚整个司法系统一个月的预算。

我们的律师是"商业"诉讼方面的"专家",他不接暴力、殴打、严重人身伤害或凶杀案子。考虑到金融市场的性质,也许雇个通晓刑法的律师更合适。"商业"这个词包含了许多见不得人的事情,它们大都和合同法及其他类似法律有关。无论级别高低,律师都对市场一无所知,尤其是衍生品市场。

在许多事情上,专家会花大量的时间给律师开"速成班"。由于律师和专家的费用高昂,专家的讲解就像学费昂贵、高度个性化的衍生品入门课程。

案子终于有了进展。在原告美国投资银行看来,这个案子是板上钉钉的事。印度尼西亚人签订的合同具有法律效力,这毋庸置疑。但我们被告方认为印度尼西亚人受到了美国银行的误导。按照法律要求,我们必须拿出证据证明对方有"误导行为"。投资银行的交易员没有将交易的实质告诉我们的面条公司,尤其是布迪。莫里森的言下之意就是这是种欺诈行为。

"请宽恕我们,主,我们不知道我们做了什么。"这就是我们抗辩的理由。坦率地说,我们走投无路。"战争中你有多少兵,就投入多少兵,而不是你想要有多少兵,就投入多少兵。"这就是唐纳德·拉姆斯菲尔德的原话。

律师非常忙碌:他们整合每个证人的证词。而专家则忙着准备自己的意见书。索赔和反索赔来来回回;大家还要参加听证会,双方会在会上拿出在取证阶段获得的证据。此外,我们还要进行司法审核,这其实根本没有意义。案件似乎没有什么进展。奥格登·纳什(Ogden Nash)曾经说过这样的话:"专业人士并不必操心,不管发生什么,他们总能得到他们想得到的。"这句话在这件案子当中的律师和专家身上得到了体现。

爱德维科和布迪参加了在伦敦和香港举行的会议。他们非常重视会议，每次都到：开会时，爱德维科大部分时间都在睡觉；布迪漫不经心地玩弄着他的手机。这件事和所有的官司一样，似乎都是因为大家粗心大意引起的。有时候，大家会关注策略。我不清楚我们的策略，但其他人似乎也不太清楚。我们的策略归根到底就是要找出对方证词里的漏洞，我们要将他们描绘成坑害淳朴的印度尼西亚人的骗子。高级律师斯图尔特偶尔也会诚实地谈到我们面临的"挑战"。因为合同已经签了，印度尼西亚人的胜算并不大；我们需要证明对方存在"欺诈性误导"的行为，而不是简单的"误导"。证明欺诈的法律标准非常高。我们谁也不是优秀的跳高选手。

负责审理案子的法官主持了几场预审聆讯，希望从中了解案情。他年过五旬，最近才升为主审法官。他很聪明，一上来就问这件事为何会闹到法庭上来。"显而易见，这是双方签订的合同。两家公司自由达成的协议，我不知道为什么法庭要进行干涉或者调整相关条款。"他直白地表达了他的质疑。

> 大家就在法庭上见，拼律师、拼武器、拼钞票，最主要是拼钞票。

衍生产品纠纷都会经历这样的过程：起先，双方试探性地协商，然后冲突开始升级。双方会采取仲裁解决争议；仲裁员通常是退休的法官或者高级律师，他们是处理"商业"纠纷的专家。他们的仲裁会让一方，但更多的时候是双方极其不满意。最后，大家就在法庭上见，拼律师、拼武器、拼钞票，最主要是拼钞票。

面对衍生产品这样艰涩难懂的领域，法官通常希望这类案子能够庭外和解。我们的法官早已露出一脸不耐烦的样子：在一次指导聆讯中，法官一看到案件的进展情况就问律师："双方有没有关于和解进行协商？"听到否定的回答之后，他不高兴地说："双方应当郑重考虑和解谈判。"

法官也有他们的大规模杀伤性武器：他们能够决定赔偿金额，并且可以决定由谁承担诉讼费用。败诉一方得承担自己的损失，通常还要承担对方的诉讼费。如果法官判你胜诉，但需要你自行承担诉讼费用，那么你可能就会得不偿失。虽然你赢了官司，但是你的诉讼费可能都超过你获得的损害赔偿金。

我们的法官对我们做过暗示。当听到毫无和解的动向时，他提醒大家他对诉讼费用的看法。他提到"原被告喋喋不休"实在"浪费法院的时间"。"有些事情最好用常识和商业流程来解决"。我们对他的言下之意心知肚明。

日新月异

正当我们为这件案子闹得不可开交的时候,外面的世界发生了变化。不显老的格林斯潘宣布自己准备退休。他那含糊其辞的习惯依然不减当年。在国会作证时,他宣传美国的房地产市场充满了"投机的热情",房地产市场上没有"泡沫",只是"细泡"。[2]评论员赶紧指出"细泡"就是一堆"泡沫"。

交易员埋怨格林斯潘留给下一任的经济状况并不健康,对"大师"的赞美之辞似乎言过其实了。一位评论员认为美国目前的经济状况可以用20世纪初奥地利经济学家路德维希·冯·米塞斯的话来概括。"一个人也许暂且可以用家具来烧炉子,但他不能因此欺骗自己说他发明了让屋子暖和起来的好方法。"[3]一个记者甚至勇敢地发表了一篇名为"泡沫人"的文章,对格林斯潘遗留下来的问题进行批判。时代变了。

对冲基金流行开来。之前只是富豪才能投资对冲基金,现在寻常百姓也能投资了。这是新的民主经济,如果它对富豪来说不错的话,那么对平常人也一定有好处。格鲁乔·马克斯是怎么说他不会加入那些想让他入会的俱乐部的?

对冲基金可以做空,这样在价格下跌时人们也可以赚钱;在市场稳定的时候,人们可以使用杠杆效应来增厚收益;它们还能追求绝对收益。传统投资者着迷于那些和广义市场指数等标杆挂钩的产品。他们终于发现当指数下跌10%,他们如果超越指数2个点,还是损失了8%。对冲基金经理的报酬也和这些产品的表现挂钩。他们自己也投钱进了对冲基金。投资者喜欢这样。

传统投资者也加入了淘金热潮中。保守的资产经理现在把它们部分的资金投入了新的"资产类型"——替代投资(alternative investments, AI)。那些不能做空、不能利用杠杆或者不能使用衍生品的基金纷纷把资金投入到能够做这些业务的基金当中。一些资产经理建立了基金的基金:基金的基金经理选取一批风格各异的对冲基金,然后进一步进行筛选、关注这些基金。还有保本对冲基金投资,你的本金不会受到影响,但你可能在未来的10年内没有收益。

替代投资受到了投资者的欢迎。许多普通投资者交了各式各样的费用：有交给他们的共同基金的费用，有交给基金的基金公司的费用，还有交给对冲基金经理的费用。对冲基金的分散投资理念毫无道理，所有的分散化投资只是为了让收益达到平均值。保本对冲基金本身就是个自相矛盾的概念。你要么愿意冒风险，要么就不冒风险。

交易商喜欢对冲基金。投资银行对投资基金的设立也起到了作用，他们把资金投进去，和对冲基金进行交易。于是，一项全新的服务出现了——主经纪业务。这包括对冲基金交易的结算清算业务、交割服务和向对冲基金按照证券价值提供抵押贷款。投资银行还设立了"孵化器"来帮助新进交易员建立对冲基金。有人估计对冲基金业务的利润占交易商的利润的比例在10%~20%。长期资本管理公司的兴衰已经湮没在历史当中。

对冲基金经理现在取代了原先的互联网大佬，成了新一代的精英。有才华的毕业生都纷纷涌向对冲基金。一个刚刚取得MBA的人宣布他将建立一家价值超过5亿美元的对冲基金。对冲基金的私密性让它更加神秘。克热门又回来运作对冲基金——CRH资本公司。名片上印着"克莱门特·R.赫曼，主席兼执行董事。不要叫我克热门！"因为这不符合他的新形象。

老派对冲基金收取1%的管理费，外加高出基准业绩部分的20%作为奖励，新式对冲基金收取2%的管理费，外加高出基准业绩部分的25%，或者更高。只有在对冲基金行业里，那些没有资历和业绩的新手才能比那些老牌基金公司收取更高的费用。

对冲基金经理成了暴发户，他们的品位也开始复古。他们工作的地方配备了游泳池、篮球场和其他的福利设施。他们就是20世纪90年代的互联网暴发户的升级版。坐拥百万的对冲基金经理推高了高档公寓和艺术品的价格。

精明的投资者发现将风险水平和流动性等因素考虑进来，这些对冲基金的投资回报率还比不上传统的资产。

到了2005年，对冲基金的业绩开始下滑。太多的资金追逐着市场上有限的机会。精明的人能赚到钱的说法没错，但前提是聪明的人少而发财机会多；而现在市场上多的是聪明人，少的是发财机会。收益开始下降。

精明的投资者发现将风险水平和流动性等因素考虑进来，这些对冲基金的投资回报率还比不上传统的资产。

机会的稀少迫使"风格转移"出现：在某个领域具有专长的对冲基金开始转战其他市场了。长期资本管理公司也游离了他们的主业（固定收益的相对价值交易），进入了波动率交易、信用利差交易和合并套利。对冲基金并不以它们的透明度出名。缺少信息披露，你就无法知道这艘船已经偏离了航道，直到有一天撞上了暗礁。舞弊和其他犯罪行为也开始暴露出来。

各种各样的迹象表明对冲基金行业已经过热。在"泡沫"的暗示下，一个经理立刻回应说对冲基金不属于"资产类项目"，因此也不会有泡沫破裂。只有资产类项目才会出现泡沫。这种说法真是自欺欺人。

泡个热水澡

我在这个案子上下了很大工夫，我已经将专家报告呈给了法院。原告方用了一个名叫谢尔曼的美国人。此人之前在学术界，后来在交易商工作过一段时间。在竞争激烈的专业世界里，我嘲笑他说他最近脱离了市场。他最近一次发表文章还是在1987年。我还发现谢尔曼的收费是我的两倍。

我拿到了谢尔曼的报告。我看着报告，血压陡升。专家报告通常都彬彬有礼：专家很少会驳斥其他专家的意见，即使有分歧，专家也会采取职业的礼貌方式表达。"某某也许对某个方面过分关注，而我本人并不赞同。""对方提出的观点，虽然可以理解，但在目前的情况下和我理解的事实并不完全一致。"

整个过程中，大家都彬彬有礼，不温不火，当事情结束后，大家还能一起坐下来喝上一杯，说说笑笑。大多数的专家都明白在诉讼游戏当中，你只是个配角，你很难对判决的结果产生决定性的影响。谁也听不懂你在说什么。

谢尔曼的报告已经完全不顾什么礼节，成了赤裸裸的攻击。我是个"正统主义者""喜欢谈论空洞的理论"。我并不介意被骂成"无赖"，但"正统主义者"或"理论家"是可忍孰不可忍。战争开始了。

有些法院会要求召开专家会谈，让双方的专家见面。这样做的目的是消除分歧、达成共识。这种做法就假定真理只有一个，而且专家能够替法官找到真理。

衍生产品的真理是个虚无的东西。

人们把专家会谈称为"热水澡"。经过几个星期的讨价还价,大家最后认为还是采取电话会议的形式。谢尔曼非常喜欢面对面的会谈,他希望能在亚洲开会,因为他从来没去过那儿。

我更倾向于通过电话沟通:我可以利用时间、地点和其他理由来玩弄对方。谢尔曼发来一封"私人"邮件,希望我能够同意将面对面会谈安排在一个旅游胜地,比如曼谷。我委婉地拒绝了,因为这不符合我的策略。如果我能够想办法不和谢尔曼见面,我就坚决不和他一起洗"热水澡"。

电话会议最后还是召开了。谢尔曼在基勒姆·比勒姆的伦敦办公室里,显然他已经说服他们至少将他带到伦敦。我则在香港的酒店里。当谢尔曼发现我其实在亚洲时,他很不高兴。

我以前有一个老板,他在谈判方面很有一手。他在谈判开始时先简洁地说明他想要的东西,然后等着对方打破沉默。要是对方一言不发,他也绝不说一句话。我记得他沉默最长的一次纪录是 5 分钟。最先忍不住的一定是对方。对方说话的时候,他从来不打断。对每个问题,他的回答非"是"即"否",或者"我不明白你的意思"。他的声音清柔,不带任何感情。这是场没有硝烟的战争。临上场时,我向莫里森请教经验。"年轻人,我们对你信心十足。"这就是他唯一的忠告。

电话会议并不长,不到 1 小时。专家会议通常会很冗长,但我并不喜欢延长会议。我给对方发了讨论的议题单子。电话会议很不顺利。我遵循了"冷战"的法则:对一个问题,我们要么同意要么就不同意;每当谢尔曼想就此进一步讨论时,我就不说话;等他说完之后,我就说:"我不明白,让我们进入下一个问题。"

谢尔曼对"冷战"很不适应。他经常会问:"你还在线上吗?""我还以为断线了。""你不会连这么基础的问题也不同意吧?我们应该讨论一下。""我不同意。我们来谈下一个问题吧。"含含糊糊的回答可以避免争论。谢尔曼的声音越来越低。他怒火中烧。我暗自高兴。

等到把所有问题都过了一遍之后,我很唐突地结束了电话会议。"这包括了所有需要讨论的问题。谢谢，再见。"我飞快地挂断了电话。第 2 天，谢尔曼发来一封电子邮件，希望举行第 2 次电话会议。我拒绝了，我已经受够了"热水澡"。

一个律师曾经告诉我打官司和混沌理论有关，在无序中存在着秩序。要取得成功，就得具备制造混乱的功夫。混乱是用来扰乱对方的，这是游击战的基本方针。

专家需要向法院提交联合报告，说明双方在哪些方面达成了一致，哪些地方还存在分歧。电话会议一结束，我就将我的草稿发送出去：我其实早就写好了，只需要做小小的改动。在发送的邮件里，我感谢谢尔曼的参与：要是他没有异议的话，我们当天就可以将它呈给法院。压力有时候很有趣。谢尔曼发来抗议，对这份联合报告很不满意。

只有专家才能参加专家会议，律师是不允许参加的，因此要想监督电话会议很难。我感觉在电话那头还有别的人。我把这件事告诉了莫里森，他很开心。他急匆匆地发了一封邮件，指责对方"缺乏诚信"。抗议的声音更大了。莫里森得到了极大的满足。

联合报告就这样来来回回；谢尔曼不同意。我每次回一封同样的邮件："这份报告草案是根据我的回忆和笔录写的，我很满意。"谈判就得靠耐心，看谁先把对方拖垮。如果他们不喜欢我的报告，他们可以提交他们自己的。但他们不得不向法官解释，专家连会议纪要都不能达成一致意见，这样大家都弄得不好看。反正法官也不喜欢我们。这纯粹是恫吓战术。

我收到了一封"私人"邮件，对方提出和解。谢尔曼诉诸"更高的"利益。如果我能做出一些小让步的话，他可以勉强接受我的草案；我同意做出修改。这封邮件是用"黑莓"发出来的。在新千年里，每个想出人头地的人都手拿一部黑莓手机，可以随时随地发送电子邮件。交易员和公司总裁都静静地坐在那儿，低着头，眼睛盯着手里的黑莓，手指忙碌地按着键盘，一个字一个字地打出一封电子邮件。这就是黑莓的祈祷仪式，你能在许多地方看到，比如在开会当中，在巴士、火车和飞机上。黑莓创造了一些专属词汇：黑莓控，用黑莓上了瘾的人；黑莓指，长期使用小键盘发送邮件所导致的肌肉劳损；黑莓眼，长期盯小屏幕导致的眼疲劳。谢尔曼得到了一个新的玩具。

不守规矩的交易员

我垂垂老矣。我的朋友有的组成了丁克家庭，有的现在是SITCOM⊖大军中的一员。他们偶尔会向我咨询投资项目。我会向他们解释我对投资和投资经理有种偏见。此时，他们会不太高兴地追问："那我该投资点啥好呢?"我建议他们把钱藏到我的床底下，这让他们大吃一惊。

他们的孩子向我讨教工作上的忠告：他们想当交易员。他们实际上想快速致富。对他们来说，最快捷的方法就是成为一个不守规矩的交易员。为了便于说清楚，我列出了一些工作简介，见表A–1。[4]

表A–1 职位介绍——不守规矩的交易员

职位	（不守规矩）交易员（"不守规矩"这个词通常不会显示在职位描述里，因为怕引起高级管理层、董事会成员、股东和客户的误会）
汇报关系	该汇报关系分为"业务"和"地域"汇报关系，该职位需要分别向交易主管和区域主管汇报（相当于不用向谁汇报。目前这种多维度的管理架构非常流行，每个人都需要向好几个上级汇报，这样就算出了事谁都不用负责任）
工作地点	待定（有些人喜欢在总部工作，因为那里混乱不堪，可以很方便地搞不守规矩的交易。而有些人喜欢找一些偏远寂静的地方，那里没有人监督，所以有大量作案的机会）
公司环境	• 本公司是一家全球知名的顶尖投资银行，活跃在各大金融市场上，而且拥有广泛多样的产品和无可比拟的客户群（我们的公关公司是这样告诉我们的） • 你将成为全球交易团队的一员，参与利率、外汇、股权、商品和信用衍生品的买卖。该团队交易各种现金和合成工具，其中包括一系列的"自营"产品（你想怎么赔钱都行。我们也无法理解一些交易，但根据我们的模型计算，我们是赚钱的） • 你将得到世界级的风险管理团队（你很容易凭他们的导盲犬认出他们）、运营团队和系统的支持 • 公司为员工提供了良好的职业发展前景（那些业绩不能达标的员工也可以得到闲职）

⊖ SITCOM是英文single income, two children, oppressive mortgage的缩写，意思是一份收入，两个孩子，被抵押贷款压得喘不过气来的家庭。——译者注

（续）

主要职责	• 运用银行的资金，在银行特有的经济资本分配系统环境下达到目标风险调整后资本回报率（如果你不像你想的那么聪明，你也能当天上岗。其他人都是这么过来的） • 开发新颖的交易策略（你需要基于厄尔尼诺周期和市场价格之间的关系开发出交易方案） • 严格管理交易头寸（如果你的头寸出现损失，你可以增加你的赌注，直到你把公司搞垮）
主要挑战	• 你需要为所有金融产品建立合适的模型和估价体系（你要做到所有的定价模型都很难让人看懂，然后通过在模型参数中添加不可验证的变量来达到你想要的估值） • 你需要能够合理地测量和控制头寸的风险（你要对你的希腊字母指标含糊其辞。我们建议你在汇报风险数据时讲古老的努比亚方言，它是一种没有文字的语言。无论市场情况怎么变，你要让风险值永远看起来很小。不然人们很容易陷入恐慌） • 你要让你的交易活动限制在规定的范围内（你要学会不登记交易活动或者利用系统漏洞来掩盖你的违规行为） • 你要能够控制损失，并且避免收益出现大幅度的波动［你要学会把损失登记成别人欠你的钱（利森的套路），参与没有市场报价的交易，比如极价内期权或者利用不正确的估值（不守规矩的交易入门）］ • 你需要将交易提高到一个全新的境界（你造成的损失要超过公司上一个不守规矩的交易员）
录取标准	• 你需要证明对金融市场和交易技术了如指掌［你应当大谈那些不知名的金融市场（赞比亚的货币克瓦查和中东地区金融技术）和高等数学（场论、神经网络和分形）。大家都认为你是天才或者白痴，但他们不确定你到底是什么］ • 你要显示你对衍生产品，包括奇异和非标准结构化产品的了解（大家都知道衍生产品能够建立杠杆效应很高的头寸，他人很难理解或准备计量这些衍生产品） • 对受教育水平或业内的从业经历没有要求（谁也不会相信你的简历。这只是你个人的愿望而已。如果你说你之前是个不守规矩的交易员，没人会把它当真） • 你有能力和高级管理人员交流，并紧密配合他们（你需要努力制造出一些"影子"利润，这样他们才能拿到奖金） • 你要能够和运营部的员工紧密合作（你必须恐吓或者哄骗他们，让他们帮你掩盖超限交易和损失） • 成功的求职者要具备高超的领导才能［你将告诉别人所有的利润都是靠你的英明神武才取得的。所有的损失不是消失了，（要是被发现了）就是其他项目的收益可以抵消］

	（续）
优先录取标准	• 30 岁以下优先（你听说过上了年纪的不守规矩的交易员吗？日本的不守规矩的交易员除外，他们通常都很老） • 你要有很强的个性（你需要有一些"特点"：一年四季黝黑的皮肤和一脸络腮胡。你要把身边的每个人都当成傻瓜，他们都无法理解你复杂的交易策略） • 精力充沛，干劲十足（你需要学会如何隐瞒损失和超限交易。日本的不守规矩的交易员从来都不休假）
薪酬福利	面议，其中一部分工资和业绩直接挂钩（公司不需要给你发工资因为知道你会挪用大量的资金）
社会责任宣言	我们可以骄傲地说在我们公司机会人人均等（我们不会以任何理由歧视员工。不然我们如何解释我们董事会成员和高级管理人员的能力呢？风险管理经理和审计师那就更不用说了）

和其他事情类似，从这份工作简介中很难看到真实的技能——其实也就是懂得何时退出的能力。干不守规矩的交易员这一行，就是要知道什么时候带着钱款飞到一个没有引渡条款的避税天堂。

这一点谁也不会教给你。

沃伦·巴菲特似乎近来才发现了衍生品行业的弊端。"我敢肯定地说，在衍生品交易中估值错误并不对称。十有八九，它们会发生在那些一心想拿上百万美元奖金的交易员身上……之后，股东们才发现报告上的利润是假的。"[5] 一直如此。

雷声和雨点

这是战役打响的前夜。和解看起来是不可能了——庭审的日子已经定了。审判过程将进行 8 周。这将成为一部史诗。

我正忙着撰写补充专家意见书。高级律师斯图尔特终于说服法官，认为有必要讨论谢尔曼提出的问题。复杂的技术细节应当在开庭之前讨论，以缩短庭审时间；法官勉强同意了。"补充意见书只针对原告的专家意见书中提出的问题。我

尾声

不希望到了现在这个时候还有新问题冒出来。"他依然对庭外和解抱有幻想。

补充专家意见书是我们的大规模杀伤性武器,也是我的复仇工具。谢尔曼的报告有许多前后不一的地方,而且存在许多错误。这些我都可以在补充报告中大做文章。我们能够证明这个交易无法实现印度尼西亚面条商希望达到的目的。律师立刻抓住了这一点说:"也就是这没有达到'可以销售'的质量要求。"最绝的是这个结论是根据谢尔曼自己的报告得到的。我依然对他说我是"正统主义者"和"理论家"耿耿于怀。

我辛勤地工作着,我准备去伦敦见见律师,把意见稿最终定下来。然而,一切都突然静了下来。官司也总会出现平静的时候。但是我们离提交补充意见书的期限越来越近了。

最后,我见到了莫里森。"一直想给你打电话来着,老伙计。"他依然一副乐呵呵的样子。"好消息,我们准备和解了。"这事情将会悄然结束,法槌也不会响起。我一方面感觉轻松了许多,一方面感到失望。

几天之后,我才知道发生了什么事。交易商的管理层出现了一些变动,一些交易损失和与客户的纠纷开始浮出水面。新上任的首席执行官担心"名誉受损",决定公司将以客户为中心。内华菲尔以"个人原因"离职了。

接替内华菲尔的波特希望和解。他最不希望看到客户把事情闹到法院,然后具体细节被登在《金融时报》和《华尔街日报》上。这样就违背了以客户为中心的新理念。他不在乎钱,他为交易损失和潜在的损害赔偿计提了大量的准备金。这都是内华菲尔惹的祸。

基勒姆·比勒姆先探了探我们的口气。一向犀利的莫里森巧妙地回应说,如果对方有诚意,波特应该直接和他联系。波特就乖乖地打电话过来。莫里森建议波特和印度尼西亚面条公司的董事长见面:就他们两个人,没有其他人在场。

波特特地飞到了雅加达,和董事长见面。会谈十分顺利,这是一次心灵的沟通。波特解释说这是"几颗老鼠屎坏了一锅汤",但至少请求对方支付一笔适中的金额。这样做是为了避免外人认为投资银行承认自己有过错,否则会招致一些监管机构的介入。两个人就这样达成了共识。

顾问过了几天才真正明白到底发生了什么事。事情就这样和解了。高级律师斯图尔特站在如释重负的法官面前，告诉他双方已经达成了商业和解。法官向双方表示祝贺，称"理性终于取得了胜利"。只有高级律师和初级律师在那儿哀叹一笔可观的收入就这样没了。

中国会

印度尼西亚人喜出望外，他们真的"赢了"。他们请我们在香港吃了顿庆功宴，自己却没有出席。莫里森和斯图尔特因为别的事情正好也在香港，而我当时正在出差。谢尔曼没有收到邀请。

吃饭的地方是中国会[⊖]，莫里森是那儿的会员。1997年之前，他在香港工作过一段时间。"标准一降再降啊。"他抱怨道。吃饭的只有四个人——莫里森、阿尔伯特、斯图尔特大律师和我。这是一个安静的、令人愉快的夜晚。

我们庆祝取得的胜利，吃得非常开心：我们的客户最终取得了比较理想的结果。我们谁也没有想到我们会在法庭上获胜。基勒姆·比勒姆事务所没有争取简易判决，这真是策略上的失误。现实中总是有各种假设和意外。

此事平息几个月之后，我发现几个当事人又重新出山了：里奇和亚洲市场主管加入了另一家投资银行。交易期刊里的一篇短文说他们将"像他们在上一家公司那样成功建立起新的业务部门"。我把这篇文章转发给了莫里森。

"能收到你的消息真高兴，老哥们。"莫里森不太喜欢电子邮件和黑莓。他最近才学会如何用手机。"你最近如何？找点我们能一块干的事情。我们上次合作得很愉快。到了伦敦可要联系我啊。我们一起吃个饭。保持联系，老哥们。得去忙了。又得去救人。"我想问他有没有买电动铅笔刀。

史上最佳

几个"新潮"交易员坐在酒吧里喝酒，有些事情一成不变。《金融时报》在头版报道称巴西的债券价格大跌；巴西似乎撞上了"砖"墙。交易员喜欢和同事无话不谈；在交易大厅里，这是标准的行为准则。

⊖ China Club，香港中环附近的一家餐厅。——译者注

尾声

之后,他们谈到了另一个类似的话题:史上最佳的交易。他们想找出交易史上最伟大的交易。有人想到了乔治·索罗斯和他押注英镑贬值所赚到的10亿美元。很少有这样的交易,既能让你上小报的头条,又能让政府,尤其是财政大臣看起来像个乡下来的白痴。

另一个人觉得安迪·克瑞格(Andy Kreiger)用外汇期权对赌新西兰元的交易更胜一筹。据说他卖出的金额远远超过了整个新西兰的货币供给量。还有消息称财政部长打电话到信孚银行(克瑞格的公司)投诉。克瑞格在各种场合说他把货币搞贬值了,新西兰政府其实很感激他,因为这让新西兰的出口货物在国际市场上更有竞争力。

他们还聊起谁谁预见了1987年的股市崩盘,谁谁预见了1997年亚洲货币贬值,还有谁谁前脚进入市场,后脚网络泡沫就破裂了。一个对历史感兴趣的交易员认为收购路易斯安那或者阿拉斯加㊀才是最佳的交易。

我坐在那儿,思考着他们提到的那些交易;归根结底,那些你赚到钱的交易都是"好"交易。可能你离开这一行做的最后一笔交易才是最棒的交易。在生活和工作中,我们都在寻找最好的交易。但我们只有在事后才知道。

已知和未知

衍生工具依然很火:将近30年过去了,它们还在向前发展。人们还是对它褒贬不一。新的市场正不断出现。

人们还在买卖那些与宏观经济指数挂钩的衍生产品。交易商交易着与国内市场总值、经济增长率、工业生产总值、零售销售指数、价格指数和消费者信心指数相挂钩的产品。

宏观经济衍生品是建立在**赛马赌博**的拍卖机制上的,这也是体育博彩业的做法。参与赌博的人是根据赔率来下注的。如果对方猜中了,庄家决定赔多少;这没有风险。赌输的一方除了要向赌赢的一方支付赌金,还要给庄家钱;赔率决定了这种结果。此外庄家要确保无论出现什么样的结果,收到的金额要等于之后付

㊀ 美国分别从法国和俄国手中买了这两块土地。——译者注

出的金额。衍生产品就是这么一回事。好戏才刚刚开始。

气体排放的衍生品受到追捧。《京都议定书》生效了——"碳"排放交易出现爆炸式的激增。污染企业并不会真正停止污染，它们会从"清洁"的工业企业和森林覆盖率高的国家手中购买排放配额。但谁也不清楚这么做如何能够减少废气排放或减少温室效应。交易员只会谈"市场过程"。他们讨论如何交易干净的空气、水，以及进入渔场的权利。那些我习以为常的人类基本权利都在成为"衍生产品"。

即使是世界粮食组织也接受了衍生工具。世界粮食组织负责救助那些饥民。他们建议发行和降水量相挂钩的灾难债券；如果降水量充足，世界粮食组织就不需要介入，只需要向灾难债券的持有方支付更高的利息。如果降水量低或者没有降水，世界粮食组织就可以停止支付利息，或者取消偿还本金。这样，节省下来的利息和本金就可以用来救灾了。

我不知道灾难债券如何应对邪恶政府或者内战的情况；交易员觉得统计邪恶政府或国内动荡指数是可行的。他们尝试着提高市场上天气衍生产品的交易量。我想知道非洲之角的饥民会如何看待这件事。

我之前的大多数同事都已经不干这行了。当谈到市场变了，他们抱怨说"新"世界太"乏味"了，他们抱怨缺乏"个性"，缺少"创新"。对此，我不能苟同：我相信在现实当中变化微乎其微。以前的那些真理还管用。新一代的衍生品交易员需要时间来自己发现这些真理。

已知和未知依然存在。大规模杀伤性武器也依然存在，而且每天都有新品种问世。谎言美丽而又真实，依然是交易的媒介。人们依然希望每天看到金钱。最新、最强大的超级模型从市场的大熔炉里接踵而来。完美风暴在地平线上徘徊，随时都可能袭来，所到之处，死伤毁尽。没有疆界的游戏依然在结构化产品的世界里继续。在股票市场，许多人都将感受和分享痛苦。新的信用市场正在发展，但是在可疑的前提下。你应当在该表扬的时候表扬。最终归根结底还是交易员、枪和钞票。总之，这是一个令人眼花缭乱的衍生品世界。

结 语[1]

活在迦梨时代

找出金融市场何时出现拐点可不是件容易的事。尤吉·贝拉曾经说过:"预测不是一件容易的事,尤其是对未来的预测。"

按照印度神话的说法,我们正处在迦梨的时代,也就是末世。当迦梨跳起死亡之舞时,世界就将毁灭。但金融市场并没有这种预示末日的明确标志。2007年8月,我们离世界末日又近了一步。美国CNBC电视台著名的股评专家吉米·克莱默在电视上发表了"我们已在末世"的长篇演说。贝尔斯登的首席财务官塞缪尔·莫利纳罗(Samuel Molinaro)已是焦头烂额,其掌管的贝尔斯登即将破产。他解释说:"我已经在这行干了22个年头了,现在的情况和固定收益市场一样糟糕。"

迦梨已经开始翩翩起舞。信贷泡沫开始破灭。多年来我一直担心的事情都逐一应验。

2007年,美国的购房者无力偿还房贷,引发了全球性的信贷危机。市场思考着"风险的重新定价"。风平浪静的表面下隐藏着这样一个事实:这些问题将演变成20世纪30年代大萧条以来最严重的一次信用危机。

21世纪初期是一个"过剩"和"匮乏"的年代——**太多的**流动性,**太多的**杠杆效应,**太多的**金融工程,与风险相对应**太少的**回报和对风险**缺乏足够的**认识。史蒂文·拉特纳(Steven Rattner,来自Quadrangle Group的对冲基金)在《华尔街日报》上发表文章,概括了这个时代的特征:

"可以毫不夸张地说,在美国的金融市场达到鼎盛以来的100多年里,我们从来没有像今天这样能够以最便宜的价格和最优惠的条件取得如此多的资金。"

在宽松的货币政策、过量的资本流动和强大的"金融工程"(衍生产品的新名字）作用下，资金成了金融危机的核心问题。

债务巨无霸

蓬松的棉花糖里面大都是空气。去游乐园玩，棉花糖是必不可少的。新金融技术就是"棉花糖"资本[2]——钱像蚕丝一样被纺出来，然后膨胀成更大的金额。在衍生产品、证券化和抵押借款的作用下，信贷市场和杠杆效应发生了本质的变化。

> 到 2008 年年末，市场上流通的衍生产品价值达到了 600 万亿美元。与之相比，全球的国民生产总值大约为 60 万亿美元。

衍生产品是对利率、外汇、股票和商品的价格走势下注的商业赌博，其杠杆率十分高。人们用衍生产品来管理或者创造风险。为了获得更高的收益，越来越多的投资者使用衍生产品来增加风险。到 2008 年年末，市场上流通的衍生产品价值达到了 600 万亿美元。与之相比，全球的国民生产总值大约为 60 万亿美元。

以信用产品为标的的衍生工具增长迅速。CDS 以每年 62 万亿美元的速度增长，在 2007 年达到顶峰。另外一种信用衍生产品 CDO 的增长量为每年 1 万亿美元。信用衍生产品让信用市场"超量增加"债务的交易量。

在 CDO 领域，银行很专业地料理基础贷款的风险。这和《料理铁人》（料理の鉄人）再像不过了。《料理铁人》原本是日本的一档电视烹饪节目，后被引进到西方，并根据西方观众的口味进行改编。节目中，几个名厨嘉宾要在规定的时间里围绕某个主题食材，和在位的料理铁人进行比赛。表 B-1 说明"份额分配"是如何创造出不同的 CDO 证券的——权益部分、次级债部分和普通债部分是如何在信用市场利用杠杆效应造成违约的。

结构化信用市场利用无比复杂的技术，超量增加债务水平，其复杂程度只有少数专业人士才能看懂。信用投资一个突出的特点就是产品的风险和复杂程度与目标顾客的理解程度呈反比。

表 B–1 CDO：放大的损失

CDO 是建立在"多元化"投资组合的基础上的；比如，一个 10 亿美元的投资组合是由 100 份，每份价值 1 000 万美元的贷款组成的。

假设这 100 家企业当中任何一家公司倒闭，你都将损失 600 万美元（1 000 万美元的 60%）。如果权益份额为 2 000 万美元，那么投资者承受 100 家公司中的 3 家公司倒闭。投资者的风险并没有分散。投资者承担了其中最差 3 家公司的破产风险。

如果投资者把 2 000 万美元平均投入到 100 家公司当中，如果 3 家公司倒闭，那么投资者的损失只有 36 万美元。在 CDO 交易中，如果同样 3 家公司倒闭，投资者将损失 2 000 万美元。

杠杆违约的概率被放大了 **56 倍**（20/0.36）。杠杆违约的概念是说投资者购买权益份额所承受的违约风险是原来平均分散投资的方法所承受违约风险的 56 倍。

通过减少"份额的厚度"（比如将权益证券的部分由原来的 2 000 万美元减少到 1 000 万美元），你还可以进一步提高杠杆效应。权益证券部分的投资者经常借款来提高赌注，这样杠杆效应就会变得更大。

按照规定，银行可以承受的杠杆效应大约为 12.5 倍。CDO 集中了信用风险，也就是"有毒废弃物"。

你想要那样的债务吗

回购协议和保证金借款已经非常成熟。现在，投资者利用回购协议，将证券或金融工具（包括不良债权）做抵押大量地借入资金。

投资者通常将资产收购设计成总体收益互换。按照图 B–1 所示，投资者取得资产的投资回报（包括收入和资本增值），同时向交易商支付保管资产的费用。投资者一开始交付少量的金额，如果资产的价值下降，投资者将交付更多的

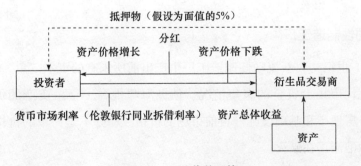

图 B–1 总收益互换

保证金。实际上，交易员利用交易商的资金购买了这项资产。在优惠的政策下，人们对流动性十分乐观，而且对那些设置低保证金的模型信心十足，因此在经济活动中肆无忌惮地使用抵押贷款，增加可动用的流动性和杠杆系数。

银行将抵押游戏变成了资产负债表外金融工具——套利或管道载体、结构化投资载体。按照图B-2所示，这些载体购入像AAA级或AA级的CDO等高等级证券，然后用它们来发行短期债券（通常是向货币市场基金发行商业票据）。截至2007年，美国市场上有1.2万亿美元的商业票据属于资产抵押商业票据，占商业票据总额2.2万亿美元的53%，而另外50%左右的商业票据则属于债务抵押商业票据。

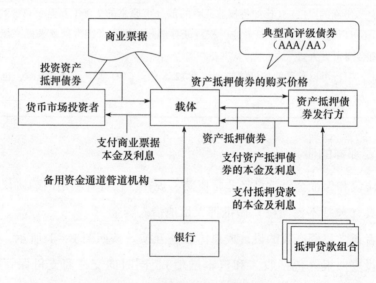

图B-2 资产负债表外管道结构

新流动性制造工厂[3]

到了21世纪初，新流动性制造工厂生产出前所未有的资本三角。图B-3表示的是在现代市场上资金的聚集情况。债务海啸推高了金融资产的价格——债券、股权、房地产和基础设施。目前市场的价格波动并不是简单的价格更正。巨大的流动性泡沫正在破灭。

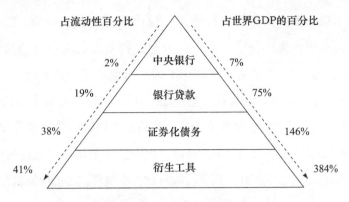

图 B-3 新流动性制造工厂

资料来源：David Roche-Independent Strategy.

撒谎的"三无"抵押人

在监管放松、流动性泛滥和房地产价格上涨的情况下，银行把目光投向了那些中下层收入群体。他们信用记录不良，曾经被银行挡在门外而无法实现他们的美国业主梦。次贷和次优级住房贷款是"创新"产品，[4] 这些中下层收入群体可能承受得起以下几种财务负担。

- **贷款与价值比率**：通常银行会根据评估价值的 70%~80% 提供贷款。次级抵押贷款的比率更加激进，甚至包括"负"权益贷款（银行发放的贷款超过房子本身的价值）。私底下的附加贷款和第二份抵押贷款通常不需要任何保证金。
- **利息支付**：次级贷款的还贷额有时候比利息还低。在负分期偿还的贷款中，由于贷款人没有偿还利息，本金就会增加。此外还有"优惠"利率：比如在 2/28 式抵押贷款中，前两年的利率可以人为地降低（可以低至 1%），然后在这两年"蜜月期"结束后，银行将重新设定贷款的利率。
- **浮动利率抵押贷款**：和典型的固定利率抵押贷款相比，次级抵押贷款应该属于利率可调整的抵押贷款。因此，当利率上升时，它们的利率也水涨船高。
- **大额贷款**：是为购买更贵的房子而发放的贷款。
- **贷款目的**：次级贷款很大一部分都加入到存量房屋净值货币化中。2000—2005 年，房屋增值抵押贷款消费从 2 890 亿美元上涨到了 9 000 亿美元。

- **贷款承销标准**：抵押贷款行业现在使用信用记分卡模型。贷款方通常不看收入证明和资产证明。银行将发起抵押贷款的业务外包给经纪人，同时将风险转嫁给投资者，承销标准因此出现系统性的下滑。

2003—2004年，房产市场增长开始放缓。银行和经纪人为了维持业务量，不得不一再降低标准。贷款与价值比率上升，银行不再要求申请者提供收入证明等材料。投资者对长期高收益资产的需求加速了次级贷款市场赖以发展的证券化业务。到2007年，新增抵押贷款的20%属于次级贷款，次级贷款占抵押贷款总量的10%。

只要会写自己的名字，那些"三无"人员（没收入，没工作，没财产）不用付款也能购买房子。2006年在萨克拉门托市，一名24岁的网页设计师凯西·赛伦（Casey Serin）在5个月内连续购买了7套房子，由此背上了220万美元的债。在申请"无须证明"的贷款时，他谎报了他的收入。他没有银行存款。2007年，他有3套房子被银行收回，剩下的4套也将面临同样的命运。赛伦的网站www.Iamfacingforclosure.com成为疯狂的次级贷款市场的标志物。[5] 16世纪的法国作家弗朗索瓦·拉伯雷曾经说过："债务和谎言常常形影不离。"

对冲基金也利用杠杆效应来"增厚"次级贷款的投资回报。图B-4演示了一家对冲基金如何利用1 000万美元来撬动一个价值8.5亿美元的投资组合中6 000万美元的次级债券。[6]

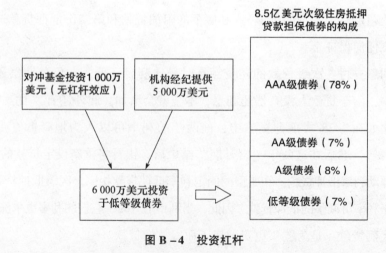

图B-4 投资杠杆

资料来源：Adapted from Roger Merritt el al. (18 July 2005), *Hedge Funds: An Emerging Force in Global Credit Markets*, Fitch Ratings Special Report, New York.

人们以为这个世界上几乎没有违约，商业周期已不复存在。一个评论员就这样总结道：

"我们亲眼看着全球经济走向前所未有的繁荣。我们进入了一个持续增长的年代，世界经济总量将每隔12年翻一番，这将给星球上的数十亿人带来更多的财富。我们搭上了这趟持续25年的经济扩张早班车，它不但会解决诸多棘手的问题，比如贫穷，而且能够缓解世界范围内的紧张局面。我们可以不破坏环境就实现我们的目标。"[7]

市场似乎并不知道这些情况。在美国，利率急剧上升。由于油价走高、新兴市场成本增加和基础设施限制等原因，美国出现了通货膨胀，中央银行因此减少流动性。美国房价触顶之后开始下跌。次级贷款抵押的违约率达到了15%，在某些贷款上，违约率达到了30%。

巴西总统路易斯·依纳西奥·卢拉·达西尔瓦将这场危机描述为"美洲危机"，他认为背后的原因是人们想赚"穷人的钱"。

传播途径

这次次贷危机意义重大，虽然从规模上看还不算严重，但它的传播范围却是惊人的。图B-5展示了传播途径，这对理解这种疾病的病理学十分重要。

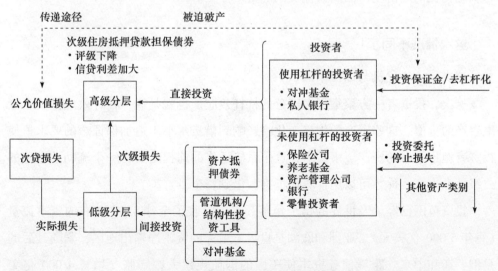

图B-5　次级债券损失是如何传递的

资料来源：Adapted from Roger Merritt et al. （18 July 2005），*Hedge Funds*：*An Emerging Force in Global Credit Markets*，Fitch Ratings Special Report，New York.

次级贷款发生损失之后，证券化抵押贷款中风险等级更高的那部分投资就变得一文不值了。但恰恰相反的是，问题出在了那些违约可能性极小的高评级债券上。在典型的证券化中，基础抵押资产的损失需要达到15%~30%，高等级债券才会发生**实际**损失。

当损失发生时，AAA等级的普通债券底下的次级债券会首先承担损失。可以想象，随着损失的扩大，其底下的防护层也被侵蚀殆尽，普通债券的等级也因此下降。与此同时，风险会被重新评级，3种证券之间的信用利差也随之扩大。等级的降低和信用利差的提高导致了公允价值损失——也就是说如果今天出售证券，我们还能拿回多少钱。AAA级证券的市场报价（如果你还能拿到报价的话）只有它面值的60%左右。AA级别和A级别的证券市价就更低了。

如果投资者不理会市场价格，投资者仍有可能不受**实际**损失的影响。信用等级降低后，投资者按照投资操作手册的规定被迫卖出证券，这样就遭受了**实际**损失。随着证券价格的下降，那些利用证券抵押借入资金投资的对冲基金也接到债主要求追加准备金的通知。债主提高了借钱的门槛，要求借款方降低杠杆效应，同时提高利息。投资者被迫抛售证券，导致价格进一步下降。于是，流动性的压力从结构化信用衍生产品向其他类别的资产蔓延。

这次情况不同了！

这次，信贷危机与以往**不同**。

这次，投资者一方聚集了大部分的杠杆效应。也就是说，杠杆效应是基于**金融资产**的价值。这些资产的价格变化将影响到借贷水平。追加保证金的要求迫使投资者抛售手中的资产。事实上，这个系统运作的前提是要有一个流动性良好的二级证券市场，你才可以用证券作抵押，借到资金。

投资范围已经触及世界的每个角落。美国吸收了全球85%左右的资本流量（每年5 000亿美元）。亚洲和欧洲是世界上最大的资本净输出地区，紧随其后的是俄罗斯和中东。跨境债务资本使美国的国债规模大幅膨胀（增长4 000亿美元），也让美国家庭的负债额迅速增长（增长1.3万亿美元）。资产抵押证券是主要的增长领域，其包括贷款抵押证券，这反映出美国住房市场旺盛的需求和大幅度的住房净值贷款。[8] 国际资本为美国搭起了高高的债台，现在吃亏的还是国际投资者。

风险开始在系统中扩散。原本不可能出现风险的地方也出现了风险。比如说，风险通过资产抵押商业票据进入了短期货币市场。

大家**都知道**次级贷款抵押和相关的投资项目发生了损失。但**已知的未知**是大家知道自己不知道这个问题的涉及面到底有多大。**未知的未知**是大家都不知道这可能会带来一些现在还不知道的其他问题。

从冬眠中睡醒的熊

两个投资者在森林里遇到一头熊。一个投资者撒腿就跑。"你跑不过熊的。"另一个投资者对他喊道。那个投资者回答说："我能跑得过你就行。"投资者和金融机构现在都想在钱消失之前把他们的钱抢救出来。

这是个信用危机还是流动性危机呢？眼下的问题是由许多因素导致的。

对一些投资者来说，这是个流动性问题。市场的信用利差扩大，保证金大幅上涨。可动用的资金迅速减少。通往资本市场的通道关闭和银行挤兑没有什么区别。美国和英国一些提供抵押贷款的银行，例如北岩银行，就遭遇了传统的挤兑风潮。风险贷款枯竭。即使是 AAA 等级的非次贷抵押贷款证券也没有了市场。结构化的融资载体无法发行以资产抵押证券为标的的商业票据。一些银行推说市场出现重大变化，拒绝提供备用信贷安排。其他一些银行则不放过边边角角，勒紧裤带过日子。

对手方出现信用危机意味着金融机构之间的正常业务也遇到了麻烦。由于害怕对方会违约，金融机构不再提供流动性。投资者将资金转移到了更安全的地方，不是变现就是购买政府债券。政府利率和银行间利率的差额迅速拉大，而且长时间没有缩小。

这时，金融系统开始缓慢系统地降低杠杆效应。图 B–6 说明了在高度杠杆化的情况下，销售收入是如何被夸大的。

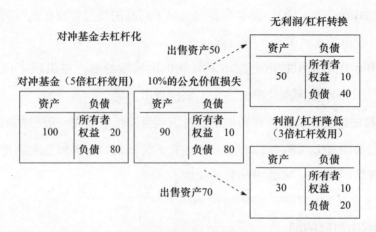

图 B-6 损失对利用杠杆效应的投资者产生的影响

资料来源：Adapted from Roger Merritt and Eileen Fahey (5 June 2007), *Hedge Funds: The New Credit Paradigm*, Fitch Ratings.

信用像发动机机油一样对金融体系起到了润滑的作用，使其能够顺利运转。但机油正在迅速流失；而发动机的型号却在不停地变大。资深评论员伊恩·克尔把当前的信贷紧缩比作受辐射而死。CDO，尤其是那些有次贷因素的CDO，现在成了**切尔诺贝利死亡债务**（Chernobyl Death Obligations）的缩写。

等待另一只鞋子落地

火山在爆发时会产生火山碎屑流（1 000 摄氏度的气体、灰尘和岩石），其流动速度可高达 700 千米/小时。庞贝古城就是在公元 79 年被火山灰湮没了。次贷危机演变成了全面的"信贷紧缩"。

大额次级抵押贷款的利率每隔几年就会调整一次。利率上涨的幅度在 4% ~ 8%，其对债务违约和损失的影响不得而知。

当美国的抵押贷款市场开始崩溃，经济学家将其根源归于那些向低收入的少数裔族和黑人发放的抵押贷款。经过进一步的分析，人们发现高风险抵押几乎无处不在。《华尔街日报》分析表明2004—2006 年，就在美国许多地方房价达到顶峰时，超过 2 500 家银行、信用机构和抵押贷款公司总共发放了 1.5 万亿美元的贷款，而且都是高利率、高风险的贷款。未来这些贷款将发生多大的损失现在还不得而知。

人们开始对信用卡债务市场感到担心。信用卡发行机构都大幅度计提减值损失。据说一些手头比较紧的抵押贷款人利用信用卡来付按揭。分析师认为那些无法用房屋净值的信用额度来支付他们的信用卡账单的借款人负债越来越多的话,信用卡违约的情况也将越来越严重。

对冲基金则面临大规模的赎回请求。管道载体和结构投资载体需要出售资产,因为它们违背了规则。当有人问他们是否需要出售资产时,一名管道载体经理早有准备地回答说:"我需要看一下合约规定。"

当银行被迫卖掉资产负债表外结构化产品和对冲基金后,大量的资产现在将很可能回到资产负债表上来。这对银行的流动性和资金提出了更高的要求。

人们也将次贷模型用于私募基金、基建项目、商业物业和普通贷款的杠杆融资。银行签发贷款,将它们归集起来然后重新打包,以 CDO 的形式出售给投资者。十有八九,这些市场将出现重大调整。

2007 年,一家银行向其客户提出如果对方能够撤销 CDO 合约,银行愿意拿出 10 亿美元作为补偿。另一家银行告诉客户"他们已经不做杠杆金融业务了"。

信用危机的受害者并不只是活跃在结构化信用产品领域的银行、投资者和对冲基金。抵押贷款保险公司和单一险种的保险公司似乎也因为抵押物贬值而受到了损失。

2008 年,美国著名的国有控股企业——房利美和房地美,被美国政府接管。

截至 2009 年 4 月,世界货币基金组织估计信贷危机造成的损失总共达到了 4.1 万亿美元。

现在,人们更加清楚地认识了这场危机背后的原因:金融机构本身存在严重问题;信用成本高昂,银行不肯放贷,对冲基金、管道载体和结构化投资载体被迫降低杠杆效应和金融机构遭受巨额的资本损失。

这场危机真正的经济效应也开始体现出来。凯恩斯曾经说过资本"**以阿拉伯飞毯的速度转移,摧垮所有稳健的行业**"。美国的房产市场深受重创,短期内恢复的可能性不大。

经济放缓也对许多金融交易产生了影响。近年来,人们认为经济会持续增长、融资成本将保持低位,股票市场也将继续红火,投资者能够很快转手股票。

许多交易就是基于这样的预期进行的。当盈利情况不佳、借款成本上升时,投资者就会受到损失,不得不将手中的资产贱卖掉。不值得投资的债券发行在过去几年里都集中于那些信用等级较低、容易受经济形势恶化影响的企业。

资产价格的下跌产生了"财富"效应。美国的消费,建立在利用金融资产价格膨胀借入资金,曾经刺激了亚洲、东欧和拉丁美洲等出口导向型经济。此外,它还造成了就业和收入效应。由于银行和抵押贷款机构裁员,上千名华尔街上的员工都收到了"粉单子"(意指裁员通知)。

2008年年末,金融市场整个瘫痪了,坏消息接二连三。投资银行雷曼兄弟申请破产,而保险巨头美国国际集团岌岌可危。很快,美国、欧洲、日本和亚洲等经济体也开始放缓,随着生产、出口、就业率出现前所未有的衰退,最后进入了经济衰退。

我们一直在等"鞋子落地"。它们现在像暴雨一样砸了下来,只不过这些鞋子都是伊梅尔达·马科斯⊖的。

金融猜豆豆游戏

新流动性制造工厂是建立在新时代的"风险转移"思想上的。猜豆豆游戏需要三只碗和一个小小、软软的圆球,大小和一颗豌豆差不多。这个球放在其中一个碗下面,庄家快速移动这些碗,然后让大家猜球在哪个碗下面。这是一种骗术。操作者利用障眼法,轻松地将球藏起来,不让观众发现。风险转移就与信用市场的猜豆豆游戏类似:耗时不多、很容易就可以得逞的小骗局。金融创新并没有减少风险,相反大大增加了风险,让情况变得更加复杂。

> 风险转移就与信用市场的猜豆豆游戏类似:耗时不多、很容易就可以得逞的小骗局。

中央银行认为如果银行能够变卖风险,那么风险就会被摊薄,这样市场崩溃的概率也就下降了。但是,风险转移过程却降低了信贷标准。当银行出售一笔贷款时,它实际上收到的是贷款的利息和投资者提前要求取得收益之间的差额。实

⊖ 菲律宾前第一夫人,收藏了大量的鞋子。——译者注

际上，年金收入（净利息差）立刻转化成了收入。当银行出售贷款后，它需要更多的贷款来维持盈利水平。银行因此在一定程度上依赖经纪人。在新的资本游戏当中，银行增加了贷款数量，同时也减少了用于吸收风险的资金，因此降低了它们贷款的信用质量。

银行常常没有摆脱真正的风险。由于法定资本等原因，它们只会出售一些风险较低的贷款。在CDO交易中，银行通常会保留一部分风险，避免让其他投资者担心。风险又会通过后门回到银行。当银行作为第一经纪人按照指令完成交易、清算业务和为对冲基金融资时，银行会利用CDO证券作为抵押物向投资者放款。如果这些证券价格下跌，对冲基金无法追加保证金来补足这部分损失时，银行就会暴露在证券风险当中。银行以为它能够卖掉它手中的证券作为补偿。

银行向管道载体提供"企业信用卡"——备用信贷额度，这样它们可以渡过资金难关。如果管道载体无法发行商业票据，银行就只能用它们已经出售的资产作为抵押，对其进行融资。

图B-7展示了"转移了的"信用风险是如何又回到了银行的资产负债表的。

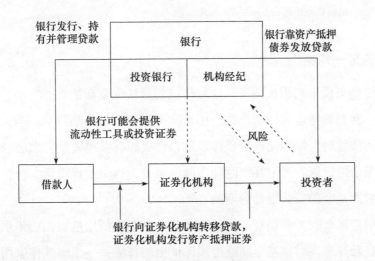

图B-7 风险转移游戏

在新世界里，信用风险从原来可以看得到、管得到的地方转移到了监管不那么严、不容易发现的地方。大约60%的信用风险转移到了杠杆化的对冲基金当中，但这些基金并没有充足的资金来应付这些风险。图 B-8 展示了在现代信用市场上，大约 1 美元"真实"的资金能够支撑起大约 20~30 美元的贷款。这样的杠杆率只有在违约率极低的情况下才可能持续。

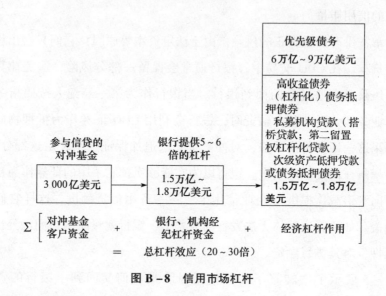

图 B-8　信用市场杠杆

资料来源：Adapted from Roger Merritt and Eileen Fahey (5 June 2007), *Hedge Funds: The New Credit Paradigm*, Fitch Ratings.

说长道短一句话

借入短期负债来购买长期资产这种传统的做法也重新抬头。

例如，套利载体借入短期贷款，用来购买高评级的长期债券。当人们担心起基础资产的质量时，结构化投资载体发现自己要想再获得短期贷款已经不可能。

对冲基金的投资者可以在短时间内赎回份额，这个过程需要 1 个月到 3 个月不等。而对冲基金的贷款也是短期的。

用短期贷款来购买长期资产的做法让对冲基金在信用危机面前不堪一击。当信用危机蔓延开来，对冲基金面临追加保证金的窘境。一个幽默作家用挖苦的语气建议投资者用五分、一毛的硬币作为资本金⊖。

⊖ 意思是债权人最后能收回的债权极其可怜。如果拿硬币做资本金，企业可以直接用硬币付给债权人，而不用再将纸币兑换成硬币。——译者注

模型休克

金融市场上的模型比 T 台上的模特还要多。交易模型会告诉你何时进行买卖和买卖的标的。定价模型用来评估任何可以想到的证券的价值。风险模型可以告诉你会损失多少。元模型会告诉你用哪个模型比较好。

当前的信用危机一部分是因为模型失灵造成的。在美国的抵押市场上，自动化的信用审核并不会核实收入和资产状况等信息，因此银行放出去的款很多都无法收回。汇丰银行这家老牌银行属于第一批由于美国抵押市场违约而遭受损失的大金融机构。汇丰银行进入抵押市场是通过收购家庭融资公司。这家美国公司在次级贷款领域可以称得上是先驱。在收购这家公司时，汇丰银行还大力宣扬其抵押融资技术。汇丰还特别提到公司汇聚了上百名拥有博士学位的员工，他们擅长料理抵押风险。现在看来，还是那些老派、具有常识的银行家对汇丰银行有用，他们能够鉴别客户，并能一眼看出谁有偿还能力。

投资者越来越不清楚他们在投资什么，他们的投资价值几何。复杂证券的交易次数并不频繁，因此其市场价格很难取得。想要理解和评估结构化证券，此人需要在量化金融专业具有很高的造诣，而且还需要一台超级强大的电脑及丰富的想象力。

用来模拟和评估 CDO 证券的蒙特卡罗模型十分复杂，结果常常不尽如人意。量化对冲基金使用的交易模型在价格受到流动性影响、市场机制变动的情况下会失灵。用于设置交易限额和抵押品限额的模型在波动性上升时会大大低估风险水平。

一些简易甚至没有经过检验的模型带来的风险也不是什么新闻。1987 年，投资组合保险导致了股市崩溃。1998 年，长期资本管理公司的交易模型和风险模型失灵了。

没有击中

这次全球金融危机在初期并没有很多人实际违约，却发生了损失，这是第一遭出现这种情况。投资于高级别证券的投资者面临的是浮亏，也就是公允价值损失。如果他们能够持有到期的话，他们很可能不会受到损失。

公允价值决定了资产的价格、盈利还是亏损、风险的大小和抵押贷款的价值。无论是美国会计准则还是国际会计准则现在都以公允价值为基础。虽然其理论十分完善，但在实际操作中却问题多多。公允价值会计的弊端在于许多金融工具的真实价值难以确定。按照公允价值理论计算出来的企业收益变动常常并不是因为企业财务状况发生了变化，而是市场本身低效导致的。公允价值会计的目的是向投资者传递准确、客观和有用的财务状况信息，但实际效果和它的本意却相去甚远。在金融危机中，它突出不确定性，让人对银行和投资者的状况更加迷茫。

公允价值会计要求金融工具必须用公允价值计价。运用这个方法的前提是该金融工具要有市场和价格。在经济动荡中，流动性都集中在政府债券、大公司股票和上市交易的衍生产品上。对于没有流通性的产品，公允价值只能通过**模型**计价来取得。这就默认世界上存在一种通用的定价模型，而且有确定的变量用于公允价值计算。对于那些复杂的结构化证券和稀奇古怪的衍生产品，只有出售这些产品的银行才有价格信息，这就影响了定价的独立性和数据的客观性。

如果一张 AAA 级债券的市场价格是其面值的 85%，这并不代表你损失了面值的 15%，而只是对你潜在损失的一个估计。它也可能反映了在评估的时点上，你用相同的钱投资同样或同类证券的机会成本损失。在起起落落的金融市场上，过量的不确定性或风险厌恶使得价值和实际的现金价值差得很远。

公允价值很容易受到人为操纵。安然丑闻中，公司说服了审计师和证券交易委员会允许其在天然气行业使用公允价值会计，才得以用长期合同的终值为基础确认当期收入。人们常常忽略了这一点。

在和对冲基金与结构化投资载体打交道的过程中，银行给头寸标高价格是有目的的，这样可以防止复杂证券和流通性不强的证券以低价售出，压低其市价。等这些证券真正流通时，银行就用较低的市场价格来评估头寸价值，扩大损失，然后要求已经捉襟见肘的投资者追加保证金。

交易商采用较低的价格可以让投资者追加保证金，投资者要是拿不出保证金，就得贱卖资产，交易商能够趁机捡便宜买入。长期资本管理公司认为他们的交易商压低市场价格，让他们的头寸出现损失，从而导致他们破产。最近，市场回到了以物易物的原始交易方法，你可以用你手中的资产换取你想要的资产，这样就可以避免计提损失。

真正的投资决策和信贷决定还得靠公允价值会计，尽管它问题多多。当公允价值损益达到了止损点时，AAA级债券投资者不得不抛售出现损失的债券。投资者利用证券抵押向银行贷款，当债券的市价下跌时，投资者需要追加保证金或者变卖证券，这样浮亏就成了实际亏损。对结构化投资载体来说，公允价值损失会触及法律规定，必须出售证券，对载体进行解散清算。

公允价值可以用来确定投资组合当前的价值，投资者可以据此做出投资或者赎回的决定。估值错误会导致投资者之间财富的转移。比如说，同样是低的市价，让退出的投资者吃亏了，但让新进入的投资者占了便宜。2007年和2008年期间，由于无法确定公允价值，一些基金暂停了赎回交易。当市场无法公允地评估资产价格，投资者不得不变卖良好投资项目，以防损失扩大或者利用变现资金来弥补其他损失。

当资本市场几乎没有流动性可言时，银行难以确定自己手中那些难以评估的产品和合同到底损失了多少。

按照《财务会计准则委员会准则》第157号，当信贷利差扩大时，银行通过重新评估其债权，确认了巨额的收益。其背后的理论是银行现在可以以低于其面值买入这些债券，然后将其持有到期，这样就能够得到这部分收益。不幸的是，银行无法实现这"纸面上"的收益，当债券到期，银行得到偿付时，这个收益就消失了。这样看来，通过调低自身的信用等级能够提升收益情况。

公允价值会计法也对非金融机构产生了影响，这部分反映出这些公司增加了对金融工具的投资。安德鲁·史密瑟斯[9]（Andrew Smithers，《金融时报》的金融评论家）质问如果资产价格被高估，那么企业的财务状况是否还算健康。

在价格上涨时，公允价值法就会虚增资产价值。此时，你可以用它来借到更多的钱。这就像一个无限循环，负债催生了对资产的需求，资产的价格就被推高了。更高的价格使得资产收益下降，迫使投资者借入更多的钱来增加收益。公允价值的效应能够在价格下跌时迅速提高杠杆比率，快速出售资产来调整仓位，引发流动性危机和损失。

公允价值会计的弊端是造成当今金融市场问题的一部分，必须对此采取行动。

评级的真相

评级对于向投资者出售复杂证券十分重要。近年来，穆迪、标准普尔和惠誉国际等主要评级机构的收入中有 30%～50% 来自结构化证券评级业务，其中包括 CDO 评级业务。

评级其实就是评级机构根据以往的违约数据，通过数学模型计算，对某一证券的违约概率发表看法。一些不了解评级机构是如何评级的投资者将证券的评级结构看得很神圣。投资者和银行家对评级的稳定性做出假设。评级和定价相关，银行可以据此决定发放多少贷款。受到免责条款保护的评级机构并不反对将评级结果用在这些地方，相反提倡对其广泛使用。

表 B-2 列出了 CDO 有趣的评级现象。[10] Baa 等级和 Ba 等级的 CDO 证券在违约率方面的差距并不明显。Baa 属于可投资等级，但 Ba 并不属于这个等级。许多投资者只能购买可投资等级的产品，但在 CDO 上，两者的风险是一样的。相对于同等级的公司债券而言，CDO 证券的违约率就不太稳定。导致这种现象的原因可能是模型失灵、输入错误或者将模型照搬到新产品上的无知行为。

表 B-2 CDO 评级对比

评级	CDO 违约率	5 年期公司债券违约率	10 年期公司债券违约率
Aaa	0	0.085%	0.208%
Aa	1.10%	0.203%	0.415%
A	5.44%	0.563%	1.248%
Baa	21.59%	2.248%	4.721%
Ba	24.25%	11.845%	21.038%
B	55.56%	29.734%	46.931%

注：1. CDO 违约率来自穆迪投资者服务公司（2005 年 3 月）Default and Loss Rates of US CDOs：1993-2003, at Figure 10.

2. 公司债券违约率来自穆迪投资者服务公司（2006 年 3 月）Default and Recovery Rates of Corporate Bond Issuers：1920-2005, at Exhibit 35.

投资银行和评级机构之间的关系类似于审计师和被审计公司之间的关系。投资银行需要向评级机构付费，评级机构才会对 CDO 产品进行评级。在构建交易时，投资银行和评级机构的合作十分紧密。CDO 评级业务赚得比普通债券评级业务要多。评级机构的员工好多都"弃明投暗"加入投资公司工作。

监管不规则

约翰·肯尼斯·加尔布雷思说过："在中央银行工作和搞外交一样，个人风格、保守的穿着、和富人保持联系很重要，而工作业绩并不重要。"中央银行的官员为流动性工厂提供了新增货币和低利率。他们支持金融创新和"新时代"金融理论。此时的金融网络已是盘根错节，遍布全球，他们忽视了在这高度杠杆化的金融系统中的风险。

> 此时的金融网络已是盘根错节，遍布全球，他们忽视了在这高度杠杆化的金融系统中的风险。

国际清算银行在 2007 年的年度报告里承认"我们对经济的了解程度已不及过去"。

在监管机构的主导下，金融机构财务状况和风险发生了重大变化。流动性不强的资产沉积在大型银行和投资银行的资产负债表上，这些资产包括私募投资、搭桥贷款、对冲基金投资、坏账和稀奇古怪的衍生产品。通过机构经纪业务，银行和对冲基金之间的衍生产品交易和贷款业务有所增加。但在资产负债表外，和套利通道载体与对冲基金相关的资产和风险也同样增加了。银行的交易风险也上升了，尤其是在复杂衍生产品和结构化投资方面。

表 B-3 对大型银行的信用风险做了分析。银行虽然增加了资本金，减少了对短期借款的依赖，但还是赶不上风险的增长速度。

表 B-3　开展机构经纪业务的银行中对冲基金风险所占的比例

	总信用风险（10 亿美元）	与一级资本的比率	对冲基金（10 亿美元）	对冲基金风险	对冲基金与一级资本的比率
证券出借	555	1.09	222	40%	0.44
逆向回购	1 864	3.65	466	25%	0.91

（续）

	总信用风险 （10亿美元）	与一级资本的 比率	对冲基金 （10亿美元）	对冲基金 风险	对冲基金与一级 资本的比率
衍生产品正重置价值	885	1.74	292	33%	0.57
保证金贷款	367	0.72	242	66%	0.48
总计	3 672	7.20	1 223		2.40

注：1. 证券出借指的是银行将证券借给对冲基金和他人，用于做空。作为抵押，银行将收到现金或其他证券。
2. 逆向回购合约是一种抵押贷款。银行从对冲基金或他人手中买入证券，之后对方将按照约定购回这些证券。
3. 衍生产品正重置价值是衍生产品合同的现值，相当于银行作为债权人重置该项交易会发生的成本，其比衍生产品合约的名义价值要低得多。
4. 保证金贷款是银行向对冲基金或他人提供的贷款。机构经纪人并不单独披露这项重要的业务。对于纽约证交所的会员，这相当于总保证金贷款（total margin lending）。
5. 一级资本指股东投入的资本，但不包括绝大部分形式的次级债务和合成资本工具。
6. 本分析报告的研究对象包括（按照英文名称首字母顺序）：贝尔斯登、花旗集团、瑞士信贷、德意志银行、高盛、JP摩根、雷曼兄弟、美林银行、摩根士丹利和瑞银集团。

资料来源：Adrian Blundell-Wignall（2007）An Overview of Hedge Funds and Structured Products: Issues in Leverage and Risk, Copyright OECD.

回归均值

刚开始的时候，人们低估了危机的严重性。2007年3月，美联储主席本·伯南克在国会作证时说："在这个关键时刻，次级贷款市场的问题对其他经济和金融市场的影响有可能得到遏制。"2007年4月，美国财政部长亨利·保尔森对经济形势发表了乐观的看法："**我看到的种种迹象表明住房市场已经到达或者接近触底。美国经济非常健康，充满活力。**"

2008年9月和10月，金融市场的**癫痫病**发作了。美国大型投资银行雷曼兄弟破产，全球最大的保险集团美国国际集团也奄奄一息，人们才意识到问题的严重性。从那以后，国内和国际"救世委员会"实施了五花八门的政策来挽救经济。

中央银行又采取处理危机的一贯做法，将钱注入市场，减少法定准备金，降低利率。2007年9月和2008年10月，市场为美联储降息的举动叫好。吉米·克莱默说："这是天赐。我震惊了。这些人终于明白了。我要拥抱他们。这正是我们想要的东西。"CNBC的这位市场评论家是美联储拉拉队里喊得最热烈的一个。

尽管市场状况没有多大的起色，中央银行在2008年年底将利率降到了历史最低水平。

政府和中央银行开始从银行的资产负债表上剥离有毒资产，注入新的资金来弥补坏账造成的损失，同时向银行承诺借款，保证它们能够继续从事存贷款业务。英国央行行长默文·金最近的一番话让人记忆深刻，它道出了英国政府援助银行系统的本质："昨天首相宣布的一系列政策并不是为了保护银行，这些政策是为了保护经济不受到银行的影响。"

政府为住房市场出台了大量的财政激励和扶持政策。除了由于平常税收收入减少和高社会福利支出的自动稳定器效用造成的预算赤字，政府还启动了新的支出项目，大力进行基础设施建设，并向深受经济危机影响的个人发放补助。

自从政府采取措施以来，市场和经济目前还没有完全恢复过来。欧洲中央银行行长让克罗德·特里谢最近呼吁"大家保持镇静"。这让人想起当年美国在广岛投下核弹后，裕仁天皇说："战争形势已经对日本不利了。"

信贷紧缩

在西方社会，过度肥胖成了社会问题。人们过度肥胖一部分是因为吃了大量的垃圾食品，包括快餐。金融系统由于有了大量便宜的债务，也变得臃肿不堪。

速成节食法的疗效很差。这种疗法需要肥胖症患者具有意志力，有意识地减少食物的摄入，并加强锻炼。在金融市场上，解决问题需要监管层下定决心并对违规的投资者和银行做出惩罚。此外，还需要大幅度降低债务水平，同时解决风险转移、模型风险和市场透明度等问题。简单地说，是要对金融市场进行一次彻底的改革。寻找替罪羊或者进行小修小补的冲动一直也没有减弱。

约翰·梅纳德·凯恩斯对此十分清楚："破除旧观念比树立新观念还要难。"但约翰·肯尼思·加尔布雷思却说："当面对需不需要转变思想的选择时，几乎每个人都在忙着验证对错。"

注 释

第1章

1　'What Worries Warren'（3 March 2003）*Fortune*.
2　Quoted in David James 'Wot's all this then, Alan?'（10–16 July 2003）BRW.
3　Remarks at the Futures Industry Association, Boca Raton, Florida（19 March 1999）.

第2章

1　Quoted in Frank Partnoy（2004）*Infectious Greed*; Owl Books, New York, p. 55.
2　Sun Tzu（translated by Thomas Cleary）（1988）The Art of War; Shambala, Boston & London.
3　庞氏骗局是一种金字塔式的骗局。20世纪20年代，查尔斯·庞兹利用这种手法诱骗了成千上万名新英格兰居民，该骗局也因此得名。其基本的操作手法就是设局者利用新投资者投入的资金向老投资者支付高额回报，直到骗局败露。
4　Quoted in Frank Partnoy（2004）*Infectious Greed*; Owl Books, New York, p. 83.
5　关于摩根士丹利的和解内幕，详见'Frustration'（17 July 2004）*The Economist*, pp. 68–9.
6　Michael Lewis 'How the Eggheads Cracked'（24 January 1999）New York *Times Magazine*, pp. 24–42.

第3章

1　Truman Capote（1993）*Breakfast at Tiffany's*, Vintage Books, New York.
2　Frank Partnoy（1999）FIASCO; New York, Penguin, p. 200.
3　Walt Disney case study is drawn from Scott Mason, Robert Merton, Andre Perhold and Peter Tufano（1995）*Cases In Financial Engineering: Applied Studies of Financial Innovation*; Prentice Hall, Upper Saddle River, New Jersey, pp. 567–79. See（5 September 1991）'The Walt Disney Company's Yen Financing'; Harvard Business School, Boston, MA, p. 5.
4　Quoted in Antonio S. Mello and John E. Parsons（February 1995）*Maturity Structure of a Hedge Matters: Lessons from the Metallgesellschaft Debacle*, Columbia University, New York.
5　See 'The Hondoyota GT89th'（12 September 1987）IFR, 690.
6　Procter & Gamble's 'Letter to P & G Shareholders'（13 April 1994）, quoted in Dawn Dimartino, Linda Ward, Janet Stevens and Winn Sargisson 'Procter & Gamble's Derivative Loss: Isolated Incident or Wake-up Call?'（Spring 1996）*Derivatives Quarterly*, 10–21.

7   Quoted in Frank Partnoy (2004) *Infectious Greed*; Owl Books, New York p. 56.

8   Quoted in Frank Partnoy (2004) *Infectious Greed*; Owl Books, New York p. 57.

9   Quoted in Frank Partnoy (2004) *Infectious Greed*; Owl Books, New York p. 57.

10 The Italian tobashi trade is described in 'Italian Fiddle?' (10 November 2001) *The Economist*, 99; Jules Evans, 'How Italy Shrank its Deficit' (December 2001) *Euromoney*, 22; Thind, Sarfraz 'Italy's Use of Derivatives For EMU Access Under Scrutiny' (January 2002) *Risk*, 17.

第4章

1   Quoted in Francis Wheen (2004) *How Mumbo Jumbo Conquered the World*; Harper Perennial, London, p. 36.

2   Quoted in Frank Partnoy (2004) *Infectious Greed*; Owl Books, New York, p. 117.

3   Quoted in Frank Partnoy (2004) *Infectious Greed*; Owl Books, New York, p. 117–118.

4   Nassim Taleb (2004) *Fooled by Randomness*; Texere, New York

5   22 September 2002 Media Availability en route to Poland.

6   4 June 2002 Department of Defense News Briefing.

第5章

1   Tanya Styblo Beder 'The Great Risk Hunt' (May 1999) *The Journal of Portfolio Management*, p. 29.

2   Peter Bernstein (1998) Against the Gods: *The Remarkable Story of Risk*; John Wiley, New York.

3   See 'The Jorion-Taleb Debate' (April 1997) *Derivatives Strategy*, 25

4   Roger Lowenstein (2002) When Genius Fails: *The Rise and Fall of Long-Term Capital Management*; Fourth Estate, London, p. 15.

5   For details of Salomon's Treasury Bond trading scandal, see Nicholas Dunbar (2000) *Inventing Money*; John Wiley & Sons, Chichester, pp. 110–12; and Roger Lowenstein (2002) *When Genius Fails: The Rise and Fall of Long-Term Capital Management*; Fourth Estate, London, pp. 19–22; Frank Partnoy (2004) *Infectious Greed*; Owl Books, New York, pp. 97–109.

6   Quoted by Merton Miller in 'Trillion Dollar Bet' (8 February 2000) *Nova PBS*.

7   长期资本管理公司1997年的投资回报率存在争议。各方面的说法不一：有的说 –17%［参见 Philippe Jorion 'How Long Term Lost Its Capital' (September 1999) Risk 31–36, p. 32］, 有的说27%［参见 Nicholas Dunber 'Meriwether's Meltdown' (October 1998) Risk 32–36, p. 33］。

8   Roger Lowenstein (2002) When Genius Fails: *The Rise and Fall of Long-Term Capital Management*; Fourth Estate, London, p. 147.

9   Roger Lowenstein (2002) When Genius Fails: *The Rise and Fall of Long-Term Capital Management*; Fourth Estate, London, pp. 161, 162.

第6章

1. The phrase 'best and brightest' is attributed to David Halberstam (1993) *The Best and the Brightest*; Ballantine Books, New York.
2. Emmanuel Derman (2004) *My Life as a Quant*; John Wiley, New Jersey.
3. Douglas Adams (1979) *The Hitchhiker's Guide to the Galaxy*; Pan Books, p. 75.
4. Fischer Black and Myron Scholes 'The Pricing of Options and Corporate Liabilities (1973) Journal of Political Economy 81, 399 – 417.
5. Robert Merton 'The Theory of Rational Option Pricing' (1973) *Bell Journal of Economics and Management Science* 28, 141 – 183.
6. John Maynard Keynes (1937) *The General Theory of Employment, Interest and Money*; MacMillan, London, p. 298.
7. Emmanuel Derman (Winter 2000) *The Journal of Derivatives*, p. 62.
8. See Robert Merton, Nobel Lecture (9 December 1997).

第7章

1. Leo Melamed, Press Briefing (August 2004) quoted in *FOW*, p. S8.
2. Frank Partnoy (1999) *FIASCO*; New York, Penguin, p. 163.
3. Testimony before Senate Committee on Local Government Investment (17 January 1995).
4. See 'Triple Currency Bonds' *IFR* (29 March 1986), 615.

第8章

1. Roger Lowenstein (2002) *When Genius Fails: The Rise and Fall of Long-Term Capital Management*; Fourth Estate, London, p. 35.
2. The description of the LTCM-UBS option transaction is based on: David Shireff 'Another Fine Mess at UBS' (November 1998) *Euromoney*, 41 – 43; Nicholas Dunbar 'Meriwether's Meltdown' (October 1998) Risk, 32 – 36, p. 34; Nicholas Dunbar (2000) *Inventing Money*; John Wiley & Sons, Chichester, pp. 168 – 175; Roger Lowenstein (2002) *When Genius Fails: The Rise and Fall of Long-Term Capital Management*; Fourth Estate, London, pp. 92 – 94.

第9章

1. CDO litigation (including the Barclays-HSH and Bank of America-Banca Popolare di Intra litigation) is described in: Nicholas Dunbar 'Barclays Fights CDO Lawsuits' (October 2004) *Risk*, 10, 12; Nicholas Dunbar 'BoA in Litigation Firing Line' (March 2005) *Risk*, 13; Nicholas Dunbar 'The Curious Incident of the Disputed CDO' (July 2005) *Risk*, 22 – 24; Rachel Woolcott 'NatWest Rattles Sabre in Law Firm Claim' (August 2005) *Risk*, 11.

尾声

1 *International Herald Tribune*, (18 – 19 June 2005).
2 'The Maestro's Message' (23 July 2005) *The Economist*, pp. 68, 69.
3 'Danger Time for America' (14 January 2006) *The Economist*, p. 11.
4 The idea is based on Trevor Sykes (writing as Pierpoint) ['Indispensible Guide for Rogue Traders' (30 January 2004) *Australian Financial Review*]. However, the text is different.
5 'What Worries Warren' (3 March 2003) *Fortune*.

结语

1 An earlier version of this afterword was published in Satyajit Das 'Credit Crunch-The New Diet Snack fox Financial Market-Part 1' (January 2008) *Wilmott Magazine*, pp. 34 – 41 and Satyajit Das 'Credit Crunch-The New Diet Snack for Financial Market-Part II' (March 2008) *Wilmott Magazine*, pp. 70 – 81.
2 Gillian Tett of the *Financial Times* coined the phrase; see Gillian Tett 'Should Atlas Still Shrug?' (15 January 2007) *Financial Times*.
3 The phrase 'new liquidity factory' was coined by Mohamed El-Erian, Chief Executive Officer of PIMCO.
4 See Joseph Mason and Joshua Rosener 'How Resilient are Mortgage Backed Securities to Collateralised Debt Market Disruptions?' (13 February 2007) (draft working paper available on the Internet).
5 See 'Cracks in the facade' (22 March 2007) The Economist.
6 See Roger Merrit, Ian Linnell, Robert Grossman and John Shiavetta (18 July 2005) 'Hedge Funds: An Emerging Force in Global Credit Markets', Fitch Ratings, *Special Report*, New York.
7 See Peter Schwartz and Peter Leyden 'The Long Boom: A History of the Future, 1880 – 1920' (July 1997) *Wired*.
8 See McKinsey Global Institute (January 2007) *Mapping The Global Capital Markets-Third Annual Report*.
9 See Andrew Smithers 'Balance sheets are not in good shape' (August 29 2007) *Financial Times*.
10 See Arturo Cifuentes and Georgios Katsaros 'CDO Ratings: Chronicle of a Disaster Foretold' (4 June 2007), pp. 11 – 12.

译 后 记

2008年,经济危机席卷了全球,而这次危机最初起源于次级贷款这种衍生品。

在本书作者的带领下,我们进入了衍生品的花花世界。作者以一个衍生品引发的官司开头,以这个官司结尾,中间穿插了他在衍生品行业中各种稀奇古怪的经历。本书扭转了译者对从事衍生品交易的交易员的印象。作者从事的行业常有关于交易的丑闻传出。他的同行尼克·利森曾因为搞垮了巴林银行而锒铛入狱,出狱之后还写了《流氓交易员》一书(中文版译为《我是如何搞垮巴林银行的》)。可喜的是,本书的作者并不是一个流氓交易员,从书中可以得知他有很强的道德感,他不满衍生品行业内龌龊的交易文化,因此守住了底线。现在他退居二线,为人打官司、做咨询、出书。

之前从影视作品和书籍中,译者了解到国外交易员大多数都没有接受过太多的高等教育,但作者令人刮目相看。作者不但看了大量的影视作品,喜欢用一语双关等文字游戏将作品名字套用到本书章节的标题中来,还阅读了许多名著,其中不乏莎士比亚的《尤利斯·恺撒》和中国的《孙子兵法》。此外,他还经常引用哲学家、历史学家和作家名言。这可能让读者感到有些费解。在翻译的过程中,译者经常恨不得变成再世武松,扫清翻译路上的一只只拦路虎。

最后感谢机械工业出版社和编辑团队的理解和支持。